KB218115

불경의 요의와 불요의를
분별한 선설장론

불경의 요의와
불요의를 분별한

선설장론

| 辨了不了義善說藏論 |

쫑카빠 지음, 범천 역주

역자 서문

이 논서는 『보리도차제론菩提道次第論』, 『밀도차제론密道次第論』, 『입중론선현밀의소入中論善顯密意疏』, 『중론정리해소中論正理海疏』 등과 함께 쫑카빠 스님의 가장 중요한 저서 중의 하나로 평가되며, 더욱이 불경의 요의와 불요의를 구분하는 것을 주요 내용으로 하는, 즉 교상판석의 논서로서는 티베트불교에서 유일무이하다고 할 수 있는 아주 중요한 논서이다.

또한 이 논서는 티베트불교의 대표적 종파인 겔룩파에서 불교학습 과정 중에 반드시 배우고 넘어가는 필수과목이며, 달라이라마 스님께서 어딜 가시든지 항상 가지고 다니시며 수없이 탐독하는 것으로 알려져 있기도 하다.

논서의 내용은 크게 유식파의 입장(『해심밀경』에 의거한 입장)에서 교판한 부분과 중관파의 입장(『무진혜경』에 의거한 입장)에서 교판한 두 부분으로 나뉘며, 중관파의 입장에는 또 자립파와 귀류파의 입장이 있다.

이 중에 티베트불교가 받아들이는 입장은 바로 중관귀류파의 입장인데, 티베트불교에서는 귀류파가 부처님 가르침의 뜻을 가장 정확하게 이해하고 설명한다고 생각하고 있기 때문이다.

이 논서는 내용 자체가 대단히 난해하고 여러 교파들의 각각 다른 주장과 미세한 차이들을 다루고 있는 데다 한국의 불자들에게는 생소한

6

개념들로 가득 차 있기 때문에 읽는 데 상당한 어려움이 있을 것이다. 그러나 이 논서가 담고 있는 여러 귀중한 가치들은 다 차치하더라도 논서가 처음부터 끝까지 보여주고 있는 한 가지 정신적 태도를 목격하는 오직 그것만으로도 대단히 소중한 일이 될 것이라 생각된다. 그것이 무엇인가 하면, 논리적으로 모순되는 것은 어느 누구의 말이라 할지라도, 그것이 설령 세상에서 가장 존경하는 부처님의 말씀일지라도 결코 받아들이지 않으려는 태도다. 그것은 부처님 자신이 제자들에게 당부하신 말씀이기도 하며 이 논서에도 다음과 같은 구절로 인용되어 있다.

비구들이나 지혜로운 이들은
금을 태우고, 자르고, 문질러 보듯이
잘 검토해 보고서 나의 말을
받아들이도록 할 것이지, 존경심 때문이어선 안 된다.

맹신은 자기 자신의 지혜를 파괴하여 어둠에서 어둠으로 나아가게 할 뿐만 아니라, 사회적으로도 증오와 독선, 전쟁과 테러, 불합리한 교리에서 비롯되는 다양한 종류의 인권 유린 등 수많은 부조리와 고통 등을 양산하므로, 모순을 받아들이지 않으려는 합리적 태도와 건전한 회의주의는 인류가 반드시 배우고 퍼뜨리고 발전시켜 나가야 하는 소중한 가치라 생각한다.

이 논서의 저자인 쫑카빠 스님은 서기 1357년에 태어나 1419년에 돌아가셨으며, 본래의 이름은 '롭상닥빠(blo bzang grags pa: 善慧稱)'이다. 쫑카빠라는 이름은 쫑카 사람 또는 쫑카 출신이란 뜻으로 쫑카라는 지역에서 태어났기 때문에 붙은 이름이다. 7세에 출가하여 여러 곳을 옮겨 다니며 여러 스승으로부터 불교를 배워 이른 나이에 높은 학문적 성취를 이루고 방대한 저술을 남겼다. 그는 당시 타락해 있던 티베트불교의 풍토를 개혁해 청정계율과 방대한 불교학습, 현교와 밀교의 수행을 모두 통합한 체계를 형성하였는데, 그것이 바로 현재까지 이어져 내려오는 티베트불교의 4대 종파 중 대표 격인 겔룩파다.

쫑카빠 스님은 티베트불교에서 전무후무한 대학자일 뿐만 아니라 수행의 측면에서도 티베트의 제2의 부처로 숭배되고 있다. 전기에 따르면 쫑카빠 스님은 사후에 중음 상태에서 밀교의 수행법에 의해 성불하였다고 한다.

수제자로는 갤찹다르마린첸, 캐둡겔렉뺄상, 겐뒨둡 등 세 명이 있다. 그중에 겐뒨둡이 바로 현재 14대까지 내려온 달라이라마의 제1대이며, 앞의 두 분의 주석서들은 겔룩파의 각 강원들에서 교재로 채택되어 배우고 있다.

하여튼 이러한 티베트불교의 교학 종결자인 쫑카빠 스님의, 티베트불교의 교판 종결서인 '불경의 요의와 불요의를 분별한 선설장론'이라는 중요한 논서를 번역할 수 있게 되어 무한한 기쁨으로 생각하며, 또한 지난 십년 간 배워온 티베트불교를 이번 번역을 통해 다시 한번 복습하고 간략하게나마 정리한 듯해서 뿌듯한 보람을 느낀다.

번역의 공덕은 첫째로 부처님과 용수, 월칭, 쫑카빠 스님을 비롯한 모든 스승님들과, 가까이는 역자가 공부하는 I.B.D.의 학장으로서 음으로 양으로 도움주시는 자애로우신 노장 게셰담최 스님과, 부족하고 못난 제자를 이끌어주시고 후원해주신 은사 진옥 스님의 몫이며,

8

둘째로 역자가 목숨을 부지하고 학업에 전념하는 데 여러 가지 면에서 뒷받침 되어주신, 면식이 있거나 없는 모든 시주님들, 셋째로 함께 공부하며 탁마해준 모든 도반들, 넷째로 주변에서 번역을 권유하고 격려해주신 여러 스님들과 법우님들의 몫이며, 그 외에도 무한한 인연들의 공덕의 몫을 제외한 나 자신의 공덕은 보이지도 않을 정도겠지만 그 작은 공덕일지라도 자타가 성불하는 인연으로 화하기를 회향발원하며 서문을 마친다.

2013년 겨울
범천 합장

Tel. 2215

༈རིགས་ལམ་སློབ་གཉེར་ཁང་།།

Institute of Buddhist Dialectics

THECKCHEN CHOELING
P.O. McLeod Ganj, DHARAMSALA - 176219
Kangra Distt., H.P., INDIA

Date.....................

ༀ༔ སྐུ་ཞབས་བསྟན་འཛིན་ལེགས་བཏོད་ལགས་ཀྱིས་ཕྱི་ལོ་ ༢༠༠༦ བོའི་རིགས་

ལམ་སློབ་གཉེར་ཁང་གི་ཡར་ཕྱིན་ལོ་རིམ་གཉིས་པའི་ལོ་འཁོར་རྒྱུགས་སྤྲོད་ལེགས་པར་སྤྲོད་

དེ་འཛིན་གྲྭའི་ནང་ནས་ཨང་དང་པོ་ཐོབ་པར་བསྔགས་བཏོད་དང་དགའ་བསུ་ཞུ། རིགས་

ལམ་སློབ་གཉེར་ཁང་གི་ཡིག་ཚང་ནས་ ༢༠༠༧ ཟླ་ ༧ ཚེས་ ༦ ལ་ཕུལ།།

This certificate of felicitation is presented to Ven. Tenzin
Legjod for his hard work and for having obtained 1st position
in the 2nd year annual Pharchin (Perfection of Wisdom)
examination at the Institute of Buddhist Dialectics, 2006.

Ven. Geshe Damchoe Gyaltsen
Director
Institute of Buddhist Dialectics

6th July 2007

위 문서는 역자가 이 논서를 배운 2006년도에 시험에서 1등을 하여 받은
상장이다. 이러한 것을 내 보이는 것이 부끄러운 일이기도 하지만, 본서의
번역에 대한 신뢰감을 높여줄 수 있으리라 생각되어 첨부하였다.

불경의 요의와 불요의를 분별한 선설장론

(辨了不了義善說藏論)

쫑카빠 대사 지음

스승 문수묘음께 예경합니다.

낙생(樂生: 自在天), 승운(乘雲: 帝釋天), 금태(金胎: 梵天),

무신주(無身主: 他化自在天王), 승복(繩腹: 編入天) 등

삼계에 교만한 음성을 떨치는

자만으로 가득 찬 천신들도 여래如來[1]의 몸을

보는 즉시 태양 앞의 반딧불처럼

압도당하여 아름다운 관冠으로

연꽃 발에 공경을 표하는

능인能仁[2]이신 천신 중의 천신께 예경합니다.

지혜와 자비의 깊이를 헤아리기 어렵고

---

1 여래: 부처님의 다른 이름. 범어로 따타가따. 한역인 여래는 '그와 같이 오신', 또는 '진여에서 오신'이라는 말이 되지만, 티베트의 번역어인 '데신쎽빠de bzhin gshegs pa'는 '그와 같이 가신', 또는 '진여로 가신'이라는 말이 된다. 의미는 윤회와 열반의 양변에 머무르지 않는 진여의 길을 통해 대각의 과위로 올라가셨다는 뜻이다.

2 능인: 부처님의 다른 이름. 범어 '무니'의 번역어로서, 신구의 3업을 악업과 번뇌로부터 잘 수호하여 적정에 이른 자라는 의미.

보리행의 거대한 물결로 요동하는

선설善說의 큰 보고寶庫인 묘음존(妙音尊: 문수)과

부처의 계승자(미륵), 큰 바다와 같은 두 분께 예경합니다.

선서善逝[3]의 가르침의 두 가지 길을

잘 열어서, 부처님의 최상의 가르침을

삼계에 태양처럼 환하게 밝힌

용수(龍樹: 나가르주나)와 무착(無着: 아상가)의 발에 정례합니다.

두 가지 큰 전통[4]을 잘 수지하여

남섬부주의 천만의 지혜안을 일깨운

성천(聖天: 아랴데와)과 영웅 불호(佛護: 붓다빨리따),

청변(淸辨: 바와위외까)과 월칭(月稱: 짠드라끼르띠),

세친(世親: 와수반두)과 안혜(安慧: 스티라마띠), 진나(陣那: 딕나가),

법칭(法稱: 다르마끼르띠) 등, 남섬부주를 장엄莊嚴하고

불교가 쇠퇴하지 않도록 깃대를 수호한

대학자님들께 예경합니다.

---

3 선서: 부처님의 다른 이름. 범어로 수가따. 티베트어로 데와르쎅빠bde bar gshegs pa. '안락하게 가셨다'는 말로서, 안락대도安樂大道인 보살승의 수행을 통해 최상의 안락과인 부처를 이루었다는 의미.

4 두 가지 큰 전통: 유식파의 교리와 중관파의 교리. 여기서 전통은 티베트어 '씽때쏠 shing rta'i srol'을 번역한 것인데, 직역하면 '마차의 궤적'이란 뜻이다. 유식파와 중관파의 개조를 '씽때쏠졔shing rta'i srol 'byed', 즉 '마차의 궤적을 연 자'라고 하며, 무착을 유식파의 개조, 용수를 중관파의 개조로 본다. 중관파는 다시 중관자립 파와 중관귀류파로 나뉘어지며, 전자의 개조는 청변, 후자의 개조는 월칭이다. 중관자립파엔 또 경부행중관자립파와 요가행중관자립파가 있고, 전자의 개조는 역시 청변, 후자의 개조는 적호(寂護: 샨따락시따)이다.

교법敎法을 많이 듣고, 논리의 길에서도

열심히 익히고, 증득한

여러 가지 하열하지 않은 공덕들로써

노력해도 알기 어려운 내용을

보호주 문수 스승님의 은총에 의해 올바르게 보고

지극한 연민으로 제가 설합니다.

교법敎法의 진여를 지각한 지혜에 의해

비할 바 없는 설법자가 되기를 원하는 이들은 경청하소서.

『호국문경護國問經』에 다음과 같이 설하셨다.

공성空性, 적정寂靜, 무생無生의 이치를

모르면 육도六道에 떠돌게 되나니

그 이치들을 대자비한 분께서 여러 방편들과

수 백 가지 논리로써 증입證入하도록 하셨다.

이와 같이 법法의 진여眞如를 깨닫기가 지극히 어렵고, 깨닫지 못하면 윤회에서 벗어나지 못함을 보시고, 대자비한 교조(敎祖: 석가모니)께서 여러 가지 방편과 논리의 문을 통해 그것을 내증內證하도록 하셨다고 설하셨다.

그러므로 지혜로운 이들이 진여를 통달하기 위한 방편에 힘써야 함에, 그 또한 불경佛經의 요의了義와 불요의不了義를 분별함에 달려 있고, 그 두 가지의 분별 또한 "이것은 불요의, 이것은 요의"라고 설하신 경전 말씀만으로는 불가능하니, 만약 그렇지 않다면 대개조大開祖들께서 요의와 불요의를 분별한 논서를 지으신 의미가 없을 것이기 때문이며, 경전에서 요의와 불요의를 규정하는 여러 다양한 방식을 설하셨기 때문이며, "이것은 이렇다"라고 설하신 경전 말씀만으로는 그대로 확정할 수 없으므로, 경전 일반에 그러하다면 그에 포함되는 요의와 불요의의 가르침 또한 단지 "이것은 이렇다"라고 설하셨다는 이유만으로는 입증될 수 없기 때문이다. 그러므로 부처님 가르침의 요의와 불요의를 분별할 것이라고 경전에서 예언한 대개조들께서 요의, 불요의를 해설하셨고, 그 또한 요의경의 내용이 어떤 의미로 확정될 수밖에 없고, 그와 달리 해석하면 불합리함을 보여주는 논리에 의해 올바로 정립한 이를 따라서 경전의 뜻을 구해야 하므로, 즉 궁극적으로 오류 없는 논리에 의해 구분해야 하는 것이니, 논리에 어긋나는 교리를 승인하면 그 설법자를 신뢰할 수 없기 때문이며, 존재의 실상 또한 타당성에 의해 논증되는 논거를 갖기 때문이다.

부처님께서 이를 보시고 다음과 같이 말씀하셨다.

비구들이나 지혜로운 이들은
금을 태우고, 자르고, 문질러 보듯이
잘 검토해 보고서 나의 말을
받아들이도록 할 것이지, 존경심 때문이어선 안 된다.

그렇다면 요의와 불요의를 구별함에 첫째, 『해심밀경解深密經』에 의거한 입장과, 둘째, 『무진혜경無盡慧經』에 의거한 입장 등 두 장章이 있다.

1. 『해심밀경』에 의거한 입장

1) 경전 인용

(1) 경장經藏의 모순에 대한 질문

『해심밀경』에 다음과 같이 설하셨다.

세존[5]께서 여러 가지로 온蘊들의 자상自相도 설하시고, 생生하는 상相
과 멸滅하는 상相과 제멸除滅과 변지遍知 또한 설하셨으며, 온蘊들의
실상과 같이 처處들과 연기緣起와 음식들까지도 설하셨으며, 그와
같이 덧붙여서 진리諦들의 자상과 변지와 제멸과 현증現證과 수습修習

---

5 세존: 부처님의 다른 이름. 범어로 바가완bhagavān. 티베트어로 쫌댄대bcom ldan
'das. '파괴하고, 갖추고, 벗어난'이라는 말로서 '4마(四魔: 蘊魔, 煩惱魔, 死魔, 天子魔)
를 파괴하고, 여섯 가지 원만한 덕(自在圓滿, 形色圓滿, 祥瑞圓滿, 聲名圓滿, 智慧圓滿,
精進圓滿)을 갖추고, 윤회와 열반의 양변으로부터 벗어난 자'라는 의미.

과 계界들의 자상과 다양한 계들과 여러 계와 제멸과 변지와 삼십칠보리분三十七菩提分의 자상과 부조화와 대치법對治法과 생하지 않은 것이 생함과 생한 것이 머묾과 불망不忘과 다시 생겨남과 증광增廣 또한 설하신 한편, 세존께서 일체법이 자성自性이 없고, 일체법이 불생불멸不生不滅, 본래적정本來寂靜, 자성열반自性涅槃이라고 또한 설하셨으니, 세존께서 어떤 의미로 일체법이 자성이 없고, 일체법이 불생불멸, 본래적정, 자성열반이라고 설하셨는지 궁금하여, 세존께서 어떤 의미로 일체법이 자성이 없고, 일체법이 불생불멸, 본래적정, 자성열반이라고 설하셨는지 그 의미를 세존께 제가 여쭙니다.

이것은 경장의 일부에서는 일체법무자성 등을 설하시고, 또 일부에서는 온蘊 등의 자상自相 등이 있다고 설하신 두 가지를 문자 그대로 받아들이면 모순되지만, 부처님의 말씀엔 모순이 없어야 하므로 어떤 의미로 무자성 등을 설하셨는지 여쭌 것이니, 이는 자상이 있다는 등의 말씀 또한 어떤 의미로 설하셨는지를 간접적으로 여쭌 것이다.

여기서 '자상'이라는 것을 중국의 대소大疏[6] 등에서 '고유한 성질'로 해석한 것은 합당하지 않다. 왜냐하면 『해심밀경』에서 변계소집遍計所執에 대해 설하실 때 자상에 의해 성립하는가의 의미로 선명하게 설하셨기 때문이며, 변계소집에도 고유한 성질이 있으므로 변계소집의 상무자성相無自性을 설명할 수 없는 오류가 생기기 때문이다.

'다양한 계와 여러 계'라는 것은 주석가들이 다르게 설명하기도 하지만 아래 경전 구절과 관련시키면 18계와 6계로 해석한다.

---

6 중국의 대소: 신라의 승려 원측이 지은 『해심밀경소』를 가리킨다.

'불망'이라는 것은 '잊지 않음'이다.

(2) 모순을 해소하는 답변

① 어떤 의미로 무자성을 설하셨는지에 대한 해설

ㄱ) 약설

『해심밀경』에 다음과 같이 설하셨다.

> 승의생勝義生이여, 내가 법法들의 무자성無自性을 세 가지, 즉 상相무자
> 성, 생生무자성, 승의勝義무자성을 염두에 두고 일체법에 자성이 없다
> 고 설하였다.

『섭결택분攝決擇分』[7]에서도 다음과 같이 설하셨다.

> 세존께서 어떤 의미로 일체법에 자성이 없다고 설하셨는가 하면,
> 이르건대 교화 대상에 맞춰 각각에 세 가지 무자성을 염두에 두시고
> 설하셨으니,

『유식삼십송』[8]에 또한 다음과 같이 설하셨다.

> 세 가지 자성의
> 세 가지 무자성을

---

7 『섭결택분』: 무착의 논서.

8 『유식삼십송』: 세친의 논서.

염두에 두시고 일체법에
자성이 없다고 설하셨다.

어떤 이들이 "반야경 등에서 일체법에 자성이 없다고 설하신 것은
일체 속제를 두고 하신 말씀이지, 승의제를 두고 하신 말씀은 아니다."
라고 해설하는 것은 『해심밀경』과 무착, 세친의 논서들과 어긋나며
용수, 성천의 견해로부터도 벗어난 것이다.

이와 같이 어떤 의미로 무자성을 설하셨는지 질문한 것은 무엇을
생각하고 무자성을 설하셨는지와 무자성의 이치를 질문한 것이며,
답변 또한 그 두 가지를 차례로 답하셨으니, 전자에 대해 말하자면,
색色에서부터 일체종지에 이르기까지 자성이 없다고 설하신 무한한
종류의 법들을 세 가지 무자성에 배속시켜서 그 무자성의 이치를 설명하
면 이해하기 쉽다고 생각하시어 세 가지 무자성에 승의와 세속의 일체법
을 배속시킨 것이다.

그와 같이 해석해야 하는 이유 또한, 반야경 등에서 오온, 십팔계,
십이처 등 일체에 일일이 무실無實과 무자성을 설하시고 특별히 공성空
性, 법성法性, 진여眞如 등 승의제의 모든 동의어들을 열거하고서 그것
들에 자성이 없다고 설하셨으니, 그러한 경전들에서 일체법에 자성이
없다고 설하신 법 안에 승의제는 포함되지 않는다고 생각 있는 자라면
어느 누가 주장할 수 있겠는가?

ㄴ) 광석
무자성이라고 설하신 법들이 세 가지 무자성에 배속된다면 그 세 가지란

무엇이며, 무자성의 이치는 무엇인가 하면, 먼저 세 가지 무자성 중의 첫 번째에 대한 설명은 『해심밀경』에 다음과 같이 설하셨다.

법들의 상相무자성이란 무엇인가 하면, 모든 변계소집상遍計所執相이다. 왜냐하면 그것은 명칭과 기호에 의해 설정된 상相일 뿐 자상自相에 의해 존재하는 것이 아니므로 그러한 이유로 그것을 상相무자성이라 한다.

첫 번째 두 구절의 문답으로 변계소집이 상相무자성임을 말하고서 '왜냐하면' 이하에서 그 이유에 대한 질문에 대한 대답으로 부정의 측면에서 '자상에 의해 존재하지 않음'과, 긍정의 측면에서 '명칭과 기호에 의해 설정'이라는 이유를 설하셨다.

이하 의타기와 원성실에 대한 구절에서도 경전의 의미를 해석하는 이러한 방식으로 이해하도록 한다.

변계소집에 없다는 '상相의 자성'이란 '자상에 의한 존재'를 의미한다.[9] 여기서 자상에 의해 존재하는가, 않는가는 명칭과 기호에 의지해서 설정한 것인가, 아닌가를 기준으로 하며, 명칭과 기호에 의지해서 설정한 것에는 존재만이 아닌 비존재 역시 포함되고, 설정 방식은 중관귀류파가 존재들을 명칭에 의지해서 설정하는 방식과는 크게 다르므로 '자상에 의한 존재 유무'의 의미 또한 같지 않다. 그러나 유식파가 말하는 의미에서의 '자상에 의해 존재한다고 보는 집착'이 있으면 반드

---

9 변계소집이 상相무자성이란 말은 변계소집이 자상에 의해 존재하지 않는다는 의미라는 뜻.

시 귀류파가 말하는 의미에서의 '자상에 의해 존재한다고 보는 집착'도 역시 있는 것이며, 어떤 경우 전자의 의미에서의 집착은 아니더라도 후자의 의미에서의 집착인 경우는 존재한다.

두 번째 무자성에 대해서는 『해심밀경』에 다음과 같이 설하셨다.

법들의 생生무자성이란 무엇인가 하면, 법들 중 모든 의타기상依他起相이다. 왜냐하면 그것은 다른 연緣의 힘에 의해 생겨난 것일 뿐 그 자신에 의해서가 아니므로 그러한 이유로 그것을 생무자성이라 한다.

의타기에 없다는 '생의 자성' 또는 '자성에 의한 생'이란 '자신에 의해서가 아니기 때문에'라고 하셨으므로 '자신에 의한 발생'을 의미한다. 그것은 '자생自生'을 말하는 것이니, 『결택분』에서 다음과 같이 설하신 바와 같다.

제행諸行은 의지하고 관련해서 생겨나는 것이므로 연의 힘에 의해 생겨나는 것이지 자생이 아니며, 그것을 생무자성이라 한다.

이것은 의타기에 자성에 의한 생겨남이 없으므로 자성이 없다고 부처님께서 설하신 것이지, 의타기가 자상에 의해 성립하는 것이 아니기 때문에 자성이 없다고 설하신 것이 아니라는 견해다.

세 번째 무자성의 이치에는 두 가지가 있는데, 그중 의타기를 승의勝義무자성으로 설정하는 이치는 『해심밀경』에 다음과 같이 설하셨다.

법들의 승의勝義무자성이란 무엇인가 하면, 의지하고 관련해서 생겨나는 모든 법들, 생무자성이기 때문에 자성이 없다는 그것들이 승의무자성의 무자성이기도 하다. 왜냐하면 승의생이여, 법들 중에 모든 청정대상이 '승의'라고 설하였고, 의타기상은 청정대상이 아니기 때문에 그러므로 승의무자성이라 한다.

이것은 의타기는 승의의 자성으로 존재하지 않으므로 승의무자성이라 하니, 승의란 그것을 대상으로 수습修習하면 2장障[10]이 소멸되게 하는 것이지만 의타기를 대상으로 수습함으로써는 2장障을 소멸시킬 수 없기 때문이라는 말씀이다.

그렇다면 변계소집 역시 승의무자성으로 어째서 설정하지 않는가 하면, 단지 청정대상이 아니라는 이유만으로 승의무자성이라 한다면 그 말이 옳지만, 그릇된 분별을 배격할 필요성 때문에 "의타기는 청정대상이 아니므로 승의무자성이다."라고 한 것이며, 변계소집은 이와 다르다. 왜냐하면 의타기에 변계소집된 바의 공空[11]을 대상하여 수습함으로써 2장障이 소멸되는 것을 이해할 때, 그렇다면 그 공의 기반인 의타기 또한 대상해야 하므로 의타기 또한 청정대상이 되고 승의가 되는 것이 아닌가 하는 의심이 일어날 수 있지만, 변계소집에 대해서는

---

10 2장: 번뇌장煩惱障과 소지장所知障. 번뇌장은 해탈을 이루는 데 주로 장애가 되는 것이고, 소지장은 일체종지를 이루는 데 주로 장애가 되는 것이다.

11 의타기에 변계소집된 바의 공: 예를 들어 의타기인 물체 따위를 대상으로 그것이 외경外境으로서 존재한다고 집착하는 변계소집을 부정하는, 즉 '물체 등이 외경으로서 존재하지 않음' 따위가 의타기에 변계소집된 바가 공한 공성이다.

그러한 의심이 일어날 리 없기 때문이다.

그러한 의심처럼 의타기 또한 청정대상이 되는 오류는 없으니, '소리가 무상함'을 확정함으로써 소리가 항상하다는 집착을 배격할 수 있지만, 단지 '소리'를 대상함에 의해 항상하다는 집착을 배격하는 것은 아니라는 점에 모순이 없는 것과 같다.[12]

의타기가 청정대상을 승의라고 하는 의미에서의 승의는 아니지만 다른 의미에서의 승의로 존재하는가, 않는가의 문제는 이후 설명하도록 한다.

승의무자성의 두 번째 설정 방식은 『해심밀경』에 다음과 같이 설하셨다.

또한, 법들의 모든 원성실상圓成實相 역시 승의무자성이라 한다. 왜냐하면 승의생이여, 법들의 모든 법무아를 그것들의 무자성이라고 하니, 그것은 승의이지만 승의라는 것은 오직 일체법의 무자성에 의해 구별되는 것이기 때문에 그러므로 승의무자성이라 한다.

이것은 법들의 법무아인 원성실은 청정대상이므로 승의이며, 오직 법아法我의 무자성에 의해서만 구별, 즉 설정되는 것이므로 '법들의 무자성'이라고도 부르기 때문에 승의무자성이라고 한다는 말씀이다. 『해심밀경』에 또 이렇게 설하셨다.

───────────────

12 의타기가 외경으로서 존재하지 않음을 명상함으로써 2장障을 소멸시킬 수 있지만 단지 의타기만을 대상함으로써 2장障을 소멸시키는 것이 아니기 때문에 의타기가 청정대상이 된다는 오류는 없다는 얘기다.

만약 행行의 상相과 승의의 상相이 별개라면 단지 '행行들의 무아'나 '행行들의 무자성' 정도는 승의의 상相이 되지 않을 것이다.

비유를 설한 곳에서도 허공을 단지 '물체의 부재不在'쯤으로 설정하는 방식과 마찬가지로 무아를 설정한다고 설하셨으므로 유위법에서 단지 법아가 배격된 무회론의 전체부정존재[13]를 법무아의 원성실로 설정한다는 것이 명확하다. 그러므로 경에서 진여의 의미를 설하신 것을 요의로 받아들이는 한편 불변不變원성실[14]을 단지 부정대상을 배격한 것만으로 설정하지 않고 마음에 대상이 나타날 때 부정대상을 배격함에 의존하지 않는 긍정존재[15]로 주장[16]하는 것은 모순이다.

이상과 같이 유식파의 견해에선 원성실이 법아의 자성이 단지 배격된 것이기 때문에 승의무자성이라고 부처님께서 설하신 것으로 보며,

---

13 전체부정존재: 부정존재(각빠: dgag pa)에는 부분부정존재(마인각: ma yin dgag)와 전체부정존재(메각:med dgag) 두 가지가 있는데, 부분부정존재란 자신의 부정대상을 직접 배격한 한편으로 다른 긍정존재를 나타내는 존재 예를 들면 '나무 없는 산' 따위이고, 전체부정존재란 자신의 부정대상을 배격만 할 뿐인 존재, 예를 들면 '무아', '공空' 따위이다.

14 원성실을 명칭상으로 분류하면 불변원성실과 부전도不顚倒원성실 두 가지가 있는데, 부전도원성실은 성인의 근본정지根本定智를 가리키므로 이름만 원성실이라고 붙였을 뿐 실제로는 의타기에 속하며, 불변원성실과 원성실은 같은 의미이다.

15 긍정존재: 부정존재와 반대. 자신의 부정대상을 직접적으로 부정하는 방식에 의해 지각되는 대상이 아닌 존재, 예를 들면 항아리, 기둥 따위이다.

16 이것은 조낭파jo nang pa 학설의 주장인데, 조낭파란 11세기에 '유모미뀨도제'가 타공他空의 견해로 여러 논서를 저술하여 후대 그 계통의 제자인 '툭제쬔뷔'가 조모낭 지역에 사원을 건립하고 조낭파의 학설을 널리 퍼뜨린 이후 '돌보와셰랍걜챈'과 '따라나타' 등으로 전해져 내려온 계통을 말한다.

부정존재인 자신의 본질이 자상에 의해 존재하지 않는다는 이유로
무자성이라 설하셨다고는 인정하지 않는다.

ㄷ) 비유
세 가지 무자성의 비유는 『해심밀경』에 다음과 같이 설하셨다.

이와 같이 예를 들면 허공의 꽃과 같이 상相무자성을 보도록 한다.
승의생이여, 이와 같이, 예를 들면 허깨비와 같이 생生무자성을 보도록
한다. 승의勝義무자성은 그로부터 한 가지 또한 보도록 한다. 승의생이
여, 이와 같이, 예를 들면 허공은 단지 색色의 무자성에 의해서만
구별되고 모든 곳에 퍼져 있는 것과 같이 승의무자성은 단지 법무아에
의해서만 구별되고 모든 것에 두루한 한 가지를 보도록 한다.

변계소집이 허공의 꽃과 비슷하다는 비유는 변계소집이 분별식에
의해 가립假立된 것에 불과하다는 의미의 비유이지, 존재하지 않는다는
의미의 비유가 아니다.

의타기가 허깨비와 비슷하다고 하신 이유는 잠시 후 설명하도록
한다.

원성실의 비유와 그 의미는 경전 원문에 명확하다.

부처님께서 설하신 무자성의 이치는 이와 같이 설명해야 하며, 이와
달리 3성性[17]이 모두 무자상이라는 이유로 무자성을 설명한다면 무자성
을 설한 경전을 문자 그대로 받아들인 것이며, 그렇다면 무견無見

17 3성: 의타기성, 변계소집성, 원성실성. 3상相이라고도 한다.

혹은 단견斷見을 갖게 되니, 왜냐하면 3성性 모두를 손감損減[18]함으로써 자상이 없다고 보기 때문이다.

이와 같이 유식파는 의타기에 자상이 없다면 생멸이 불가능하므로 의타기를 손감한 것이며, 원성실에 자상이 없다면 존재의 실상이 될 수 없다고 본다.

만약 '자상이 없다고 보는 것이 의타기와 원성실을 손감한 것이라 치더라도 어떻게 변계소집을 손감한 것이 되는가?'라고 한다면, 의타기와 원성실에 자상이 없다면 그 둘이 존재하지 않게 되며, 그렇다면 변계소집을 가립하는 기반과 가립하는 명칭 또한 없는 것이므로 변계소집 역시 존재할 수 없게 되기 때문이다.

이는 『해심밀경』에서 다음과 같이 설하셨다.

나의 밀의를 담고 설한 심원한 진리를 여실히 알지 못하고서 그 법을 신봉하더라도 '일체법이 오직 무자성이다, 일체법이 오직 무생無生이다, 오직 무멸無滅이다, 오직 본래적정이다, 오직 자성열반이다'라고 법의 의미를 문자 그대로만 집착한다. 그들은 그로 인해 일체법을 대상으로 무견無見과 무상견無相見을 갖게 되고, 무견과 무상견을 가질 뿐 아니라 일체법의 일체상을 손감하니, 법들 중의 변계소집상도 손감하고 법들 중의 의타기상과 원성실상도 손감한다. 왜냐하면 승의생이여, 의타기상과 원성실상이 있으면 변계소집상 또한 올바로 알게 되지만, 누구든지 의타기상과 원성실상에 상相이 없다고 보는 이들은 변계소집상 또한 손감한 것이기 때문이니, 그러므로 그들을 세 가지

---

18 손감: 있는 것을 없다고 하는 것.

상 모두를 손감한다고 말한다.

'의미를 문자 그대로 집착'이라고 하신 문자란, 무자성을 설한 경전에서 '일체법이 승의에서 무자성, 무자상'이라고 설하신 것들이며, 그와 같이 설하신 대로 받아들이는 것을 문자 그대로 집착한다고 보는 견해다. '의타기상과 원성실상에 상相이 없다고 보는'이라는 것은 그 두 가지에 자상이 없다고 보는 것이며, '왜냐하면' 이하는 3성性 모두를 손감하는 것이 되는 이유를 나타낸다.

자상에 의한 생멸이 없다고 설하신 그대로 받아들이는 것 역시 의타기를 손감한 것이기 때문에 다른 두 가지에게도 손감이 된다고 알아야 하니, 이것은 생멸에 자상이 없다면 생멸이 없게 된다는 견해다.

② 어떤 의미로 무생을 설하셨는지에 대한 해설

무자성의 이치가 그러하다면 '무생無生' 등은 어떤 의미로 설하셨는가 하면, 그것은 상相무자성과 승의무자성을 두고서 하신 말씀이니, 먼저 상相무자성을 무생으로 설하신 이유에 대해서는 『해심밀경』에서 다음과 같이 설하셨다.

상相무자성을 염두에 두고서 내가 '일체법이 무생, 무멸, 본래적정, 자성열반이다.'라고 설하였다. 왜냐하면 승의생이여, 자상이 없는 모든 것은 무생이고, 무생인 모든 것은 무멸이고, 무생무멸인 모든 것은 본래적정이고, 본래적정인 모든 것은 자성열반이고, 자성열반인 모든 것에는 열반할(번뇌로부터 벗어날) 것이 조금도 없으니 변계소집에 생멸이 없는 이유로 무자상을 들었으므로, 이것은 생멸이 있으면 자상이 있어야 함과, 의타기에 자상에 의한 생멸이 있음 또한 나타낸 것이다.

생멸이 없는 것은 무위無爲이기 때문에 번뇌법이 될 수 없으므로 본래적정과 자성열반이라고 설하셨으니, 열반이란 번뇌로부터 벗어난 것이기 때문이다.

승의무자성의 무생에 대해서는 『해심밀경』에서 다음과 같이 설하셨다.

또한 오직 법무아에 의해서만 구별되는 승의무자성을 염두에 두고서 내가 "일체법이 무생, 무멸, 본래적정, 자성열반이다."라고 설하였다. 왜냐하면 오직 법무아에 의해서만 구별되는 승의무자성은 '항상하고 항상한 때'와 '불변하고 불변하는 때'에 오직 존재하는 것이고, 그것은 법들의 법성이자 무위이자 일체 번뇌를 여읜 것이니, 항상하고 항상한 때와 불변하고 불변하는 때에 법성 그 자체로 머무는 모든 무위법은 무위이기 때문에 무생무멸이고, 일체번뇌를 여의었기 때문에 본래적정, 자성열반이니

'항상하고 항상한 때'란 '이전, 이전 시기', '불변하고 불변하는 때'란 '이후, 이후 시기'라고 중국의 대소大疏에서는 설명하였다.

여기서 그렇다면 무자성은 3성性 모두에 적용하고, 무생 등은 의타기에 적용하지 않은 것과, 『집론集論』[19]에서 다음과 같이 3성 모두를

---

[19] 『집론』: 무착이 지은 『대승아비달마집론』.

무생 등으로 말한 것은 어떤 의미인가?

변계소집성은 상相무자성, 의타기는 생生무자성, 원성실은 승의勝義 무자성이기 때문이다. '무생, 무멸, 본래적정, 자성열반'이라고 한 의미는 무엇인가 하면, 무자성인 이치 바로 그와 같이 무생이다. 무생인 이치 바로 그와 같이 무멸이다. 무생, 무멸인 이치 바로 그와 같이 본래적정이다. 그와 같이 자성열반이다.

이에 중국의 대소大疏에는 "경전에서 의타기를 무생 등으로 설하지 않은 것은 의지하고 관련해서 생겨나는 의미가 없지 않음을 보이기 위해서이며, 『집론』의 설명은 의타기에 자생自生과 원인 없는 발생이 없다는 의미"라고 설명하였다.

그러나 유식파의 견해는 다음과 같다고 생각된다.

의타기에는 자상에 의한 생멸이 있기 때문에 '무생, 무멸'이라는 말씀은 의타기를 염두에 둔 말씀이 아니며, 대부분의 의타기는 번뇌에 의해 수렴되므로 '본래적정, 자성열반'에도 역시 해당되지 않는다는 것이 경전의 뜻이다. 반면, 『집론』에서는 3성性 각각의 무자성의 의미와 같은 의미로 무생, 무멸, 본래적정, 자성열반이라고 생각하시고 그와 같이 설명하신 것이다.[20]

---

20 『집론』에서 말한 무생이란 일반적인 의미에서의 무생이 아니라, 3성 각각의 무자성, 즉 변계소집의 상무자성, 의타기의 생무자성, 원성실의 승의무자성을 가리켜 무생이라 하였다는 뜻.

(3) 삼성三性의 본질

변계소집이 상相무자성이라 하셨는데, 그렇다면 먼저 변계소집은 무엇
인가 하면, 그것은 『해심밀경』에서 다음과 같이 설하셨다.

> 분별의 대상, 변계소집상의 기반, 행行의 상相 등에 '색온色蘊' 따위로
> 본질 또는 구체적 상相으로 명칭과 기호에 의해 설정된 것과, '색온은
> 생겨난다'라거나 '멸한다'라거나 '색온의 제멸과 투철한 앎' 따위로
> 본질의 상 또는 구체적 상으로 명칭과 기호에 의해 설정된 모든 것이
> 변계소집상이니

여기서 '분별의 대상, 변계소집상의 기반, 행行의 상相'은 변계소집이
가립되는 기반을 나타내며, 그 이하는 변계소집되는 방식을 나타낸다.
'이것은 색온이다'라는 따위는 본질이 변계소집되는 방식이며, '색온
은 생겨난다'라는 따위는 구체적 상 또는 특성이 변계소집되는 방식이
니, 이후 자세히 설명하도록 한다.

의타기가 생生무자성이라 하셨는데, 그렇다면 먼저 의타기는 무엇인
가 하면, 그것은 『해심밀경』에서 다음과 같이 설하셨다.

> 분별의 대상, 변계소집상의 기반, 행行의 상相, 이 모든 것들이 의타기
> 상이니

여기서 '분별의 대상'이 의타기가 무엇의 대상인가를 나타내며, '변계
소집상의 기반'은 변계소집을 가립하는 기반임을, '행行의 상相'은 의타

기 자신의 본질을 나타낸다.

원성실이 승의무자성이라면 원성실은 무엇인가 하면, 그것은 『해심밀경』에서 다음과 같이 설하셨다.

> 분별의 대상, 변계소집상의 기반, 行행의 상相, 그것들에 변계소집된 상으로 철저히 성립하지 않고 오직 그 자성의 무자성성無自性性, 법무아, 진여, 청정대상 그 모든 것이 원성실상이니

'법무아' 등의 구절에 의해 법무아, 진여 등으로 부른 그것들을 대상으로 수습修習함으로써 2장障을 정화할 수 있는 바로 그 대상이 원성실임이 확인된다.

법무아란 무엇인가 하면, 무자성성無自性性이니, 여기서 맨 끝의 '성性'은 '오직 그것(단지 그 자체)'의 의미다.

어떤 것의 무자성인가 하면, '오직 그 자성의'라는 말이 앞에 언급한 변계소집의 자성을 가리키며, '오직'이란 말이 다른 것을 배제하는 말이므로 다른 두 자성, 즉 의타기와 원성실은 제외하고 오직 변계소집의 무자성을 원성실로 한다는 의미이다.

맨 앞의 '분별의 대상'에서부터 '그것들에'까지는 의타기가 공성의 기반[21]임을 나타내고, '변계소집된 상으로 성립하지 않고'라는 구절에서 의타기를 대상으로 변계소집된 바의 공함[22]이 원성실임이 명확하므로,

---

21 예를 들어 유식파는 '물체가 외경으로서 존재하지 않음' 따위를 공성으로 보므로 이러한 경우 공성의 기반은 '물체'가 된다.

22 예를 들어 의타기인 물체 따위를 대상으로 변계소집된, 즉 '물체가 외경으로서

『해심밀경』에서 설한 공성의 이치를 요의로 받아들이는 한편 '원성실에 의타기와 변계소집의 공함'이 원성실이라고 주장하는 것은 모순이다.

공한 이치 또한 어떤 장소에 항아리가 없다는 식으로 관련 없는 다른 존재를 부정하는 것이 아니라, 개아가 실유實有가 아닌 것과 같이 의타기가 변계소집된 본질로 성립하지 않는다는 것이다. 바로 그러한 이유로 경에서 '그것들에 변계소집된 상으로 철저히 성립하지 않고'라고 설하셨다.

공한 바의 변계소집에 대해서는, 『해심밀경』에서 변계소집을 언급한 두 부분 모두에서 오직 본질과 구체적 특성으로 가립된 것 외에 다른 변계소집은 설하지 않은 이유는 이후 설명하도록 한다.

이와 같이 색온色蘊에 적용한 방식대로 나머지 4온蘊과 12처, 12연기, 4식食, 6계界, 18계界 각각에도 3성性을 적용한다고 설하셨다.

고제苦諦에 적용해 보면, 변계소집이 가립되는 기반임은 앞서와 같고, '이것은 고제이다' 따위는 본질, '고제를 투철히 앎' 따위는 특성이 명칭과 기호에 의해 설정된 변계소집이며, 의타기와 원성실 역시 앞서와 마찬가지[23]이며, '오직 그 자성의 무자성'[24]이라 하셨고, 그와 같이 집제, 멸제, 도제에도 마찬가지로 적용한다.

존재함' 따위를 부정하는, 즉 '물체가 외경으로서 존재하지 않음' 따위가 원성실이라는 얘기다.

23 고제가 '분별의 대상, 변계소집상의 기반, 행의 상'인 의타기이며, '고제가 외경으로서 존재하지 않음' 따위가 고제의 공성, 즉 고제의 원성실이다.

24 '오직 그 자성'이란 쫑카빠의 해석대로 변계소집을 가리키고, 변계소집의 무자성이란, 예를 들어 '고제가 외경으로서 존재함'이 변계소집, 그것의 부정을 변계소집의 무자성이라 한 것이다.

37각분覺分[25]에도 적용하면, 변계소집이 가립되는 기반임은 앞서와 같고, '정정正定' 따위는 본질, 그것의 제거 대상과 대치법 등 앞서 설명한 바와 같이 '무엇의 무엇'과 같은 것들은 특성이 변계소집된 것이며, 의타기와 원성실은 고제의 경우와 마찬가지로 설하셨다.

이것들은 경장의 모순에 대한 질문에 대한 설명으로 색온色蘊에서부터 도지道支에 이르기까지 각각에 3성性을 설정하는 방식을 적용한 후 "이러한 의미로 부처님께서 세 가지 무자성을 설하신 것으로 제가 이해하였습니다."라고 승의생이 부처님께 아뢴 것이다.

(4) 그에 의해 성립되는 의미를 여쭘

①경전 인용

불경에는 법들의 자상이 있다고 설한 것과, 법들의 자상이 없다고 설한 것과, 자상이 있는 것과 없는 것을 선명하게 분별한 것 등 세 종류의 경전이 있고, 그것들은 또한 자성의 유무를 선명하게 분별하고 분별하지 않은 두 가지로 분류되니, 분별한 것은 다른 의미로 해석할 수 없는 요의경이며, 분별하지 않은 것은 다른 의미로 해석해야 하는 불요의경이다.

여기에 또한 두 가지가 있으므로 첫 번째 법륜과 두 번째 법륜은 불요의경, 세 번째 법륜은 요의경임을 이제까지 설명한 바에 의해서 간접적으로 알 수 있다.

그렇게 간접적으로 드러나는 내용, 즉 시간에 따라 순차적으로 세

---

25 37각분: 4념처念處, 4정단正斷, 4신족神足, 5근根, 5력力, 7각지覺支, 8정도正道.

가지 법륜과 관련해서 요의와 불요의가 되는 이치를 승의생이 부처님께
아뢴 것은 『해심밀경』에 다음과 같이 나타나 있다.

세존께서 맨 처음 와라나시의 녹야원에서 성문승聲聞乘에 올바로 나아
간 이들에게 사성제의 상相을 설하심으로써 이전에 천신이나 인간
그 누구도 여법하게 굴리지 못한 희귀한 법륜을 세간에 훌륭히 굴리셨
으니, 세존께서 훌륭하게 굴리신 그 법륜 또한 그보다 뛰어난 것이
있고, 때가 있고, 불요의이며, 논쟁거리의 바탕이 됩니다. 세존께서
법들의 무자성성을 바탕으로, 무생무멸, 본래적정, 자성열반을 바탕으
로, 대승에 올바로 나아간 이들에게 공성을 설하는 모습으로 대단히
희귀한 두 번째 법륜을 굴리셨으니, 세존께서 굴리신 그 법륜 또한
그보다 뛰어난 것이 있고, 때가 있고, 불요의이며, 논쟁거리의 바탕이
됩니다. 세존께서 법들의 무자성성을 바탕으로, 무생무멸, 본래적정,
자성열반을 바탕으로 모든 승乘에 올바로 나아간 이들에게 선변(善辨:
올바른 분별)을 갖춘 희귀한 세 번째 법륜을 굴리셨으니, 세존께서
굴리신 이 법륜은 그보다 뛰어난 것이 없고, 때가 없고, 요의이며,
논쟁거리의 바탕이 되지 않습니다.

②경전의 의미 약설
ㄱ) 경의 자의 약설
여기서 첫 번째 법륜의 장소는 '와라나시의 녹야원에서'라는 말씀이
나타내며, 교화 대상은 '성문승에 올바로 나아간 이들에게'라는 말씀이
나타낸다.

'사성제의'에서부터 '굴리셨으니'까지는 첫 번째 법륜의 본질을 나타낸다.

'희귀한' 등은 그에 대한 찬탄이다.

'그 법륜 또한' 등은 요의경이 아님을 나타낸다.

이 부분에서 원측의 설명은 다음과 같다.

'그보다 뛰어난 것이 있고'라는 말은 그 위에 더 수승한 경전이 있다는 말이다.

'때가 있고'라는 말은 이보다 다른 더 특별한 때의 경전이 있다는 말이다. 공성을 설하지 않고 실유實有를 설하셨으므로 불요의이다.

논쟁이 있다는 것은 다른 이들에 의해 논박될 수 있고 성문聲聞 교파들의 논쟁거리가 된다는 말이다.

그러나 경의 의미는, 첫째로 '그보다 뛰어난 것이 있고'란 말은 그 위에 다른 요의경이 있다는 뜻이다.

둘째로 '때가 있고'란 말은 경전의 문자 그대로를 받아들이면 다른 반론에 의해 오류가 드러나는 때가 있다는 뜻이다.

셋째로 '불요의'라는 것은 다른 의미로 해석해야 한다는 뜻이다.

넷째로 '논쟁거리의 바탕'이라는 것은 '이것은 이러한 의미다'라고 부처님께서 선명하게 분별해주지 않으셨으므로 서로 다른 의미들로 논쟁한다는 뜻이다.

두 번째 법륜 부분에서, '법들의'에서부터 '바탕으로'까지는 어떤 내용을 바탕으로 하고 있는가를 나타낸다.

'대승에 올바로 나아간 이들에게'라는 것은 법륜을 굴리신 교화대상을 나타낸다.

'공성을 설하는 모습으로'라는 말의 의미는 일부 주석에선 법무아를 설했다는 의미로 해석하고, 중국의 대소大疏에는 '드러나지 않은 모습으로'라는, 즉 비밀스럽게 감추었다는 의미로 해석하였다. 이 해석이 훌륭하니, 그 의미는 두 번째와 세 번째 법륜이 무자성의 내용을 바탕으로 설해졌다는 면에선 같지만, 설법 방식에서의 차이는 두 번째 법륜이 자성이 있는 것과 없는 것을 앞서 설명한 바와 같이 분별하지 않았으므로 '드러나지 않은 모습으로'라고 하신 것이며, 마지막 법륜은 분별하였으므로 '선변을 갖춘'이라고 하신 것이다.

삼장법사[26] 원측은 '그보다 뛰어난 것이 있고' 등을 세 번째 법륜에 대비해서만 설명하였고, 그와 다른 견해로는 인도의 진제眞諦 논사의 설명을 인용하였지만, 진제 논사의 설명은 올바른 견해로 보이지 않으므로 여기선 언급하지 않겠다. 자종(自宗: 자신의 견해)은 여기서 원측의 견해를 따른다.

세 번째 법륜 부분에서, 어떤 내용을 바탕으로 하였는가는 두 번째 법륜과 같고, 교화대상은 '모든 승에 올바로 나아간 이들'이라 하였으므로 앞의 두 법륜이 각각 소승과 대승을 대상으로 삼은 것에 비해 이것은 양자 모두를 대상으로 삼은 것이다.

'선변(올바른 분별)'이란 앞서 설명한 바와 같이 색 등의 법 각각에 3성性을 적용하는 교리와 세 가지 무자성의 이치를 각각으로 분별하는

---

26 삼장법사: 경, 율, 논 3장藏에 정통한 승려에 대한 존칭.

것이다.

'세존께서 굴리신 이 법륜'이 가리키는 것은, 바로 직전에 언급한 '선변법륜(세 번째 법륜)'인 『해심밀경』 및 그와 같이 분별한 경전들이며, 마지막 시기에 설하셨더라도 자성이 있고 없는 이치를 이와 같이 분별하지 않은 경전들은 해당되지 않는다.

세 번째 법륜의 탁월함에 대해서는 '그보다 뛰어난 것이 없고' 등의 구절이 나타내며, 이 부분에서 원측은 다음과 같이 설명하였다.

이것은 가장 수승하고 그보다 나은 다른 것이 없으므로 그보다 뛰어난 것이 없고, 이후 더 수승한 때와 파괴되는 때가 없으므로 때가 없으며, 유무를 완전하게 설하셨으므로 요의이고 논쟁거리의 바탕이 아니다.

이는 '때가 없고'에 대한 해석을 제외하면 앞서 첫 번째와 두 번째 법륜의 '그보다 뛰어난 것이 있고' 등의 의미에 대한 해설을 반대로 뒤집은 것과 같다.

앞의 두 법륜의 문자 그대로를 받아들이면 오류가 드러나는 때가 있는데 반해 마지막 법륜에는 없는 이유는, 문자 그대로의 의미가 아닌 다른 의미로 해석할 필요가 없기 때문이며, 논쟁거리의 바탕이 아니라는 것은 경장의 내용이 자성의 유무를 부처님께서 그와 같이 확립한 것인가 아닌가를 학자들이 검토했을 때 논쟁거리가 없다는 의미이지, 이 부분에 일반적으로 다른 논쟁이 없다는 뜻이 아니다.

ㄴ) 요의와 불요의의 구분 방식 약설

중국의 대소大疏에는 첫 번째 법륜을 사제四諦법륜, 두 번째를 무상無相 법륜, 세 번째를 승의결정勝義決定법륜이라 이름 붙였지만 『해심밀경』 자신의 용어와 일치시키자면 세 번째 법륜을 '선변善辨법륜'이라 부른다.

『해심밀경』이 요의와 불요의를 규정하는 기준은 선명한 분별의 유무 이고, 요의와 불요의를 적용하는 대상은 법들에 자상으로 성립하는 자성을 일체법에 일괄적으로 있다고 설한 것과, 일괄적으로 없다고 설한 것과, 유무를 선명하게 분별한 것 등 세 가지이며, 그것은 경장의 모순에 대한 질문과, 그에 대한 답변과, 각각의 법들에 3성性의 교리를 적용한 후 그것을 염두에 두고 무자성을 설하셨음을 승의생이 부처님께 아뢴 부분과, 그 내용들에 의지해서 전후前後 시기로 설하신 세 가지 법륜의 요의와 불요의를 아뢴 부분들로부터 명확히 알 수 있다.

그러므로 맨 처음 사성제를 바탕으로 유자상有自相 등을 설하신 첫 번째 법륜을 『해심밀경』에서 불요의라고 말한 것이지, 첫 번째 시기에 부처님께서 설하신 모든 경전이 불요의라고 한 것은 아니다. 예를 들면, 첫 번째 시기에 와라나시에서 다섯 비구들에게 '하의 승복은 원형으로 입어야 한다'라는 등으로 율의律儀를 설하신 것에 대해서는 여기서 의혹을 해소할 필요가 없는 것과 같다.

이와 같이 두 번째 역시 무자성 등을 설한 경전을 불요의라고 하는 것이지, 두 번째 시기에 설하셨더라도 무자성을 바탕으로 하지 않고 '경장의 모순에 대한 질문' 식의 의심거리가 없는 부분은 여기서 불요의 로 가리킬 이유가 없다.

세 번째 법륜을 요의라고 설한 것 역시, 앞서 설명한 바와 마찬가지로 자상의 유무를 선명하게 분별한 경전들을 가리키는 것이지, 세 번째 시기에 설하신 모든 경전을 가리키는 것이 아니라는 점은『해심밀경』그 자체에서도 명확하다. 예를 들면, 부처님께서 입적하시기 직전에『수순청정약비나야隨順淸淨略毗奈耶』[27]를 설하셨지만 그 경은 여기서 요의경으로 가리키지 않는 것과 같다.

『해심밀경』이 무엇을 위해서 법륜의 요의와 불요의를 분별하였는가 하면, 법들에 각각으로 분별하지 않고서 자상의 유무를 설한 경전들을 문자 그대로 받아들이는 것을 방지하고, 변계소집은 자상으로 성립하지 않고 의타기와 원성실은 자상으로 성립함과, 의타기에 변계소집된 바가 공한 공성을 도道의 구경승의究竟勝義의 대상으로 교화 대상에게 보이기 위해서다. 그러한 목적을 위해 처음 두 법륜은 불요의, 마지막은 요의라고 설하신 것이다.

여기서 어떤 이들은『해심밀경』에 의거해서 세 번째 시기에 설하신 모든 경전들을 요의라고 생각하여, 아뜨만(자아)설에 집착하는 외도 성향의 사람들을 유인하기 위해 자아를 설한 경전들을 문자 그대로 받아들이고, 법성法性을 제외한 모든 법들은 착란된 마음에 의해 기만적으로 가립된 것일 뿐 전혀 자성으로 존재하지 않는 반면 법성은 실재實在[28]한다는 이러한 실재와 비실재의 분별이 앞서 설명한 '선변(올

---

27 『수순청정약비나야』: 부처님께서 입적하시기 직전에 비구들에게 만약 율장에 언급되지 않은 상황에 처했을 경우 율장의 가르침을 응용해서 행동하라고 설하신 경.

28 '실재(덴둡: bden grub)'라는 말은 '승의에서 존재한다(된담빠르 요빠: don dam par yod pa)'는 말과 같은 말이고, 반대로 '비실재(덴메: bden med)'라는 말은 '승의에서 존재하지 않는다(된담빠르 메빠: don dam par med pa)'는 말과 같은 말이다. 즉, 실재=승의유, 비실재=승의무. 그러나 존재와 실재는 같은 말이 아니

바른 분별)'의 의미라고 주장한다.

또 다른 이들은『해심밀경』에서 요의와 불요의를 분별한 방식에 따르면 앞서 말한 이들의 주장대로 된다고 생각하고서『해심밀경』의 요의와 불요의의 분별이 문자 그대로임을 부정한다.

그 양자 모두『해심밀경』에서 '경장의 모순에 대한 질문'이 일어난 방식과, 그에 대한 부처님의 답변 방식과, 그에 의거해서 요의와 불요의를 규정하는 방식 등을 세밀하게 검토하지 않고 단지 요의와 불요의의 교리가 적용되는 시기 정도만을 놓고서 논한 것으로 보인다.

2) 인용한 경전의 의미 해설

(1) 무착 논사께서 주로『해심밀경』에 의거한 방식

『섭결택분』에서 다음과 같이『해심밀경』의 「승의제품勝義諦品」을 인용하셨다.

> 승의가 다섯 가지 상相을 구족함 또한『해심밀경』에서 설한 바와 같이 알도록 한다.

또, 3상相을 설한 「법상품法相品」을 다음과 같이 인용하셨다.

> 법들의 상相은『해심밀경』에서 설한 바대로 보도록 한다.

다. 왜냐하면 중관파는 모든 존재가 비실재라고 보고, 유식파는 의타기와 원성실은 존재이자 실재, 변계소집은 존재하지만 실재는 아니라고 보기 때문이다.

경전의 모순에 대한 문답과 요의, 불요의 등을 설한 「무자성품無自性品」을 또한 다음과 같이 인용하셨다.

법들의 무자성상無自性相은『해심밀경』에서 설한 바대로 보도록 한다.

8식識과 구경종성결정究竟種性決定 또한『해심밀경』을 인용하셨으며,『보살지菩薩地』의 「진실의품眞實義品」과 그것의 「결택분決擇分」,『섭대승론攝大乘論』 등에서도『해심밀경』에서 의타기에 본질과 특성으로 가립된 변계소집의 공함을 원성실로 설하신 것을 여러 가지 설명으로 확립하셨다.

『장엄경론莊嚴經論』[29]과『변중변론辨中邊論』[30] 등에서 진여의 의미를 설명하고, 그 논서들의 주석서들에서 설하신 내용들 또한『해심밀경』의 내용과 지극히 일치하므로 유식파의 견해에서『해심밀경』의 뜻을 확정하는 근본이 된다.

---

29 『장엄경론』: 경장의 요의와 불요의를 해설한 미륵의 논서.
30 『변중변론』: 유식의 견해를 설한 미륵의 논서.

(2)『해심밀경』에 의거해서 진여를 확립하는 방식

① 양변을 여의는 이치에 대한 총론

ㄱ)『보살지』의 설명

㉠ 증익견增益見[31]과 손감견損減見[32]이 되는 방식

『보살지』에서 다음과 같이 설하셨다.

어떻게 존재하는가 하면, 있지 않은 것을 증익한 망집을 여의고, 실유實有를 손감한 망집을 여의고 존재한다.

여기서 증익과 손감을 여의는 방식으로 존재한다고 설하신 증익과 손감이란 어떤 것인가 하면, 그 두 가지에 대해『보살지』에서 다음과 같이 설하셨다.

색 등의 법들과 색 등의 실법實法[33]에 가립한 말의 자성自性의 자상自相

---

31 증익견: 없는 것을 있다고 보는 전도견.

32 손감견: 있는 것을 없다고 보는 전도견.

33 실법: 티베트어의 ㅇ오뽀dngos po를 역자가 번역한 말이다. 이 'ㅇ오뽀'라는 말은 범어의 와스뚜vastu, 혹은 바와bhava의 번역어인데, 와스뚜는 작용하는 것, 무상한 것, 장소, 현상, ~것, 본질 등의 뜻이 있고, 바와에는 존재, 무상한 존재, 실재 등의 뜻이 있는데, 티베트어에서 ㅇ오뽀는 주로 무상한 존재의 의미로 가장 많이 쓰이고 간혹 존재나 실재의 의미로 쓰일 때도 있다. 무상한 존재는 티베트어로 미딱빠mi rtag pa라는 번역어가 이미 차지하고 있으므로 ㅇ오뽀가 무상한 존재의 의미로 쓰일 때 역자는 '실법'('ㅇ오: dngo'가 진짜, 실제라는 의미이므로 그 '실'을 취해서)이라 번역하였는데, 실법이란 용어는 낯설고 오해의 소지도 있어 보이므로 많은 경우 같은 뜻인 유위법(뒤재: 'dus byas)이란 용어로 대체하였으

이 있지 않음에 증익하여 집착한 모든 것과, 가립한 말의 상相의 기반, 가립한 말의 소의所依, 불가설의 본질에 의한 승의의 존재, 진실한 실법實法에 모든 것의 모든 면에서 없다고 손감하고 훼멸하는 모든 것, 이 두 가지는 율律의 법으로부터 철저히 퇴락한 것임을 식별해야 한다.

여기서 '증익하여 집착한 모든 것'까지가 증익 방식을 나타내고, '손감하고 훼멸하는 모든 것'까지는 손감 방식을 나타내며, '이 두 가지는' 이하는 심오한 대승법으로부터의 퇴락을 나타낸다.

'색 등의 법들과 색 등의 실법'은 변계소집이 가립되는 기반을 나타낸다.

'가립한 말의 자성'이라는 것은 '말에 의해 가립된 자성'을 의미하는 것이지 '가립의 도구인 말'을 가리키는 것이 아님은 『섭결택분』 등에서 명확히 설명하셨다. 『보살지』의 다른 부분에서도 또한 이와 같이 이해하도록 한다.

말에 의해 가립된 자성은 자상에 의해 존재하지 않음에도 불구하고 그것의 자상이 있다고 집착하는 것이 증익이다.

'가립한 말의 상의 기반'이란 '가립한 말의 소의'가 설명하며, 변계소집이 가립된 기반을 의미한다. 그것은 불가설의 방식으로 승의에서

며, 존재라는 의미로 쓰일 때는 그대로 존재, 실법과 존재 둘 중 어느 것으로 하더라도 의미상의 차이나 문제가 없을 때는 누구나 알아듣기 쉬운 존재라는 번역어를 취하였다. 예를 들어 '유위의 ○오뽀'라고 했다면 유위의 실법이나 유위의 존재나 둘 다 똑같이 유위법을 가리키므로 쓸데없이 알아듣기 어려운 전자보다는 후자를 취한 것이다.

존재함에도 불구하고 '모든 것의 모든 면에서 없다'고 집착하는 것이 손감이다.

이와 같이 본다면 '변계소집이 승의에서 존재한다'라는 것이 증익이며, '의타기와 원성실이 승의에서 존재하지 않는다'라는 것이 손감이니, 변계소집은 세속적 차원에서 존재하는 것이고, 의타기와 원성실은 승의에서 존재하는 것이기 때문이다.

승의에서 존재하는 것을 승의에서 존재하지 않는다고 보는 것이 손감이라는 설명에 짝을 맞추면 승의에서 존재하지 않는 것을 승의에서 존재한다고 보는 것이 증익이라고 설명해야 하는데, 이 부분에서 변계소집이 자상에 의해 존재한다고 집착하는 것을 증익이라고 하시고, 승의에서 존재한다고 집착하는 것에 대해서는 명시적으로 나타내지 않았지만, 자상에 의해 존재하면 승의에서 존재하는 것임은 논서의 뜻이므로 '변계소집이 승의에서 존재한다'는 것은 증익에 속한다.

『해심밀경』에서 "변계소집상의 기반, 행行의 상相, 본질과 특성으로 가립한 기반"이라고 하신 것이 의타기를 가리키므로『보살지』에서 "가립한 말의 상의 기반이 승의에서 존재함에도 불구하고 승의에서 존재하지 않는다고 보는 것이 손감"이라는 설명이 명시하는 것은 비록 의타기이지만, 의타기가 승의에서 존재하지 않으면 원성실 또한 승의에서 존재하지 않게 되므로 두 가지 모두를 가지고 설명함에 오류가 없으니,『보살지』에서 다음과 같이 설하셨기 때문이다.

색 등의 법 중에서 단지 실법實法만을 손감하면 진여 역시 없고 가립 또한 없으므로 그 양자가 모두 성립할 수 없다.

실법實法인 의타기를 손감하는 방식은 '언어관습적 차원에서[34] 존재하지 않는다'라거나 '일반적으로 존재하지 않는다'라는 것이 아니라 앞서 '승의에서 존재하는 것을 승의에서 존재하지 않는다고 하는 것을 손감'이라고 하신 바와 같다.

ⓛ 중익과 손감을 배격하는 이치

만약 증익과 손감의 방식이 그러하다면, 그 두 가지를 배격하는 이치는 어떠한가 하면, 먼저 증익변은 어떤 존재도 그것의 본질과 특성으로 변계소집된 바가 승의에서 공함을 보임으로써 배격된다. 이후 자세히 설명하도록 한다.

손감을 배격하는 이치는 위에 인용한 구절에 바로 이어서 『보살지』에 다음과 같이 설하셨다.

예를 들면, 색 등의 온蘊들이 있다면 개아個我를 가립할 수 있지만, 없다고 본다면 실법實法이 없음에 개아를 가립할 수가 없다. 그와 같이 색 등의 법들의 실법이 있다면 색 등의 법을 가립하는 말이 그것들에 가립될 수 있지만, 없다고 본다면 실법이 없음에 가립하는 말에 의한 가립 역시 없다. 가립의 기반이 없다고 본다면 기반이 없으므로 가립 역시 없는 것이 된다.

---

34 언어관습적 차원에서: 티베트어의 '타내두tha snyad du'의 번역어. 이것은 '꾼좁뚜 (kun rdzob tu: 세속적 차원에서)', '찌르(spyir: 일반적으로)'와 같은 말이다. 즉, 언어관습적 차원에서 있다는 말은 세속적 차원에서 있다, 일반적으로 있다는 말이다. 그러나 언어관습적 차원에서 있다고 표현하면 어렵게 느껴질 뿐만 아니라 의미를 오해할 소지가 많기 때문에 역자는 많은 경우 '일반적 사실에서'라고 번역한다.

여기서 손감을 배격할 때 반대 의견을 주장하는 자는 외도일 리는 없고, 불교도 중에서도 성문聲聞의 교파들 중에는 명칭과 기호에 의해 이름 붙이는 기반인 색 등의 실법이 자상에 의해 존재하지 않는다고 주장하는 자는 없다. 그렇다면 『섭결택분』에서 설명한 바와 같이 대승의 교파 중 하나이며, 그 또한 법들이 자상에 의해 성립하지 않는다고 주장하는 무자성파[35]들이다.

그러나 그들이 의타기 등의 법들이 일반적으로 존재하지 않는다거나 언어관습적 차원에서 존재하지 않는다고 주장하는 것은 결코 아니고, '승의에서 성립하지 않는다'라고 주장한다. 그렇다면 '실법이 없다면'이라고 논파한 것은 앞서 설명한 바와 같이 '승의에서 존재하는 진실의 실법이 없다면'이라고 논파한 것이니, 유식파의 견해에서는 변계소집의 경우엔 자상에 의해 성립하지 않거나 승의에서 존재하지 않는다고 해도 그것이 존재하지 않을 필요는 없지만, 의타기와 원성실의 경우엔 승의 또는 자상에 의해 성립하지 않는다면 그것은 존재하지 않는 것이다.

의타기인 심心과 심소心所들이 자신의 원인과 조건에 의해 생겨남이 자상에 의해 성립하는 발생이라면 승의의 발생이 되는 것이고, 그렇지 않다면 마음이 생겨난다고 기만적으로 가립한 것일 뿐, 심과 심소 따위의 실법들에 생겨남이 없다는 결론이 된다고 유식파는 생각한다.

그렇다면 '의타기의 생멸은 착란된 마음에 의해 생멸이라고 단지 집착한 입장에서일 뿐이므로 세속적 차원에서 생멸이 존재한다고 보기

---

35 무자성파: 중관파의 다른 이름. 중관파 중에서 자립파는 일체법이 자상에 의해 성립한다고 주장하므로 여기서 '법들이 자상에 의해 성립하지 않는다고 주장하는 무자성파'란 귀류파를 가리킨다.

때문에 손감이 되지 않는다.'라고 말하는 것은 대답이 되지 않으니, 이것은 마치 밧줄을 뱀으로 착각한 입장에서 밧줄이 뱀이며, 일반적으로는 밧줄이 뱀으로 성립한 적이 없다고 말하는 것과 같아서, 의타기의 인과 또한 인과에 대한 실집實執의 착란된 입장에서 인과일 뿐 의타기 자신이 인과로 성립하지 않는다고 본다면, 그런 식으로 승인하더라도 선악의 행위로부터 행복과 고통이 발생되는 업과業果를 설정할 수 없게 되므로 손감을 배격할 수 없고, 그와 다른 식의 인과를 받아들인다면 자상에 의해 성립하는 인과이므로 승의에서 존재한다는 의미가 성립한 것이다.

이렇게 생각하여, 가립의 기반이 없으면 가립 또한 없으므로 '일체법이 단지 가립된 것에 불과하고, 바로 그것이 진여의 의미다'라는 그 두 가지 주장 모두 불합리하며, 단견斷見의 핵심이 된다고 『보살지』에서 다음과 같이 설명하셨다.

일부 개아들은 이해하기 어려운, 대승을 담고, 공성을 담고, 밀의를 설하는 경전들을 듣고서, 설명하는 진실한 내용을 그대로 이해하지 못하고 그릇되게 가립하여 불합리하게 일으킨 분별만으로 '이 모든 것은 단지 가립된 것에 불과하며, 바로 그것이 진여다. 누구든지 이와 같이 보는 자가 진실하게 보는 것이다'라고 그와 같이 보고 그와 같이 말한다. 그들에 따른다면 가립의 기반인 단지 실법實法 정도도 없으므로 가립 또한 모든 것의 모든 면에서 존재하지 않게 되니, 가립에 불과하다는 진여는 말할 필요도 없다. 그러므로 그러한 여러 가지 이유로 인해 그들이 진여와 가립 양자 역시 손감한 것이 되니, 가립과 진여를 손감하였으므로 단견의 핵심이라고 식별하도록 한다.

또한 다음과 같이 설하셨다.

그것을 생각하시고 '아견我見이 오히려 낫지, 공성에 대한 오해는 그렇지 않다.'라고 설하셨으니, 아견我見은 지식대상[36]에 단지 미혹되었을 뿐 모든 지식대상을 손감하지 않고, 그로 인해 지옥에 나는 것도 아니고, 누군가 법을 구하는 자를 망치는 것도 아니며, 계율을 무시하지도 않지만, 공성에 대한 오해는 이와 반대가 되기 때문이다.[37]

그렇다면, '어떤 것에 무엇이 없음'[38]이 그것의 공空이며, 남아 있는 것[39]은 존재하고, 그와 같이 보는 것이 공성에 올바르게 향한 것이다.

---

36 지식대상: 티베트어 '쎼자shes bya'의 번역어. 한역으로는 소지所知라 하며, 존재와 같은 뜻이다.

37 공성을 잘못 이해하면 일체법이 존재하지 않는다고 보게 되고, 일체법이 존재하지 않으므로 인과를 무시하고, 인과를 무시하므로 계율도 지킬 필요 없고, 행위도 거리낌 없이 함부로 하게 되므로 지옥에 떨어지게 되고, 법을 구하는 다른 사람 역시도 그와 같이 망치게 된다는 말이다.

38 '어떤 것'이란 의타기를 의미하고, '무엇'이란 물체 따위의 의타기를 대상으로 '외경으로서 존재한다.'는 따위의 그릇되게 분별한 변계소집을 의미하며, 그러한 그릇된 변계소집의 없음, 즉 '물체가 외경으로 존재하지 않음' 따위가 공성이라는 의미다.

39 남아 있는 것: 물체 따위의 의타기를 대상으로 그릇되게 분별된 변계소집은 부정하더라도 그러한 변계소집의 기반이 되는 물체 따위와 가립행위 자체 또는 가립의 도구인 말은 변계소집의 부정 이후에도 여전히 존재로서 남아 있다는 뜻.

색 따위가 말에 의해 가립된 본질이 공하다는 것이 '어떤 것에 무엇이 없음'의 의미이며, 남아있는 것이 존재함이란, 가립의 기반인 실법과 가립 자체는 존재한다고 『보살지』에서 설하셨다.

무엇이 공하다는 무엇은 변계소집이며, 공함의 기반은 의타기, 의타기에 변계소집이 공한 공성이 원성실이며, 그러한 3성性의 승의에서의 유무는 앞서 설명한 바이다.

이와 같이 증익을 배격함으로써 유변有邊[40]을 여의고, 손감을 배격함으로써 무변無邊[41]을 여의는 것이니, 또한 무이無二에 의해서만 구별되는 것이고, 바로 이러한 공성이 구경승의라고 『보살지』에서 다음과 같이 설하셨다.

앞의 실유實有와 이 실무實無 두 가지의 유무로부터 벗어난 법상法相에 속하는 그것을 무이無二라 한다. 무이인 그것을 양변을 여읜 중도中道, 위없음無上이라 이름 한다.

ㄴ) 『섭결택분』의 설명
㉠상대의 견해와 그에 대한 문답
『섭결택분』에서 다음과 같이 설하셨다.

대승의 일부에서는 악견에 의해 이와 같이 '세속적 차원에서는 일체가 존재하지만 승의에서는 일체가 존재하지 않는다.'라고 말한다.

---

40 유변: 없는 것을 있다고 하는 극단. 상변, 증익변과 같은 말이다.
41 무변: 있는 것을 없다고 하는 극단. 단변, 손감변과 같은 말이다.

이것은 "일체법이 승의에서 존재하지 않고 언어관습적 차원에서 존재한다."라고 말하는 중관파들의 법들의 유무 분별법을 기술한 것이다. 그에 이어서 2제諦에 대한 문답을 다음과 같이 서술하셨다.

그에게 이와 같이 '장로여, 승의는 무엇입니까? 세속(은폐)[42]은 무엇입니까?' 하고 묻도록 한다. 이렇게 물었을 때 만약 이와 같이 '일체법의 무자성이 승의이며, 무자성의 법들에서 자성을 보는 것이 세속(은폐)입니다. 왜냐하면 이와 같이 그것이 있지 않은 것들을 은폐하고, 가립하고, 언표하고(말로 나타내고), 이름 붙이기 때문입니다.'라고 대답하면

여기서 "승의는 무엇입니까?"라는 질문은 승의제의 구체적 예를 질문한 것이지, "승의에서 존재하지 않는다."라고 말할 때의 그 승의에 대해 질문한 것이 아니다. 그렇지 않다면 '일체법의 무자성이 승의'라는 대답은 적절치 않은데, 왜냐하면 중관파는 법무아를 승의제로 인정하지만, 법무아가 승의에서 존재한다고는 인정하지 않기 때문이다.

"세속은 무엇입니까?"라는 질문 또한 '세속제란 어떤 심식에서의 진실이라는 의미인가'를 말할 때의 세속을 질문한 것이지, '세속적 차원에서 존재한다'라고 말할 때의 그 세속이 무엇이냐고 질문한 것이 아니다. 그렇지 않다면 '무자성임에도 자성을 보는 것이 세속'이라는 대답은 적절치 않은데, 중관파는 "자성을 취하는 것은 실집이므로 그것의 집착대상[43]은 세속적 차원에서조차 존재하지 않는다."고 주장하

---

42 속제의 속, 혹은 세속제의 세속에 해당하는 범어의 saṃvṛti와 티베트어 꾼좁kun rdzob은 모두 '은폐' 혹은 '가림'을 의미한다.

54

기 때문이다. 자성을 취하는 것이 실집인 이유는, 자성이 없다고 말할 때 부정되는 자성이란 실재實在의 자성을 가리키기 때문이다.

ⓛ 답변 논파
ⓐ 상대 교리의 모순 지적
먼저, 세속(은폐)에 대한 인식은 『섭결택분』에서 다음과 같이 논파하셨다.

> 그에게 이렇게 말할지니, "자성을 보는 그것은 언표와 세속의 원인으로부터 생겨난 것이라 주장합니까, 아니면 그저 언표와 세속에 불과하다고 주장합니까? 만약 언표와 세속의 원인으로부터 생겨난 것이라면 언표와 세속의 원인으로부터 생겨난 것이므로 존재하지 않는다고 할 수 없습니다. 만약 그저 언표와 세속에 불과하다면 그 기반이 없으므로 언표와 세속이라고 할 수 없습니다."

이것의 의미는 다음과 같다.
승의에서 자성이 없음에도 자성이 있다고 보는 세속(은폐)은 내면의 언표이기도 하며, 그러할 때 그것은 자신과 동류同類의 원인에 의해 생겨난 것인가, 아니면 세속과 언표의 분별에 의한 단지 가립에 불과한가? 전자라면, 원인에 의해 생겨났으므로 '존재하지 않는다고 할 수 없다'는 말은 '승의에서 존재하지 않는다고 할 수 없다'는 의미이다.

---

43 집착대상: 분별식이 취하는 대상. 심식의 대상에는 나타나는 대상과 취해지는 대상이 있는데, 분별식의 경우엔 취해지는 대상을 집착대상이라 부른다.

왜냐하면 이 부분은 승의에서의 유무에 대해 논쟁하고 있는 중이기 때문이며, 상대가 승의에서 존재하지 않는다고 주장할 뿐 일반적으로 없다고 말하는 것이 아니기 때문이다.

만약 단지 가립에 불과하다면, 분별에 의한 가립이라고 할 수 없다. 왜냐하면 가립의 기반이 없기 때문이다. 왜냐하면 세속과 언표가 분별에 의한 가립에 불과하다면 다른 것들 역시 그에 불과할 것이기 때문이다.[44]

승의에 대한 인식은 『섭결택분』에서 다음과 같이 논파하셨다.

그에게 이와 같이 "장로여, 어째서 무엇을 본다는 그 무엇을 없다고 말합니까?"라고 질문했을 때 만약 그가 이와 같이 "전도된 것이기 때문입니다."라고 대답하면, 그에게 이렇게 말할지니, "전도라는 그것은 있다고 주장합니까, 아니면 없다고 주장합니까? 만약 있다고 한다면 일체법의 무자성이 승의이다라고 할 수 없습니다. 만약 없다고 한다면 전도된 것이기 때문에 무엇을 보는 그 무엇은 무자성이다라고 할 수 없습니다."

이것의 의미는 다음과 같다.

법들에서 자상을 보면서도 그것이 없다고 말하는 것은 불합리하다.

---

44 세속과 언표가 분별에 의한 가립에 불과하다면 다른 것들, 이를테면 의타기 역시 마찬가지 이유로 가립에 불과할 것이고, 그렇다면 그것은 존재하지 않는 것이며, (유식파는 의타기가 분별에 의한 가립에 불과하다면 의타기는 존재하지 않는다는 결론이 된다고 생각하기 때문에) 가립의 기반인 의타기가 존재하지 않으므로 가립 역시 성립할 수 없다는 얘기다.

왜냐하면 그와 같이 자상을 보는 바른지각[45]과 어긋나기 때문이다. 만약 "자상을 보는 정신과 어긋나지 않는다. 왜냐하면 그 정신은 착란된 것이기 때문이다."라고 한다면, 그렇다면 만약 그 착란된 정신이 자상으로 존재하는 것이라면 '무자성이 승의다'라고 할 수 없고,[46] 자상으로 존재하지 않는다면 '착란된 것이므로 보더라도 있는 것이 아니다'라고 할 수 없다.[47]

여기서도 역시 승의에서의 유무를 검토해야 하지만, 자상에 의한 존재와 승의에서의 존재는 같은 의미이고, 전자가 더 이해하기 쉬우므로 이와 같이 설명하였다.

그런데 여기서 변계소집과 원성실이 승의에서 존재하지 않지만 일반적으로 존재한다는 주장의 모순에 대해서는 말하지 않고, 세속(은폐)의 심식心識과 착란식에 대해서만 승의의 유무를 분석해서 모순을 나타낸 이유는, 이것으로써 의타기가 승의에서 존재하지 않고 세속적 차원에서 존재한다는 주장을 논파한 것이고, 의타기는 원성실의 유법有法[48]이

---

45 바른지각: 범어 쁘라마나의 번역어. 한역으로는 양量. 분류하면 바른직관(현량)과 바른추론(비량)이 있다. 일반적으로 '바른 지각'이 의미하는 바와 쁘라마나의 의미가 정확히 일치하지는 않기 때문에 띄어쓰기를 없애 차별화와 용어화를 동시에 꾀하였다.

46 자상과 자성은 같은 의미이기 때문에 착란된 정신에 만약 자상 즉 자성이 있다면 일체법이 무자성이란 말은 틀린 것이 되고 그러므로 무자성이 승의제라는 말도 오류라는 얘기다.

47 착란된 정신에 자상이 없다면 그 착란된 정신은 존재하는 것이 아니므로 '자상을 보는 것은 착란된 정신이다.'라는 말도 모순이라는 얘기다.

48 유법이란 서양논리학에서의 주사, 또는 주개념과 같은 개념이다. 예를 들어 '물체는 외경으로 존재하지 않는다.'라는 명제에서 '물체'가 유법에 해당한다.

자 변계소집의 가립자이면서 기반이기도 하므로 학자들이 주로 의타기를 가지고서 승의의 유무를 논쟁한 것이다.

『섭결택분』에서는 다음과 같이 설하셨다.

의타기성과 원성실에 변계소집된 자성으로 집착한 그것이 증익변이라고 식별하도록 한다.

또 이렇게 설하셨다.

손감변이란, 의타기성과 원성실성이 있음에도 없다고 자상을 손감한 것이니, 그러한 양변을 여읜 이치로써 진여의 의미를 이해하도록 한다.

이와 같이 의타기와 원성실이 자상에 의해 존재함에도 그렇지 않다고 하는 것을 자상을 손감한 것으로 설하셨으며, 『보살지』와 『섭결택분』 모두 증익과 손감의 양변과 그것을 여의는 이치에 대한 설명이 같다.

변계소집이 없다는 것 역시 승의에서일 뿐 일반적으로 없다는 것이 아니니, 『섭결택분』에 다음과 같이 설하셨다.

직관적 지각들은 명칭과 언표에 의해 설정된 자성이라고 말해야 하는가, 아니면 그것의 자성이 아니라고 말해야 하는가 하면, 이르노니, 일반적으로는 그것의 자성이라고 말해야 하며, 승의로는 그것의 자성이 아니라고 말해야 한다.

또 이렇게 설하셨다.

언표에 철저히 습관화되고 명칭에 의지하는 식識의 대상인 변계소집성
은 가유假有이지, 승의에서 있는 것이 아니기 때문이다.

그러므로 인아人我와 법아法我 등의 변계소집 따위는 아예 존재하지
않지만 단지 그것만으로 일체 변계소집이 없다고 볼 수는 없으므로,
실유實有와 승의의 존재로서는 부정해도 가유와 일반적 존재로서는
인정한다.

그러므로 『해심밀경』의 대소大疏 일부에서 다음과 같이 설명한 것은
경전의 뜻이 아니다.

변계소집은 2제諦 모두에서 없고, 주체와 객체 양자의 의타기의 연기緣
起는 허깨비와 비슷하게 세속적 차원에서 존재하며, 원성실은 승의이
기도 하고, 무자성의 이치로 존재하며, 승의에서 존재하는 것이다.

이것은 『섭대승론』에서 『해심밀경』을 인용하며 외경外境이 없음을
논증한 이후 안팎의 주체와 객체가 별개의 실체로 나타남을 변계소집으
로 설명한 것과 어긋나고, 『보살지』와 『섭결택분』과도 어긋나며, 이
주석서에는 『양결택론量抉擇論』[49]이 인용되어 있으므로 이것이 무착의
저작이라는 어떤 이들의 주장은 대단히 분석이 결여된 것이다.[50] 또한,

---

49 『양결택론』: 법칭(法稱: 다르마끼르띠)의 인명학 논서.
50 무착은 4세기의 인물이고, 『양결택론』의 저자인 법칭은 6세기의 인물이므로

『섭결택분』에서『해심밀경』의 서품을 제외한 나머지 대부분의 품들을 인용하고 난해한 부분들을 모두 철저히 확립해 놓았으므로 논사께서 또 다른『해심밀경』의 주석을 쓰실 이유 또한 없다고 생각된다.

후대의 일부 학자들[51] 역시 변계소집은 일반적으로도 존재하지 않고, 의타기는 일반적으로는 있지만 승의에서 존재하지 않고, 원성실은 승의에서 존재한다는 것이 무착과 세친 두 형제 논사의 뜻이라고 설명하지만 유식파의 교리에서 벗어나는 것이며, 더욱이 의타기가 일반적으로 존재한다는 의미가, 착란된 정신에 의해 의타기에 생멸 등이 있다고 집착하는 것일 뿐 실제로 생멸이 있는 것이 아니라고 주장하는 것은 의타기에 대한 궁극의 손감이며, 그로 인해 변계소집과 원성실 또한 손감한 것이 되고, 3성性 모두를 손감한 주요 단견이라고『보살지』에서 설명한 바로 그러한 주장이며,『해심밀경』이 요의라고 주장하는 입장에서는 심각한 모순임을 알아야 한다.

ⓑ 자종自宗에 모순이 없음을 보임
만약『보살지』와『섭결택분』에서 의타기가 승의에서 존재한다고 설한 대로라면,『해심밀경』에서

무착의 저작에『양결택론』이 인용되어 있을 리가 없다.

51 돌보와(1292~1361)와 부뙨(1290~1364). 돌보와의 본명은 '셰랍걜챈'이며, 여러 주석서들을 통해 조낭파의 학설을 흥성시킨 인물. 부뙨의 본명은 '린첸둡'이며, 까규파의 제자로서 주저로는 '부뙨불교사'가 있고, 그 외 수많은 주석서를 저술하였다.

팔정도 각각의 상相이 서로 별개인 것과 같이 만약 법들의 진여, 승의, 법무아 또한 별개의 상相이라면, 그렇다면 진여, 승의, 법무아 또한 원인이 있는 것이 될 것이다. 원인으로부터 생겨난 것이라면 유위법이 될 것이다. 유위법이라면 승의가 아니게 될 것이다.

라고, 유위법이면 승의가 아니라고 설하신 것과, 『변중변론』에서

승의는 오직 한 가지다.

라고 설하신 것과, 그 주석에서 또한

승의제는 오직 원성실성 하나라고 식별하도록 한다.

라고 설하신 것과, 『장엄경론』에서도

있지 않고, 없지 않고, 같지 않고, 다르지 않고,
생멸 없고, 줄어듦 없고,
늘어남 없고, 정화도 없고,
정화되는 그것이 승의의 상相이다.

라고, 승의제가 다섯 가지 상相을 구족한다고 설하신 부분에서 생멸이 없다고 하셨고, 주석에서도 변계소집과 의타기의 상相은 없고, 원성실의 상相은 있다고 설하셨으며, 『섭결택분』에서도

인상因相은 세속으로 존재한다고 말해야 하는가, 아니면 승의로 존재한다고 말해야 하는가 하면, 이르노니, 세속으로 존재한다고 말해야 한다.

라고 하셨고,

분별은 세속으로 존재한다고 말해야 하는가, 아니면 승의로 존재한다고 말해야 하는가 하면, 이르노니, 세속으로 존재한다고 말해야 한다.

라고 설하신 것들과 어째서 모순되지 않는가 하면, 이제부터 이에 대해 설명하도록 하겠다.

세속과 승의를 설정하는 방식에는 두 가지가 있다.

첫째, 언어관습에 의해 설정한 존재를 세속의 존재, 언어관습에 의해 설정한 것이 아니라 자상에 의해 존재하는 것을 승의의 존재로 설정하니, 경전에서 자주 보이는 다음과 같은 말씀의 의미다.

그 또한 세간의 언어관습에 의한 것일 뿐 승의에서가 아니다.

이것은 중관파와 불교 내외 교파들의 실유론자들이 승의와 세속의 유무에 대해 논쟁하는 쟁점이다.

이 설정 방식에 의하면 앞서 설명한 바대로 변계소집은 세속의 존재이고 승의의 존재가 아니며, 의타기와 원성실은 승의의 존재이고 세속의 존재가 아니므로『보살지』와『섭결택분』에 앞서 인용한 바와 같이 설하셨으며, 또한 『섭결택분』에 다음과 같이 설하셨다.

언표에 철저히 습관화된 명칭에 머무는 식識의 대상, 색 등의 이름을
가진 것, 색 등의 본질로 존재하는 (것으로 나타나는) 그것은 그 본질에
서 실유實有와 승의 두 가지 모두 아니다. 그러므로 색 등의 이름을
가진 법들의 자성이 없음에도 그에 의해 변계소집된 모든 것은 가립에
의해 존재하는 것으로 식별하도록 한다. 언표의 철저한 습관을 여읜
이름을 가진 식識의 대상, 색 등의 이름을 가진 것, 불가설의 본질로
존재하는 그것은 실유와 승의 두 가지 모두로 그와 같이 존재한다고
식별하도록 한다.

실유實有와 가유假有에 대해서는 『섭결택분』에 다음과 같이 설하셨다.

무엇이든 그것이 아닌 다른 것들과 관련 없이, 그것이 아닌 다른 것들에
의존 없이 자상을 설정하도록 하는 것은 요약하면 실유라고 식별하도록
한다. 무엇이든 그것이 아닌 다른 것들과 관련하고 그것이 아닌 다른
것들에 의존해서 자상을 설정하도록 하는 것은 요약하면 가유라고
식별할 것이지 실유가 아니다.

그리고 이에 대한 예로서, 온蘊에 의존해서 자아 또는 유정有情으로
가립하는 경우를 예로 드셨다.
다른 존재의 인식에 의존 없이 인식할 수 없고 의존해서 인식해야
하는 가유와, 언설에 의지해서 설정한 것이 아닌 자상에 의해 성립한

존재 두 가지는 유식파의 교리에서 모순되지 않으므로 장식(藏識: 알라야식)[52]의 습기習氣 따위는 가유라고 설하셨지만 앞서 설명한 의미에서의 승의로 존재한다는 것은 모순되지 않으며, 명칭과 분별에 의해 가립된 가유[53]와는 모순된다.

세속과 승의를 설정하는 두 번째 방식은,『변중변론』에서 다음과 같이 설하셨다.

의義와 득得과 정행正行은
세 가지 승의勝義라고 주장한다.

또, 이에 대한 설명은 그 주석에서 다음과 같이 설하셨다.

의승의義勝義는 진여이니, 승의지勝義智의 대상이기 때문이다.

---

[52] 장식: 음역하면 알라야식. 유식파 중 일부가 주장하는 제8식. 아라한과나 보살8지를 성취하기 전까지는 끊임없이 이어지며, 번뇌에 덮이지 않은 무기(無記: 불선불악)의 심왕이자, 발생했던 모든 심식의 습기가 저장되는 곳.

[53] 명칭과 분별에 의해 가립된 가유: 이것은 변계소집과 같은 뜻으로서,『섭결택분』의 실유와 가유의 설명을 인용하며 설명한 일반적 의미의 가유와는 다르다. 이 두 가지는 포함관계이며, 명칭과 분별에 의해 가립된 가유이면 일반적으로 가유여야 하고, 일반적으로 가유이면 명칭과 분별에 의해 가립된 가유일 필요는 없다. 그것이 바로 앞에 언급한 장식(알라야식)의 습기 따위이다. 장식의 습기는 의타기이기 때문에 변계소집이 아니고 그러므로 명칭과 분별에 의해 가립된 가유가 아니다. 바로 뒤에 모순된다는 말이 바로 이렇게 알라야식의 습기와 '명칭과 분별에 의해 가립된 가유' 두 가지가 모순된다는 말이다.

이것은 무루無漏의 근본정지根本定智[54]를 승勝이라 하고, 그것의 의義, 즉 대상이므로 '승勝의 의義' 또는 승의勝義라 한다고 설하신 것이며, 이것은 무아의 의미, 진여이며, 청정대상의 승의이기도 하다.

여기엔 변계소집과 의타기가 해당되지 않고, 오직 원성실뿐이므로 『변중변론』에서 다음과 같이 설하셨다.

청정대상은 두 가지이며
한 가지만을 말한다.

그 주석에서도 다음과 같이 선명하게 설하셨다.

원성실성으로 말한다. 다른 2성性은 두 가지 청정지淸淨智의 대상이 아니다.

두 가지 청정지란 2장障을 정화하는 지혜이다.

여기서 '유식파는 청정지가 자증自證이라고 인정하므로 청정지 또한 청정지의 대상이 된다'라고 한다면, (『변중변론』과 그 주석에서 청정지의 대상은 원성실 뿐이며, 의타기와 변계소집은 청정지의 대상이 아니라고 설한 부분에서의 '대상'이란) 진여의 의미를 지각하는 것과 관련한

---

54 근본정지: 인무아나 법무아를 직관하는 상태로 일념으로 머무는 정定을 근본정(범어로 사마히따, 티베트어로 남샥: mnyam bzhag)이라 하며, 근본정지란 근본정의 지혜란 말인데, 이것은 표현상의 차이일 뿐 근본정이 곧 근본정지고, 근본정지가 곧 근본정, 즉 두 가지는 같은 것을 가리킨다. 또한 이것은 견도 이상에만 있다.

대상을 의미하신 것이므로 (청정지가 청정지의 대상이므로 원성실이 된다는) 오류는 없다.[55]

---

55 이것은 반론과 그에 대한 쫑카빠 스님의 대답인데, 먼저 반론의 내용을 말하자면 다음과 같다. "유식파는 청정지를 자증이라 말하므로 청정지가 청정지를 지각한다는 말이다. 그렇다면 청정지는 청정지의 대상이고, 변중변론에서 청정지의 대상은 오직 원성실뿐이고, 또 그 주석에서 청정지의 대상에 변계소집과 의타기는 없다고 설했으므로 청정지는 원성실이라는 결론이 된다. 그러나 청정지는 원성실이 아니라 의타기이므로 모순이다." 이에 대한 쫑카빠 스님의 대답은 다음과 같다. "청정지가 일반적으로 청정지의 대상이긴 하지만 그렇다고 해서 청정지가 원성실이라는 결론이 되는 것은 아니다. 왜냐하면 변중변론과 그 주석의 의미는 그대가 생각하는 것처럼 '청정지의 모든 대상이 원성실이고, 청정지의 대상에 변계소집과 의타기가 없다.'는 의미가 아니기 때문이다. 그럼 어떤 의미인가 하면 변중변론에서 말한 청정지의 대상이란 청정지의 모든 대상을 가리키는 것이 아니라, 진여를 지각한다는 측면에서 근본정지를 청정지라 하는 것이므로 바로 그 진여를 지각하는 것과 관련한 대상을 의미로 청정지의 대상이라 하신 것이다. 그러므로 청정지는 변중변론에서 '청정지의 대상이 원성실'이라고 하신 청정지의 대상에 들어가지 않으므로 그것이 원성실이 된다는 모순은 없다." 그러나 본 논서의 주석서 중 가장 많이 이용되는 당에중옥(drang nges 'jug ngogs)에서는 요약하면 다음과 같이 해석한다. "청정지가 원성실이 된다는 모순은 없다. 왜냐하면 청정지는 청정지의 대상이 아니기 때문이다. 유식파가 청정지를 자증이라고 말하는 것은 청정지가 청정지를 지각한다는 의미가 아니라 <u>진여를 지각하는 면에서의 그 '대상'을 청정지에 의해 수행자 스스로 지각하므로 자증이라 한 것일 뿐이다.</u>" 그러나 역자가 보기에 밑줄 친 부분은 쫑카빠 스님이 왜 '대상'이란 말에 대해 해명했는지를 이해하지 못해서 그저 어떻게든 '대상'이란 말에 끼워 맞추다 보니 도무지 문맥이 연결되지 않는 해괴한 진술로 보인다. 만약에 쫑카빠 스님이 뜻한 바가 정말 그것이었다면 여기서 '청정지를 자증이라 한 것은 어떠한 의미로 그렇게 말한 것이니 오류는 없다'라는 식으로 말했을지언정 '대상이란 어떤 것을 두고 한 말이므로 오류는 없다'라는 식으로 말했을 리는 결코 없다고 생각된다. 반면 또 다른 주석서인 쎄르슝(drang nges rnam 'byed kyi zin bris zab don gsal

그렇다면 이러한 승의는 무위법이며, 이러한 의미에서의 승의로 성립하지 않더라도 언어관습에 의해 설정된 것이 아닌, 자상에 의해 존재하는 승의의 존재는 유식파의 교리에서 모순되지 않는다.[56]

『지장집론智藏集論』[57]에서 다음과 같이 설하신 것은 첫 번째 설정방식의 승의를 의미하신 것이다.

주객主客으로부터 벗어난
식識이 승의에서 존재한다고
마음 바다의 피안으로 건너간
요가행파[58]의 논서에 널리 알려져 있다.

중관파의 여러 논서들에서 유식파와 논쟁할 때 의타기의 유무에 대해 논쟁한 것 역시 세속의 유무가 아닌 승의의 유무를 논쟁한 것이므

---

bi sgron me)에는 다음과 같이 설명되어 있다. "그렇다면 智(청정지) 자신이 대상이 되지만, 어떤 대상과 관련해서 진여의 의미를 지각하는 智(청정지)로 설정한 그 대상 즉, 공성을 원성실로 설정한 것이지, 智(청정지)의 대상을 모두 (원성실로) 설정한 것이 아니므로 오류가 없다고 하신 것이다." 이것은 역자의 견해와 일치한다.

56 요약하면 유식파의 교리에서 승의와 세속을 설정하는 방식에는 두 가지가 있는데, 첫째 자상에 의해 성립하는 존재를 승의의 존재, 자상에 의해 성립하지 않는 존재를 세속의 존재라고 설정하는 방식이고, 둘째, 궁극의 진리를 승의제, 그 외의 모든 존재들을 세속제라 설정하는 방식이다. 원성실은 두 가지 설정방식 모두에서 승의이고, 의타기는 첫 번째 설정방식에서는 승의이지만 두 번째 설정방식에서는 세속이고, 변계소집은 두 가지 설정방식 모두에서 세속에 해당한다.

57 『지장집론』: 성천의 논서.

58 요가행파: 유식파의 다른 이름.

로 두 가지 설정방식의 승의를 분명히 구분해야 한다.

무착 형제의 논서에서는 승의에 대한 이론이 주로 두 번째 설정방식에 따른 것이 많다.

변계소집과 의타기가 세속제인 이치는『섭결택분』에서 인상因相과 분별이 세속제인 이유로 다음과 같이 설하셨다.

번뇌를 일으키기 때문이며, 가립의 기반이기 때문이다.

여기서 첫 번째 이유는,『해심밀경』에서 청정대상을 승의로 설명한 것과 짝을 맞추어 '그것을 대상함으로써 번뇌를 일으키는'이라는 의미로 세속제를 설정한 것이니,『집론集論』과 일치한다.

두 번째 이유는, 명칭과 기호의 언어에 의해 가립된 본질이며, 이름 붙이는 상相의 기반이기 때문에 세속제라고 한 것이다.

인상因相이란, 언표의 말의 기반이 되는 것을 말한다.

『해석정리론解釋正理論』[59]에서도 다음과 같이 설하셨다.

세간의 착란식錯亂識의 대상과, 출세간식識의 대상을 생각하시고 세속과 승의의 2제諦를 설하셨다. 말[60]은 세속(은폐)이므로 그것에 의해 내증內證되는 대상이 세속제이며,[61] 말이 향하는 대상이니, 비유하면

59『해석정리론』: 세친의 논서.

60 분별식을 의미한다.

61 이것은 왜 세속제와 승의제라는 이름을 붙였는가 하는 이름 풀이일 뿐이지, 의미를 정확히 규정하는 설명은 아니다. 왜냐하면 세속제와 승의제가 모두 세간의

두 발로 건너는 물의 디딤대를 발디딤대라 하고, 배로 건너는 강의
디딤대를 배디딤대라고 하는 것과 같다.

『섭결택분』에서 진여를 지각하는 근본정根本定의 성지聖智가 승의에
서 존재한다고 설하신 것은 세속의 존재를 설정하는 앞의 두 가지
이유[62]에 해당되지 않는다는 의미이다.

후득지後得智[63]는 세속과 승의 양자에서 존재한다고 설하신 것은
세속제를 대상함으로써 세속에서 존재한다고 설하신 것이다.

명칭이 가립되는 기반의 상相이 되는 것과, 번뇌를 일으키는 대상이
됨으로써 세속의 존재인 것은 자상에 의해 성립하는 승의의 존재와
모순이 아니다.

『해석정리론』에서 다음과 같이 설하셨다.

성문聲聞의 부파들이 승의공성경(勝義空性經: 반야경)에서 '업과 이숙
異熟[64]은 있지만 행위자는 없다.'라고 설하신 것의 의미가 만약 승의에서

착란식인 분별식의 대상이기 때문이다.

62 앞의 두 가지 이유란 언뜻 바로 위에 『섭결택분』을 인용하며 설명하기 시작한
①번뇌를 일으키기 때문, ②가립의 기반이기 때문, 이 두 가지로 생각할 수도
있지만, 그렇게 본다면 근본정은 의타기로서 가립의 기반에 해당되기 때문에
여기에 해당되지 않는다는 말은 오류가 된다. 그래서 대체로는 첫 번째 설정방식의
세속을 설명할 때의 이유인 '①언어관습에 의해 설정되었기 때문'과 두 번째
설정방식의 세속의 첫 번째 이유인 '②번뇌를 일으키기 때문', 이 두 가지를
가리키는 것으로 해석한다.

63 후득지: 근본정根本定의 다음 단계로서, 정定에서 나온 일반적 의식 상태.

64 이숙: 악행이나 유루 선행의 과보. 예를 들면 육도 중생의 몸 따위. 이숙의

라면 어떻게 일체법무자성인가? 세속에서의 의미라면 세속에서 행위
자가 있으므로 '행위자는 없다'라고 어떻게 말하겠는가?

이것은 상대의 반론이며, 이에 대한 답변으로 "세속과 승의가 무엇인
지 알면 그로부터 그 두 가지로 존재하는 것을 알게 되므로 그 두
가지가 무엇인가?"라고 질문하신 후 다음과 같이 설하셨다.

'명칭과 말과 가립과 언어관습이 세속이며, 법들의 자상이 승의이다.'
라고 하면, 그렇다면 업과 이숙 두 가지는 명칭으로도 존재하고 자상으
로도 존재하므로 그 두 가지 중 어느 것으로 주장하는가에 달려 있다.

여기서 승의로 존재하는 이치는 첫 번째 설정방식과, 세속으로 존재
하는 이치는 두 번째 설정방식에 따른 것이니, 그것이 두 가지로 존재한
다는 의미이다.

첫 번째 설정방식에 따른 승의로 존재한다고 주장하더라도 승의에서
일체법에 자성이 없다는 말씀을 문자 그대로 받아들이지 않으므로
유식파의 교리에 모순은 없다.

개아는 세속으로 존재하지만 실유實有가 아니고, 업과 이숙은 세속으
로 존재하고 실유이기도 하며,[65] 세간식世間識의 대상이므로 두 번째

───────────

원인은 선악 중의 하나이지만 그 과보는 선악이 아닌 무기無記이므로 성질이
다른 것으로 익어서 열매 맺었다는 뜻으로 이숙이라 한다.
65 경전에서 '업과 이숙은 있지만 행위자는 없다.'라고 설한 의미가 업과 이숙은
실유이지만 행위자는 실유가 아니라는 의미라는 대답이다.

설정방식의 승의로 존재하지 않고, 개아와 업과 이숙이 출세간식出世間
識의 대상이 아닌 이유는, 출세간식의 대상은 불가설, 총상總相이기
때문이다.

　'일체법이 자상에 의해 존재하지 않고 세속적 차원에서 존재한다고
설하셨다'라는 대승 일부의 주장에는 앞서의 반론이 유효하다고『해석
정리론』에서 설명하신 이 또한 지극히 분명하다.

　『변중변론』에서는 다음과 같이 설하셨다.

　가립과, 식識과,
　그와 같이 말이 거친 것이다.

　이것은 거친 진여[66]인 세속제에 가립세속, 식識세속, 언어세속 등
세 가지로 나누어서 3성性을 배속[67]시킨 그 세 번째는 다른 경전에서
진여 등이 세속으로 존재한다고 설하신 의미를 해석한 것으로 이해해야
한다.

　이상과 같이 상하 교파들에서의 실유와 가유, 세속과 승의의 이치와,

---

[66] 승의제를 미세한 진여, 세속제를 거친 진여라 부른다.

[67] 가립세속은 변계소집, 식세속은 의타기, 언어세속은 원성실이다. 의타기를 식세속
이라 부른 이유는 의타기 중에 주관인 마음을 주요한 것으로 보아서 일부로써
전체를 대표하는 이름을 붙인 것이고, 원성실을 언어세속이라 한 이유는 원성실은
언어와 분별로써 여실히 지각할 수 있는 대상이 아니지만 진여, 법성 등의 여러
이름으로 부를 수 있다는 의미로 언어세속이라 이름 붙였다. 원성실은 세속제가
아니고 승의제이므로 가립세속, 식세속, 언어세속 등의 세 가지 분류는 세속제의
실질적 분류가 아니고 명칭상의 분류이다.

한 교파 내에서도 그것들의 다양한 설정방식의 차이를 세밀히 분별하면 중요한 교리들을 올바로 확립할 수 있고, 실재론의 교파가 가유와 세속적 차원의 존재로 보는 많은 것들을 중관파가 승의에서 존재하지 않는다고 논증할 수밖에 없는 이치들을 이해하게 되며, 이와 같이 하지 않는다면 상하의 교파의 차이를 단지 구분하는 것쯤을 좋아하는 것에 불과할 것이다.

ㄷ) 다른 논서의 설명
㉠『장엄경론』의 설명
『장엄경론』에 다음과 같이 설하셨다.

> 자自와 자상自相으로
> 존재하지 않기 때문에, 자성自性에
> 머무르지 않기 때문에, 취取하는 바와 같이
> 존재하지 않기 때문에 무자성을 주장한다.

이것은 유위有爲의 3상相[68]과 어리석은 이들이 집착하는 바대로의 자성이 없다는 의미로 부처님께서 무자성을 설하신 것이라는 설명이다.

『집론』에서는 그 두 가지[69]와 세 가지 무자성의 의미로 대단히 자세하게 무자성을 설하셨다고 설명하셨다.

법들은 조건에 의존하므로 자재하지 못하기 때문에 자성이 없다.

---

68 유위의 3상: 생生, 주住, 멸滅.

69 ①유위3상의 무자성, ②어리석은 이들이 집착하는 바의 무자성.

이것은 자체적으로 생겨남이 없다는 의미로 『중관광명론中觀光明論』[70]에서 설명하신 바와 같다.

멸한 법은 다시 그 법 자체로 생겨나지 않으므로 자체로 존재하지 않기 때문에 자성이 없다.

생겨나서 아직 멸하지 않은 것은 찰나적 존재이므로 본질적으로 두 번째 찰나에 머물지 않기 때문에 자성이 없다.

요약하면, 미래의 싹은 자신의 힘으로 생겨나지 않고, 과거의 싹은 다시 싹 자체로 생겨나지 않으며, 현재의 싹은 그것이 생겨난 두 번째 찰나에 머물지 않으므로 3시時의 법들에 자성이 없다고 설명한 것이다.

어리석은 이들이 상락아정常樂我淨 또는 다른 변계소집상으로 집착하는 바의 자성이 없기 때문에 무자성이라고 『장엄경론』의 주석에서 세친께서 설명하셨다. 여기서 '다른 변계소집상으로 집착'한다는 것은 주객의 실체가 별개라고 집착하는 것을 말한다.

'자성이 없으므로 그와 같이 생겨남이 없고, 생겨남이 없으므로 그와 같이 멸함이 없고' 등의 말씀에서 앞의 것을 이유로 해서 뒤의 것이 성립함은 『장엄경론』에서 다음과 같이 설하셨다.

뒤의, 뒤의 것의 기반이므로
자성이 없다.
무생, 무멸, 본래적정,
자성열반이 성립한다.

---

70 『중관광명론』: 까말라실라의 논서.

의미는 앞에서 이미 설명하였다.

또 다음과 같이 '무생의 법에 대한 인忍의 성취'를 설하신 무생의
이치를 설명하셨다.

처음과, 자체와, 다른 것과,

자상自相과, 자自와, 변이變異,

번뇌와, 특별함에

생겨남이 없는 법에 인忍을 말한다.

여기서 '처음'이란, 윤회에 처음의 생겨남이 없음을 의미한다.

'자체'란, 이전에 생겨난 법들이 다시 그 자체로 생겨남이 없음을
의미한다.

'다른 것'이란, 이전에 없던 상相으로 생겨남이 없다는 의미로 주석에
서 설하셨다. 그 의미는 윤회계에 전에 없던 유정이 생겨나지 않으며,
이전에 멸한 것과 동류同類의 것이 생겨나므로 이전에 없던 법이 생겨나
지 않는다고 『중관광명론』에서 설명하신 바와 같다.

'자상의 무생'은 변계소집을 가리키며, 그것엔 언제나 생겨남이 없다.

'자自에 의해 생겨남이 없음'은 의타기를 가리킨다.

'변이의 무생'은 원성실을 가리킨다.

'번뇌의 무생'은 진지盡智[71]를 성취했을 때를 말한다.

'특별함의 무생'은 부처의 법신을 가리킨다.[72]

---

71 진지: 번뇌가 완전히 근절되었을 아는 지혜. 아라한의 성취와 동시에 이루어진다.
72 부처의 법신을 성취한 이후엔 더 이상 그보다 더 뛰어난 것이 없으므로 특별함의

무자성의 이치와 무생의 이치를 이와 같이 설명하는 것은, "일체법이 승의에서 자성의 공함과, 유위법들에 승의에서 생겨남이 없다."는 부처님의 말씀을 문자 그대로 받아들이지 않는 입장이다.

여기서 3시時 중에 현재를 제외한 과거와 미래의 무자성의 이치와, 어리석은 이들이 집착하는 바의 자성이 없는 이치 중 상락아정의 무자성은 성문聲聞의 두 교파인 비바사파(와이바시까)와 경부파(사우뜨란띠까)와 공통된다.

비바사파는 생겨난 이후 머물고, 머문 이후 멸하는 것으로 주장한다.[73]

만약 "『해심밀경』에서 의타기가 허깨비와 같다고 설하셨고, 『장엄경론』에서도 역시 일체 유위법이 허깨비와 같다고 설하셨으므로 의타기가 실재라는 주장은 경론의 뜻과 다르다."라고 한다면, 허깨비 등과 같다고 설하셨다고 해서 꼭 비실재라는 의미일 필요는 없으니, 허깨비 등을 어떤 비유로 쓰느냐에 달려 있기 때문이다.

허깨비의 비유가 어떤 의미인가는 『장엄경론』의 다음과 같은 구절에 나타나 있다.

환술이 그러한 것처럼
진실이 아닌 분별이라 주장한다.
허깨비가 그러한 것처럼
그와 같이 둘로 착란된 것이라 말한다.

무생이라 한다.
73 3시 중에 현재의 무자성의 이치가 유식과 공통되지 않은 이유를 말한 것이다.

착란의 기반이 되는 대상인 흙덩이와 나무토막 등에 환술의 주문을 건 것은 의타기가 분별된 것과 비슷하니, 그것이 첫 번째 두 행의 의미이며, 환술로 만든 허깨비가 말이나 소 등의 형상으로 나타나는 것은 의타기가 주체와 객체 둘로 떨어져 나타나는 것과 비슷하니, 그것이 마지막 두 행의 의미라고 세친께서 설명하셨다.

또 『장엄경론』에 다음과 같이 설하셨다.

어떠하게 무엇에 무엇이 없음

그와 같이 승의를 주장한다.

어떠하게 무엇이 감지되는 것

그러한 것이 세속성世俗性.

의미는, 환술의 경우에 코끼리 등이 없음에도 보이는 것과 같이 의타기가 주객의 둘로 나타나지만 둘이 아닌 것이 승의제이며, 환술로 만든 허깨비가 말이나 소 등으로 감지되는 것과 같이 진실이 아닌 것이 변계소집된 것이 세속제라고 주석에서 설명하셨다.

『장엄경론』에서도 내부의 6처處[74]가 자아나 명命 등이 아님에도 그렇게 보이는 면에서 환술의 비유와, 외부의 6처處[75]가 인아人我의 향유 대상이 아님에도 그렇게 보이는 면에서 꿈의 비유를 경장에서 설하신 것이라 설명하셨으며, 안팎의 유위법이 자성이 공함에도 그렇게 보인 다는 비유로 경장에서 설하신 것이 아니다.

---

74 내부의 6처: 안, 이, 비, 설, 신, 의 등의 6근根.

75 외부의 6처: 색, 성, 향, 미, 촉, 법 등의 6경境.

　『섭대승론』에서도 역시 의타기를 허깨비 등으로 비유하신 반야경의 말씀으로부터 비유와 비유대상의 짝을 연결할 때 '외경이 없다면 대상으로 어떻게 나타나는가?' 하는 의심을 해소하기 위해 허깨비의 비유와, '외경이 없다면 심心과 심소心所가 어떻게 일어나는가?' 하는 의심을 해소하기 위해 신기루의 비유와, '외경이 없다면 마음에 들고 들지 않는 것을 어떻게 경험하는가?' 하는 의심을 해소하기 위해 꿈의 비유를 설하신 것으로 설명하셨다.

　이와 같이 허깨비 등 진실하지 않음의 비유는 중관파와 유식파 각각의 견해에서 진실하지 않은 이치의 비유 방식대로 혼동하지 않고 구분해야만 한다.

ⓛ『변중변론』의 설명
『변중변론』에서 다음과 같이 설하셨다.

　진실이 아닌 분별은 있다.

　그것에 둘은 없다.

　공성은 여기에 있다.

　그것에 또한 그것은 있다.

　공空이 아니고 비공非空이 아니다.

　그러므로 일체가 설명된다.

　있고 없고 있으므로

　그것이 바로 중도中道다.

첫 번째 4행은 공성의 특성을 보여주며, 두 번째 4행은 그것을 중도로 나타낸다.

"무엇에 무엇이 없는 것이 그것의 공함이며, 여기에 남은 존재는 여기에 있다."라고, 유무를 올바로 여실히 아는 것이 공성에 전도됨 없이 향한 것이라고 설하셨으며, 이 논서 역시 그것을 보여주기 위해 올바른 공성을 설하셨다.

'무엇에'라는 것은 공성의 기반이며, 그것은 진실하지 않은 분별의 주요 대상, 즉 의타기이다.

'무엇이 없는'에서 없다는 것은 주객이 별개의 두 실체라는 변계소집 이다.

'그것에 둘은 없다'라는 것은 의타기에 그러한 변계소집의 공함을 나타낸 것이다.

그것이 없다면 그 한편으로 남은 존재가 무엇인가 하면, '분별은 있다'라는 구절과, 세 번째 행이 의타기와 원성실이 있음을 나타내며, 네 번째 행은 또 다른 의문에 대한 답이다.

세친께서 무엇에 무엇이 공한 의미를 이와 같이 설명하신 바 그대로 안혜께서 주석에서 다음과 같이 선명하게 설하셨다.

어떤 이들이 일체법을 토끼의 뿔처럼 자성이 아예 없다고 생각하므로 일체법을 손감하는 것을 막기 위해 '진실이 아닌 분별은 있다.'라고 설하셨으니, '자성에 의해'라는 말이 여기에 생략되어 있다.

"분별은 있다."라는 구절은 그것만으로는 완전하지 않고 생략된 말을 첨가해야 하며, 그것이 바로 '자성에 의해'라는 말씀이다. 그렇다면 분별이 단지 있다는 것이 아니라 자성에 의해 또는 자상에 의해 성립하는 존재라는 것이다.

그러한 존재 방식은 원성실 또한 마찬가지다.

두 번째 행이 의문을 해소하는 이치 또한 주석에서 다음과 같이 설하셨다.

'그렇다면 경전에서 일체법이 공하다고 설하셨으므로 경전과 위배되지 않는가?' 하면 위배되지 않는다. 왜냐하면 '그것에 둘은 없다.'라고 하신 바와 같이, 진실하지 않은 분별인 주객의 자성을 여의었기 때문에 경전에서 공하다 하신 것이지, 자성이 아예 없는 것이 아니니, 그러므로 경전과 위배되지 않는다.

이것은 '의타기가 자성에 의해 성립한다면 일체법에 자성이 공하다는 경전의 말씀과 모순된다'는 의문에 대한 답변으로 외부의 객체와 내부의 주체로 나타나는, 즉 주객이 따로 떨어져 나타나는 분별의 그와 같은 방식으로 존재하는 자성의 공함을 의미로 경전에서 자성이 공하다고 설하신 것이지, 자상에 의해 성립하는 자성이 아예 없는 것이 아니라고 설명하신 것이니, 무착 형제의 논서의 뜻은 오직 이와 같으며, 진여가 승의에서 존재한다고 또한 설하셨으므로 유식파의 교리에서는 의타기를 자공自空으로 결코 말하지 않는다.

세 번째 행이 의문을 해소하는 이치 또한 주석에서 다음과 같이 설하셨다.

'만약 그와 같이 둘은 토끼의 뿔처럼 아예 존재하는 것이 아니고, 진실하지 않은 분별은 승의에서 자성에 의해 존재한다면, 그렇다면 공성은 없는 것이 된다.'라고 한다면, 그렇지 않다. 왜냐하면 '공성은 여기에 있다.'라고 하신 바와 같이, 진실하지 않은 분별에 주객의 비존재성 그것이 공성이므로 공성이 없는 것이 되지 않는다.

이것은 "분별은 있고 둘은 없다."는 구절을 통해, 있는 것은 전자이고 없는 것은 후자임을 보임으로써 공성이 없는가 하는 의심을 해소한 것이다.

'분별은 승의에서 자성에 의해 존재한다면'이라는 반론은 자상에 의해 성립한다면 승의에서 존재하는 것이라는 유식파의 견해를 가정한 것이며, 답변 역시 그와 같이 인정하지 않는다고 하지 않고 그대로 인정한 바탕 위에서 답변하셨다.

『유식삼십송』의 주석에서도 안혜께서 다음과 같이 설하셨다.

혹은 식識과 마찬가지로 지식대상[76] 역시 실유라고 일부가 생각하고, 또 다른 이들은 지식대상과 마찬가지로 식識 역시 세속적 차원에서 존재하는 것이지 승의에서 존재하는 것이 아니라고 생각하는 이러한 두 가지 일괄적인 주장을 배격하기 위해 논서를 지으셨다.

그러므로 "의타기가 아예 없는 것은 아니다."라고 설하신 것은 앞서

---

76 지식대상은 일반적으로 존재와 같은 뜻이지만, 여기서는 외경外境의 의미로 사용되었다.

『보살지』를 인용한 바와 같이 '승의에서 존재하지 않음' 혹은 '모든 것의 모든 면으로 없음' 등을 부정한 것이지, 그냥 일반적으로 없다는 주장을 배격한 것이 아니다.

네 번째 행은 '둘의 공함二取空이 분별에 확실히 있다면 어째서 지각하지 못하는가?' 하는 의문을 해소한 것이니, 공성에 둘로 나타나는 착란의 분별이 있으므로 그에 의해 가려지기 때문이다.

일체법이 일괄적으로 공空이나 비공非空 혹은 존재나 비존재라 하는 것은 극단邊이 되는 것이지 중도가 아니므로 그것들을 배격하기 위해 두 번째 4행을 설하신 것이니, 분별과 공성의 공空이 아니고, 주객의 이원二元의 비공非空이 아닌 일체는 분별의 유위법과 공성의 무위법이다.

설명은, 반야경 등에서 "일체법이 한가지로 공空도 아니고 비공非空도 아니다."라고 설하셨으니, 그와 일치되게 세친께서 설명하신 대로 해석해야지, 공空이 아니라는 말이 원성실을 가리키고 비공非空이 아니라는 말이 변계소집과 의타기를 가리키는 것으로 설명하는 것은 경전의 뜻이 아니다.

앞의 있다는 것은 분별, 없다는 것은 별개의 실체로서의 주객, 뒤의 있다는 것은 분별과 공성 두 가지가 서로 있다는 것으로 세친과 안혜 두 사제師弟 논사께서 설명하신 바와 같이 해석해야 하며, "그 두 가지 중 한쪽이 별개로 존재하므로 다른 하나가 공하다."라고 세친 사제의 뜻과 다르게 설명하는 이들의 주장처럼 설명해선 안 된다.

「가섭문품迦葉問品」에서 유무 두 가지를 양변으로 하고 그 둘의 중간이 법들을 각각으로 분별하는 중도라는 말씀을 이러한 의미로 안혜께서 설명하셨다. 그러므로 바로 이러한 유식唯識의 이치를 중도의 의미로 설명하므로, 중관파 일부(요가행중관자립파)는 인용한 『변중변론』의 첫 번째 4행보다 두 번째 4행의 의미가 더 수승한 것이라 주장하지만,[77] 설명한 바의 이치에 따라 그 두 가지는 같은 의미로 설명하신 것이다.

세친과 안혜의 주석 방식은 이상으로 설명한 바와 같고, 진나께서도 『반야팔천송』의 의미들을 『섭대승론』과 일치되게 『팔천송섭의론八千頌攝義論』에서 주석하셨다.

법칭께서 『석량론釋量論』에 다음과 같이 설하셨다.

그것에 하나가 없기 때문에도
두 가지도 모두 쇠한다.
그러므로 둘의 공함(二取空)
그것은 또한 그것의 진여이기도 하다.

이것은 주객이 별개의 실체가 아닌 공성이 의타기의 진여라는 말씀이며, 일체법에 자성이 없다는 경전의 의미 역시 바로 그와 같이 해석하여 다음과 같이 설하셨다.

존재들이 별개로 머무름은
그것이 별개임에 의존해 있다.

---

77 요가행중관자립파는 유식파가 궁극의 진리로 인정하는 '외경의 부재' 혹은 '주객이 별개의 실체가 아님'을 거친 법무아로 보고, '일체법의 비실재성'을 그보다 수승한 미세 법무아로 본다.

82

그것이 오염된 것이므로
그것들의 별개임 역시 오염된 것이다.
주체와 객체의 상相 밖에
다른 상相은 없다.
그렇다면 상相이 공하므로
자성이 없다고 설명하셨다.

의미는 다음과 같다.

존재들의 생겨남 따위를 별개로 구분하는 것은 자증自證에 의해서만이 아니라 둘로 나타나는 식識에 의해서다. 둘로 나타남 또한 오염된, 즉 거짓이므로 그에 의해 설정된 것 역시 거짓이 되며, 주객의 상相과 별개의 다른 상相도 없고, 둘로 나타나는 상相 역시 그와 같이 나타나는 대로 존재하지 않으므로 자성이 없다고 설하신 것이다.

또 『석량론』에 다음과 같이 설하셨다.

온蘊 등의 개별존재들에 의해
일체상一切相을 정립한
특성을 가진 그것 또한 진여가 아니다.
그 때문에도 그것들이 상相을 여읜다.

이것은, 색온色蘊 등은 규정대상이며, '색色으로 적합한 것'이 규정자(정의)라고 설하신 일체는 규정자와 규정대상에 의해 성격 지어진 것이며, 그것들의 실례는 실유實有이지만 규정자와 규정대상의 자체적 측면에서는 승의에서 성립하지 않음을 또한 염두에 두시고 상相이 공하다고 부처님께서 설하셨다는 설명이며, 이는 성문聲聞 교파들의 견해와도 일치한다.

또 『석량론』에 다음과 같이 설하셨다.

만약 일체가 능력이 없다면
씨앗 등이 새싹 등을 (발생시키는)
능력이 보이는데, 만약 그것을 세속으로
주장한다면 어떻게 그와 같이 되는가?

이것은 앞서 『섭결택분』에서 설하신 내용과 같다. 이에 대한 해설은 번다함을 피해 생략한다.

② 증익변 배격에 대한 구체적 설명

ㄱ) 부정대상인 증익 확인

유식파 논리의 부정대상에 두 가지 중 손감은 오직 교리에 의해 생긴 것뿐이며, 그 또한 불교도인 무자성파의 견해라고 앞서 설명하였다.

증익에는 변계遍計증익[78]과 구생俱生증익[79] 두 가지가 있으며, 변계증익은 외도와 불교도 내의 실재론의 두 교파의 견해다.

구생증익에 대해서는 인아人我의 증익은 이후 설명할 것이며, 여기서 먼저 법아法我의 증익을 설명할 것이니, 교리에 의해 법아를 꾸며내는

---

78 변계증익: 교리를 배우거나 사유를 통해서 생긴, 즉 분별에 의해 생긴 증익.
79 구생증익: 분별과 상관없이 무시이래로부터 자연적으로 생긴 증익.

것 역시 구생증익이 취하는 법아를 논증하기 위해서이기 때문이며, 논리의 주요 부정대상 또한 법아이기 때문이다.

유식파의 논서 대부분은 주객을 별개의 실체로 보는 것을 법아집으로 설명한 것 외에 다른 법아집을 말하지 않지만,『해심밀경』에서 "의타기에 본질과 특성으로 변계소집된 자성이 자상에 의해 성립하지 않기 때문에 상相무자성이 법무아"라는 설명에 의하면 의타기에 본질과 특성으로 변계소집된 바가 자상에 의해 성립한다고 보는 것이 법아집임을 간접적으로 나타낸 것이며,『보살지』와『섭결택분』과『섭대승론』에서도 역시 그러한 법아집이 보는 바의 공한 공성을 중도의 궁극적 의미이자 법무아의 원성실이라고 많은 노력을 기울여 논증하셨으므로 의타기에 법아를 증익한 변계소집을 제대로 이해하지 못하면 유식파 교리에서의 법아집과 법무아에 대해 확실히 이해할 수 없다.

'변계소집이 자상에 의해 성립한다고 보는 것이 법아집'이라고 주장할 때의 변계소집이란, 온蘊 등을 대상으로 '이것은 색온이다'라고 본질과, '이것은 색온의 발생이다'라고 특성으로 명칭과 기호에 의해 가립된 본질이라는 단지 그 정도만으로는 온蘊 등이 존재하므로 그와 같이 있다고 보는 것은 증익이 아니며, 온蘊 등이 그러한 본질로서 자상에 의해 존재한다고 보는 것이 증익이다.

여기서 다음과 같은 반론들이 있을 수 있다.

만약 색 등이 명칭과 기호의 대상임이 자상에 의해 성립함을 부정하는 것이 언어의 직접대상임이 자상에 의해 성립함을 부정하는 것이라면, 언어의 직접대상과 언어화 작용, 즉 관념의 상相과 소리의 상相이 비실법非實法임은 실재론자들이 이미 인정하는 바이므로 그것[80]을 논증할 필요가 없고, 또 그것을 지각하는 바른지각에 의해 법무아가 지각되지 않으며,[81] 그렇다면 그것을 대상으로 수습(修習)함으로써 소지장이 제거되지 않으므로 『해심밀경』에서 변계소집에 자상에 의한 성립의 공함이 법무아인 원성실이라는 설명과, 『보살지』에서 그러한 공함이 소지장을 제거하게 하는 수습대상이라는 설명과도 위배된다.

만약 색 등이 언어화 작용의 집착대상임이 자상에 의해 성립함을 부정하는 것이 집착대상에 해당하는 실례가 자상에 의해 존재함을 부정하는 것이라면, 의타기가 자상에 의해 성립함을 부정하는 것이 된다.[82]

'색 등이 언어화 작용의 집착대상' 그 자체를 주어로 놓고 그것이 자상에 의해 성립함을 부정하는 것이라 해도 역시 추론의 지각대상[83]은

---

80 색 등이 명칭과 기호의 대상임이 자상에 의해 성립하지 않음.

81 경부파는 공성과 법무아를 인정하지 않으므로 경부파가 인정하고 있는 내용이라면 그 내용을 지각한다고 해서 법무아가 지각될 리 없다는 얘기.

82 '색 등이 언어화 작용의 집착대상임'에 해당하는 실례는 '색'이다. 색은 의타기이므로 자상에 의해 존재하는 것이고(유식파의 견해에서) 그러므로 자상에 의해 존재하지 않는다는 그 주체가 색, 즉 집착대상의 실례를 가리키는 것이라면 모순이 된다는 얘기다.

83 지각대상: 티베트어 섈쟈gzhal bya의 번역어. '섈'은 헤아린다는 뜻이므로 섈쟈는 한역으로는 소량(所量:헤아려지는 대상)이라 한다. 그러나 우리말에서 헤아린다는 것은 분별식의 느낌을 주기 때문에 분별식과 무분별식 모두의 대상을 가리키는 용어로는 적합하지 않다고 생각된다. 그런데 섈쟈는 채마(tshad ma: 바른지각)의 상대되는 짝으로 가장 많이 쓰이는 용어다. 즉 지각하는 주체와 지각하는 대상이라는 개념의 한쪽 짝이기 때문에 '지각대상'이라 번역하면 가장 적절하다는 것이 역자의 견해다. 이 경우 '그렇다면 똑쟈(rtogs bya: 지각되는 대상)는 어떻게 번역할 것인가?'라는 반론이 있을 수 있겠는데, 똑쟈라는 말은 거의 쓰이지 않으므로

공상共相이며, 그러므로 그것이 자상에 의해 성립하지 않는다고 경부파 역시 인정할 것이므로 타당하지 않다.[84]

또한, 『유전제유경流轉諸有經』의 다음과 같은 구절을 성문聲聞의 교파들 역시 받아들이므로 이보다 수승한 내용은 『해심밀경』의 '변계소집이 공한 공성'에서도 역시 보이지 않는다.

이런 저런 명칭에 의해
이런 저런 법들을 말하는
그것에 그것은 존재하지 않으며
바로 이것이 법들의 법성이다.

또한, 『해심밀경』에서 설한 그러한 공한 이치[85]에 주객이 별개의

간혹 나오더라도 그대로 셀쟈는 지각대상, 똑쟈는 지각되는 대상으로 번역하든지 어찌하든 문제가 없다고 생각된다.

84 추론의 지각대상에는 색, 의식 등 자상에 의해 성립하는 것도 있고, 무위허공 등 자상에 의해 성립하지 않는 것도 있다. 그러나 '추론의 지각대상' 그 자체(랑독: rang ldog)를 주어로 놓고 그것이 자상에 의해 성립하는가 성립하지 않는가 하면 그 자체는 자상에 의해 성립하지 않는다. 즉, 추론의 지각대상 그 자체는 자상에 의해 성립하지 않는다는 것을 경부파가 인정하고 있으므로 그와 마찬가지 논리로 '색 등이 언어화 작용의 집착대상' 그 자체는 자상에 의해 성립하지 않는다는 것 역시 경부파가 인정할 것이고, 그러나 경부파는 공성을 인정하지 않으므로 그것은 공성의 내용이 될 수 없으니 모순이라는 얘기다.

85 색 등이 색 등을 취하는 분별식의 집착대상임이 자상에 의해 성립하지 않는다는 공성. 또는 색 등이 색 등을 말하는 언어가 적용되는 기반임이 자상에 의해 성립하지 않는다는 공성.

실체임을 부정하는 유식唯識의 의미가 없으므로 법무아가 소지장을 제거할 수 있게 하는 대상이라는 주장 역시 어떻게 합당한가?

그러므로 유식파의 교리에 어긋나는 이러한 모순들이 없다는 이유를 설명하라고 한다면, 이에 대해 설명하도록 하겠다.

공한 이 이치는 『보살지』에서 소지장을 제거하게 하는 지혜의 대상이며 양변을 여읜 위없는 중도라고 설명하셨고, 『섭대승론』에서 이를 통해 들어가는 것이 유식으로 들어가는 것이라 설하셨으므로 성문의 교파들이 이미 인정하고 있는 바는 아니다. 그러므로 이것의 반대가 되는 증익인 '본질과 특성으로 명칭에 의해 변계소집된 그대로 색 등이 자상에 의해 성립한다'고 보는 교리 역시 성문의 교파들이 승인하고 있는 바다.

이러한 증익을 배격할 때 『보살지』에서 전거를 통해서도 배격하였는바, 외도에게 불교의 교조의 말씀을 전거로 논파한다는 것은 있을 수 없는 일이므로 논파의 대상에는 반드시 불교도가 있다는 결론이며, 무자성파와 요가행파 일부에게 논파한 것이 아니므로 결론적으로 논파의 대상은 성문聲聞의 교파들이다. 그렇기 때문에 『해심밀경』을 전거로 들지 않고 성문의 교파들이 인정하는 세 가지 전거를 가지고 논파한 것이다.

이에 먼저, 구생증익을 확인함에 『섭결택분』에서 다음과 같이 설하셨다.

범부들은 언어의 대상으로서의 존재를 다섯 가지 이유에 의해 명칭과 언어 표현 그대로 자성으로 집착함을 식별하도록 할 것이니 여기서 설하신 다섯 가지 이유 중, 어떤 존재의 본질이 무엇인지 질문하였을 때 범부들은 '본질이 색이다'라고 대답하지, '명칭이 색이다'라고 대답하지 않음을 첫 번째 이유로 설명하셨다.

그 의미는, 색이라고 말하는 그 대상의 본질이 무엇인가 질문하였을 때 범부들은 그것의 본질이 색이라고 대답하지, 색이라고 이름 붙여진 것에 불과한 것이 바로 색이라고 말하는 그 대상의 본질이라고 대답하지 않는다는 것이다.

그러므로 색이라는 명칭이 가립될 때 파랑색 따위가 색이라고 이름 붙여지는 기반임이 범부들의 마음에 어떻게 나타나는지 살펴보면, 명칭과 기호에 의해 설정된 것이 아니라 자신의 존재방식에 의해 성립하는 것처럼 나타난다.

파랑색이 나타나는 방식 그대로 성립한다고 보는 것은 파랑색에 '이것은 색이다'라고 이름 붙임이 자상에 의해 성립한다고 보는 증익이다. 그것이 범부들에게 있음은 앞서 설명한 바에 의해 확증되며, 그러한 범부들의 견해가 타당하다고 실재론의 두 교파 역시 주장하므로 언어의 대상 그 자체는 분별에 의해 가립된 것이지만 언어의 대상에 해당하는 실례에는 자상에 의해 성립하는 것이 있다는 교리와는 경우가 전혀 다르다.

그와 같이 주체와 객체 두 가지가 나타날 때 양자가 별개의 실체로 나타나는 바 그대로 존재한다고 보는 것 역시 법아집의 증익이다.

나머지 반론에 대해서는 아래에서 설명하도록 하겠다.

ㄴ) 증익 배격

㉠ 증익 배격 본론

『해심밀경』에서 의타기에 변계소집된 바의 공함을 논증하는 논리는
설명되어 있지 않은데, 그 논리를 이해하도록 하기 위해『보살지』와
『섭결택분』에서 논리 세 가지씩을 설하셨고,『섭대승론』에서도 역시
'의타기성이 변계소집된 자성으로 나타나는 바 그대로의 자성이 아님을
어떻게 아는가?'라는 질문에 다음과 같이 답변하셨다.

　명칭의 이전에 지각이 없기 때문에,

　다수이기 때문에, 그리고 불확정 때문에,

　그것의 자성, 다수의 자아와,

　자아가 혼합되는 모순에 의해 입증된다.

　여기서 어떤 법의 자성으로 모순되기 때문에 의타기에 변계소집된
바의 공함이 입증되는 이치가 이해하기 쉬우므로 먼저 설명하면, '배가
볼록한 물 담는 기구'가 항아리라는 명칭의 지시대상 또는 기반임이
만약 배가 볼록한 물 담는 기구의 실상이거나 또는 자상에 의해 성립하
는 것이라면 기호의 힘에 의해 설정된 것이 아니라는 얘기가 되며,
그렇다면 기호의 대상을 포함한 지각인 분별식 역시 기호에 의존하지
않으므로, 항아리라고 이름 붙이기 이전부터 배가 볼록한 물 담는
기구를 대상으로 '이것은 항아리다'라는 지각이 일어나게 될 것이다.

　두 번째 논리인, 자아가 다수가 되는 모순에 의한 논증은 다음과
같다.

만약 반대 주장과 같이, 한 대상에게 샤끄라, 인드라, 뿌란다라 등의 여러 가지 이름을 붙임이 실상의 힘에 의한 것이라면 분별식에 나타난 그대로 실제로 그와 같이 존재해야 하므로 그 대상이 여럿이 된다.

세 번째 논리인, 혼합되지 않은 대상이 혼합되는 모순에 의한 논증은 다음과 같다.

만약 반대 주장에 따른다면 두 명의 다른 사람에게 '우빠굽따'라는 하나의 이름을 붙이면 '이 사람은 우빠굽따다'라는 지각이 일어남에 차이가 없고, 그 이름과 분별식 또한 실상의 힘에 의해서 그 두 사람에게 향한 것이므로 두 사람이 한 사람이라는 모순이 된다.

색 등이 분별식의 집착대상임이 승의 또는 자상에 의해 성립한다고 보는 것 역시 색 등이 색 등으로 이름 붙여진 기반임이 자상에 의해 성립한다고 보는 것과 비슷하기 때문에 '이것의 이름은 무엇이다'라고 명칭을 알지 못하는 자에게도 부정대상인 증익이 있으며, 그 증익을 배격하는 논리 역시 비슷하다.

『보살지』에서는 다음과 같이 설하셨다.

대상이 이전에 있고 '이것은 무엇이다'라고 이후에 이름 붙이면 (만약 색 등이 색 등으로 이름 붙인 기반임이 자상에 의해 성립하는 것이라면) 그와 같이 이름 붙이기 전에는 그 대상의 자성이 없다는 것이 되며, 이름 붙이기 전에도 자성이 있고 이후에 이름 붙인다고 한다면 이름 붙이기 전에 '이것은 색이다' 따위의 지각이 일어난다는 것이 된다.

성문의 교파들은 "무엇 기호가 가립되는 직접대상이 그 무엇의 본질로 자상에 의해 성립한다면 기호와 대상의 관련에 상관없이 명칭에 대한 지각이 생겨난다는 등의 모순이 있지만, 색 등이 기호가 가립되는 기반임과 분별식의 집착대상임이 자상에 의해 성립함에는 그러한 모순이 없다."라고 말하지만 비슷한 논리로 배격된다.

그렇다면 색 등이 분별식의 집착대상임이 비록 명칭과 기호에 의해 설정된 변계소집이긴 해도 바른지각에 의해 성립하므로 배격될 수 없으며, 색 등이 분별식의 집착대상임이 그 존재들의 자상에 의해 성립함은 단지 명칭에 의해서만 설정된 존재하지 않는 변계소집이므로, 명칭과 기호에 의해 설정된 것에는 바른지각에 의해 성립하고 성립하지 않는 두 가지가 있다.[86]

그러나 단지 명칭과 기호에 의해서 설정되었을 뿐인 것에는 원인과 결과가 불가하다는 것이 유식파의 주장이다.[87]

실재론의 두 교파들은 색 등이 분별식의 집착대상임과 기호가 가립되는 기반으로 자상에 의해 성립함을 부정하면 그것들이 존재함을 설정할 줄 모르며, 여기서의 자상은 인명학(因明學: 불교논리학)에서 자주 논의되는 자상과는 다르다.

예를 들면, '항아리의 부재'는 전체부정존재[88]이고, '항아리의 부재'와

---

[86] 명칭과 기호에 의해 설정된 것에는 존재하는 것과 존재하지 않는 것 두 가지 경우가 있다는 말. 예를 들어 바로 위에서 언급한 바와 같이 '색 등이 분별식의 집착대상임'은 존재하는 것이며, '색 등이 색을 취한 심식과 별개의 실체로 존재함'은 존재하지 않는다.

[87] 원인과 결과가 불가하다는 것은 유위법이 아니라는 말이다. 즉, 유식파의 견해에서는 단지 명칭과 기호에 의해서 설정되었을 뿐인 존재는 모두 무위법에 속한다.

'장소' 이 두 가지에는 공통으로 해당되는 실례(예를 들면 항아리가 없는 방 따위)가 있지만, 그것이 전체부정존재와 유위법 두 가지가 서로 모순이라는 사실에 위배되지 않듯이,[89] '식識이 분별식의 집착대상임이 승의에서 성립하지 않는 변계소집임'과 '식識이 승의에서 성립함' 두 가지 역시 모순이 아니다.[90]

그러므로 '이런 저런 명칭에 의해' 등의 경전 말씀은 성문의 교파들이 인정하는 바이지만 그에 대한 설명 내용에 차이가 없는 것은 아니다. 예를 들면, 『대중부경大衆部經』에 나오는 근본식根本識이란 말을 유식파가 장식(알라야식)으로 설명하는 것과 같다.

앞서 설명한 '본질과 특성으로 변계소집된 바가 자상 또는 승의로 존재한다고 보는 것'이 주요 소지장이므로, 그것이 보는 바와 같이 존재하지 않음을 확립하는 내용이 소지장을 정화시키는 대상이라는 것 또한 이치에 맞다.

그러한 논리들[91]에 의해 유식으로 어떻게 들어가는가 하면, 색으로부

---

88 전체부정존재: 어떤 것을 부정만 할 뿐 부정하는 한편으로 다른 긍정존재를 나타내지 않는 존재.

89 전체부정존재와 유위법은 서로 모순된다. 즉 전체부정존재이기도 하고 유위법이기도 한 것은 없다. 그러나 그렇다고 해서 전체부정존재에 해당하는 어떤 것과 유위법이 서로 모순될 필요는 없다. 예를 들어 '항아리의 부재'는 전체부정존재이지만 유위법과 공통 사례를 가지고 있는데, '항아리가 없는 방' 따위가 바로 '항아리의 부재'이기도 하고, 유위법이기도 하기 때문이다.

90 전체부정존재는 유위법이 아니지만 전체부정존재의 실례인 '항아리의 부재'는 유위법과 모순이 아닌 것과 마찬가지로 식이 분별식의 집착대상임은 승의에서 성립하지 않지만 '식이 분별식의 집착대상임'의 실례인 식은 '승의에서 성립함'과 모순이 아니라는 점에는 모순이 없다는 얘기인 듯하다.

터 일체종지에 이르기까지의 일체법이 명칭이 가립되는 기반임과 분별
식이 집착하는 대상임이 승의에서 성립함을 부정할 때, 언어화 작용을
하는 명칭과 언어의 대상 두 가지를 명칭과 내용으로 상호 관련시킴에
의존해서 언어의 대상의 본질과 특성으로 나타나는 분별식은 그것에
나타나는 바대로 집착하는 바와 같이 존재하지 않으므로, 그와 같이
집착함에는 착란되지 않은 것이 또한 없다고 생각하여 주객의 둘이
없는 유식으로 들어가는 것이니, 『섭대승론』에 다음과 같이 설하신
바와 같다.

이와 같이 유식으로 들어가고자 애쓰는 보살이 글자와 내용이 나타나는
의식(意識: 제6식)의 언어[92]를 대상으로 글자인 명칭 또한 의식의 분별
에 불과하다고 철저히 분별한다. 글자에 의존한 내용 또한 의식의
언어에 불과하다고 철저히 분별한다. 명칭 또한 자성과 특성으로
변계소집된 것에 불과하다고 철저히 분별한다. 그러므로 의식意識의
언어에 불과한 것으로 보고, 명칭을 가진 내용이 자성과 특성으로
변계소집되었고, 자성과 특성으로 변계소집된 것을 실상으로 보지
않을 때 네 가지 철저한 규명[93]과, 실상을 여실히 아는 네 가지 철저한
앎[94]에 의해서 글자와 내용이 나타나는 의식의 분별들을 대상으로

---

91 색 등이 색 등을 취하는 분별식의 집착대상임이 자상에 의해 성립하지 않음을
논증하는 논리들.

92 의식의 언어: 분별식.

93 네 가지 철저한 규명: 명칭에 대한 철저한 규명, 내용에 대한 철저한 규명, 자성으로
의 가립에 대한 철저한 규명, 특성으로의 가립에 대한 철저한 규명 등 공성을
지각하는 네 가지 분별식.

유식에 들어간다.

만약 '이것은 분별식을 통해 주객을 배격한 것일 뿐 견고한 습기習氣로부터 생긴 무분별식을 통해 주객을 배격한 것이 아니므로 유식에 들어가는 것으로 어떻게 합당한가?'라고 한다면 오류가 없다. 왜냐하면 파랑색을 별개의 객체로 보는 분별식의 집착대상임이 자상에 의해 존재함을 논리에 의해 배격하면, 집착대상인 파랑색이 나타나는 심식心識이 현현경(顯現境: 나타나는 대상)에 착란되었음이 입증되기 때문이니, 그것이 나타날 때 자상에 의해 성립하는 것으로 나타나기 때문이다. 그것이 착란이라는 것이 입증되면 파랑색이 그것이 나타난 심식心識과 별개의 실체로서 존재하지 않음이 입증된다.

'그렇다면 식識이 분별식의 집착대상임이 승의에서 성립함을 논리에 의해 배격하면 식識이 나타나는 자증식自證識이 현현경에 착란되었음이 입증된다. 왜냐하면 그것이 나타날 때 자상에 의해 성립하는 것으로 나타나기 때문이다. 그것이 착란이라는 것이 입증되면 식識이 자증식에 의해 감지되는 본질로서 자상에 의해 성립하지 않으므로 유식파의 교리가 버려지게 된다.'라고 하면 오류가 없다. 왜냐하면 자증식에는 분별식의 집착대상으로서의 식識이 나타나지 않는 반면 파랑색을 보는 심식에는 파랑색이 외경으로 집착된 대상으로서 나타나기 때문이다. 그것은 왜냐하면 집착대상인 것은 이취상二取相[95]을 여읜 자증식 등에는

---

94 네 가지 철저한 앎: 명칭에 대한 철저한 앎, 내용에 대한 철저한 앎, 자성으로의 가립에 대한 철저한 앎, 특성으로의 가립에 대한 철저한 앎 등 공성을 지각하는 네 가지 직관.

나타날 수 없지만 이취상을 가진 파랑색을 보는 심식에는 나타남에 모순이 없기 때문이다.

분별식의 집착대상이 나타날 때 이취상이 반드시 있어야 하는 이유는, 분별식의 집착대상의 상相이 분별식에 떠오를 때 반드시 이취상의 모습을 가진 것으로 떠오르기 때문이다. 이것은 자증식의 경우와는 다르다. 왜냐하면 분별식에 식識을 감지하는 자증식의 상相이 떠오를 때에도 감지되는 식識과 감지하는 자증식이 별개로 떠오르는 것이 아니라 단지 감지 자체의 모습으로만 떠오르기 때문이다.

모든 분별식에는 반드시 이취상이 있으므로 마찬가지라고는 말할 수 없다. 왜냐하면 분별식에 이취상이 있다는 말과 어떤 대상이 분별식에 이취상의 모습을 가진 것으로 떠오른다는 말은 의미가 다르기 때문이다. 그렇지 않다면 이취상을 여읜 것이 분별식에 떠오르는 경우가 없다고 주장해야 하고, 그것은 또한 이치에 맞지 않으니, 만약 그렇다면 이취상을 여읜 것이 존재하지 않는다는 말이 되기 때문이다.

만약 '분별식의 집착대상으로서의 파랑색은 단지 분별식에 의해 설정된 것일 뿐이므로 무분별식에는 나타나지 않는다.'고 한다면, 말과 소의 허깨비 따위들 역시 무분별식에 나타나지 않는다는 말이 된다. 왜냐하면 그것들 역시 단지 분별식에 의해 설정되었을 뿐이기 때문이다.

이상으로 설망한 바와 같이 본질과 특성으로 변계소집된 바의 공함이 원성실이라는 『해심밀경』의 설명에는 주객이 별개의 실체임을 부정하는 의미가 포함되어 있다.

---

95 이취상: 주체와 객체가 각각 별개의 실체처럼 나타난 상.

『해심밀경』에서 지(止: 샤마타)에 대해 설한 부분에서는 외경의 배격을 자세히 설하셨다.

일반적으로 변계소집에는 일체 공상共相과 허공 등 여럿이 있지만 『해심밀경』에 언급되지 않은 이유는 어떤 변계소집의 공함이 원성실임을 설정하는 시점에 그것들이 필요하지 않기 때문이다. 변계소집들 중 다수는 명칭과 기호에 의해 설정할 수 없는 존재들이지만[96] 자상에

---

96 유식파의 교리에서는 존재하든 존재하지 않든 모든 변계소집은 명칭과 기호에 의해 설정된 것이기 때문에 이 부분의 구절은 문자 그대로 받아들일 수 없다. 여기서 티베트 학자들의 일반적인 해석은 이 부분의 의미는 인무아라든지 '소리는 무상하다' 등 그것을 논증하기 위해서는 일정 수준 이상의 학식을 필요로 하는 변계소집들은 세간의 말이나 상식으로는 설정할 수 없다는, 즉 여기서 말한 명칭과 기호란 세간의 말과 상식을 의미하는 것이라 설명한다. 그러나 역자의 생각으로는 "세간의 말과 상식으로 설정할 수 없는 변계소집이 있다."는 진술은 이 부분에서 문맥상 앞뒤 구절들과 아무런 관련이 없을 뿐만 아니라, 이 논서에서 가장 중요한 개념 중의 하나인 '명칭과 기호에 의한 설정'이란 개념을 이제까지 사용해오던 의미와 다르게, 그래야 할 특별한 이유도 아무런 보충 설명도 없이 돌발적으로 다른 의미로 한 번 사용했다는 것 역시 글 쓰는 사람의 심리상 전혀 있을 법하지 않은 일로 생각된다. 그렇다면 역자의 추측은 무엇인가 하면, 쫑카빠 스님께서 이 부분에 '명칭과 기호만으로는 설정할 수 없는'이라고 쓰시려다가 실수로 '만'을 빠뜨리고 쓰신 것이 아닌가 생각된다. '명칭과 기호만으로 설정한 것'과 '명칭과 기호에 의해 설정되었을 뿐인 것' 두 가지는 의미가 다르다. 전자는 존재를 부정하는 의미를 포함하는 말이고, 후자는 자상에 의한 성립을 부정하는 의미를 포함하는 말이다. 그러므로 '명칭과 기호만으로는 설정할 수 없는 변계소 집'이란 존재하는 변계소집이란 의미이고, 그러므로 바로 위의 구절에서 『해심밀 경』에서는 존재하지 않는 변계소집에 대해서만 설하셨지만 공상과 허공 등 존재하는 변계소집 역시 있다는 설명과 글의 흐름상 완벽하게 연결되며, 여기서 '명칭과 기호만으로 설정한 것'과 '명칭과 기호에 의해 설정되었을 뿐인 것', 이 두 가지의

의해 성립하는 것은 아니니, 단지 분별식에 의해 가립되었을 뿐이기 때문이다.

외경을 통해 주객이 별개의 실체임을 배격하는 이치는 『섭대승론』에서 꿈과 영상 등의 비유를 이용한 논리와, 『이십론二十論』[97]에서 부분이 없는 최소 입자를 부정한 논리와, 법칭께서 주객의 상相이 비슷하게 발생한다는 상대의 논거를 배격한 논리와, 진나께서 입자의 취합과 각각의 입자들이 외경임을 부정한 논리들이다.

반야경전들 중의 '없다'라는 모든 말씀들이 변계소집을 부정하는 것이라는 『섭대승론』의 설명들은 『해심밀경』에서 변계소집을 부정한 이치를 이해하지 못하면 주객이 별개의 실체라는 변계소집만 가지고 설명할 수밖에 없으므로 유식파의 교리 내에서도 대단히 불합리한 주장들을 하게 되며, 항상하거나 무상無常한 등의 어느 것으로도 취할 대상이 없다는 반야경의 말씀들 또한 유식파의 교리에서 설명하기가 지극히 어렵게 된다. 그래서 '어느 것으로도 취할 대상이 없다는 말씀은 근본정根本定의 상태를 의미하며, 이것과 이것이 아닌 것을 구분하여 취할 대상이 있다는 말씀은 후득지後得智의 분별하는 상태를 의미한다.' 라는 따위로 설명할 수밖에 없는 경우 또한 생겨났으니, 이러한 주장은

의미 차이를 분별하지 못한 사람은 '명칭과 기호만으로 설정할 수 없는 것이라면 자상에 의해 성립해야 하는 것이 아닌가?'라는 의문이 일어날 것이므로 즉시 그것을 해소할 필요가 있고, 그러므로 바로 이어서 "자상에 의해 성립하는 것은 아니니, 단지 분별식에 의해 가립되었을 뿐이기 때문이다."라고 설명한 아래 구절과도 완벽하게 연결이 된다. 그러나 역시 이것은 역자의 단순한 추측에 불과하다.

97 『이십론』: 세친의 논서.

설명할 길이 없어서 억지로 갖다 붙인 식에 불과하다.

『보살지』와『섭대승론』,『집론』등에서 네 가지 철저한 규명과 네 가지 철저한 앎에 대해 설하신 것은 유식파의 견해를 확립시키는, 유식에 들어가는 바른 문이자, 번뇌들의 기반이 되는 분별인 소지장의 대치법으로 설하신 것이며, 그것들의 내용을 이해하기 위해서는『해심밀경』에서 설하신 변계소집을 부정하는 논리와 부정대상인 미세증익부터 이해해야 하는 것으로 보인다. 더욱이 그러한 논리들에 의해 주객이 별개의 실체임을 부정하는, 유식에 들어가는 이치를 이해할 필요가 있다고 보임에도 불구하고 많은 이들이 이에 대한 분석 정도도 행하지 않는 것으로 보여 지혜로운 이들을 위해 분석의 입문 정도를 여기서 나타내 보였다.

ⓒ반론 논파

『해심밀경』에서 의타기에 변계소집된 자성으로 집착함으로써 번뇌가 일어나고, 그로 인해 업을 지어 윤회하게 되며, 의타기에 변계소집된 상相의 자성이 없음을 보면 그것들이 차례로 반전된다고 설하신 이후, 성문, 독각, 보살 등 3승乘 모두가 바로 이 길道과 이 수행에 의해 열반을 성취하므로 그들의 정화의 길과 정화 역시 하나일 뿐 둘이 아니라고 설하셨으며, 의타기에 변계소집된 바의 공한 이치 또한 앞서 설명한바 외에 다른 것은 설하지 않으셨다. 그러므로 성문과 독각도 법무아를 지각한다는 것을 이 경전의 뜻으로 보아야 하는가, 그렇지 않은가? 경전의 뜻으로 본다면, 앞서 법무아의 지각을 비공통적인 것으로 설명한 바와 모순된다. 경전의 뜻으로 보지 않는다면, 경전의 뜻을 어떻게 설명할 것인가?'라고 한다면, 이에 『보살지』에서 본질과 특성으로의 분별과, 전체로 취한 분별에 의해서 분별의 대상인 희론의 기반을 발생시키고, 그에 의해 신견身見[98]이 생겨나고. 신견이 다른 번뇌들을 발생시켜서 윤회하게 되며, 네 가지 규명과 네 가지 철저한 앎에 의해 분별이 집착하는 대상이 존재하지 않음을 알면 그것들이 반전된다고 설하셨다.

그렇다면 법들에 본질과 특성으로 변계소집된 바가 자상에 의해 성립한다고 보는 법아집이 신견의 뿌리라고 보는 것이며, 법아집이 인아집의 기반이 된다는 것은 성문과 독각에 법무아의 지각이 없다고 주장하는 중관파들[99] 역시 인정하는 바다.

이에 법아집이 소멸하면 인아집 역시 소멸하지만 법아집이 소멸되지 않았다고 해서 인아집이 소멸될 수 없는 것은 아니니, 윤회의 궁극적

---

98 신견: 자신의 온蘊을 대상으로 나, 또는 나의 것이라 집착하는 번뇌.

99 중관귀류파는 인무아와 법무아의 차이를 개아의 비실재성인가 (개아 이외의) 존재의 비실재성인가 하는 공성의 기반의 차이로 생각할 뿐 내용에는 차이가 없다고 보고, 인무아인 개아의 비실재성을 지각하기 위해선 먼저 법무아인 온의 비실재성을 지각해야 하기 때문에 인무아를 지각하기 전에 반드시 법무아를 지각한다고 보므로 성문과 독각들도 법무아의 지각을 어느 시점에서 반드시 거친다고 본다. 그러므로 여기서 말한 중관파들이란 귀류파가 아닌 중관자립파를 가리킨다. 그러나 중관자립파 역시 성문과 독각 중에 법무아를 지각한 이들이 전혀 없다고 주장하는 것은 아니다. 왜냐하면 대승도에 들어가서 공성의 가르침을 듣고 이해하여 지각한 후 어떤 인연에 의해 대승보리심을 버리고 성문도나 독각도 로 떨어질 수 있음을 인정하기 때문이다. 그러므로 이 구절은 성문과 독각이 대체로 법무아를 지각하지 않는다거나 또는 성문과 독각의 길이 본질적으로 법무아의 지각을 필요로 하지 않는다는(귀류파 이외의 견해에서) 의미 정도로 해석하면 될 듯하다.

기반[100]이 사라지지 않았더라도 윤회로부터 해탈할 수 있음은 모순이 아니다.

그러므로 '바로 이 길' 등의 말씀은 의타기에 변계소집된 상相의 공함을 지각한 길을 가리키지만 법무아의 길을 가리키는 것으로 볼 필요는 없으니, 의타기에 변계소집된 바의 공함에는 인무아의 내용을 가리키는 경우[101]도 『집론』에서 설하셨기 때문이다.

또한, 인무아를 지각함으로써 번뇌를 정화함과, 단지 번뇌만 소멸시켰을 뿐인 해탈에는 대소승의 차이가 없으므로 정화의 길과 정화가 하나라고 설하신 것이다.

온蘊 등의 의타기와, 그것에 법아를 증익한 변계소집과, 전자에 후자의 공함이 법무아의 원성실이라는 것이 대승경전의 뜻이라는 『해심밀경』의 설명에 의하면, 그에 미루어서 간접적으로 온蘊의 의타기에 인아의 변계소집의 공함을 인무아의 원성실로 설정하는 3성性의 교리 정도는 소승경전의 뜻으로 이해할 수 있으며, 그러므로 첫 번째 법륜은 인무아를 내용으로 하는 상相무자성을 지각할 수 있는 근기는 되지만 법무아를 내용으로 하는 상相무자성을 지각할 수 있는 근기는 되지 못하는 교화 대상들에게 설하신 것임을 『해심밀경』이 간접적으로 나타내므로, 모든 승乘에 나아간 이들을 위해 선변법륜을 설하셨다는 의미

---

100 윤회의 궁극적 기반: 법아집을 의미한다. 인아집을 윤회의 뿌리로 보지만 인아집의 뿌리는 또 법아집에 있으므로 법아집을 윤회의 궁극적 기반이라 한다.

101 '개아에 독립적인 실체의 자아가 있다'는 것이 개아라는 의타기에 독립적인 실체의 자아가 있다고 변계소집된 것이며, 그것을 부정하는 것, 즉 '개아에 독립적인 실체의 자아가 없음'이 바로 인무아이자 의타기에 변계소집된 바의 공함이다.

가 바로 그것이다.

만약 '본질과 특성으로 변계소집된 바와, 주객이 별개의 실체라고 변계소집된 바의 공성의 모든 경우에 의타기만을 공의 기반으로 하여 그 두 가지 변계소집의 공함을 원성실로 보아야 한다면, 세친의 『삼경제해론三經除害論』에서 다음과 같이 원성실을 공의 기반으로 해서 의타기와 변계소집의 공을 설하신 것은 어떻게 해석할 것인가?'라고 한다면,

> (반야경의 '눈에는 눈이 공하다.'라는 말씀에서) '눈'이라는 것은 법성의 눈이다. '눈이'라는 것은 변계소집되고 분별된 '눈이'라는 것이다. '공'이라는 것은 '여의었다'는 말이다. 이와 같이 '귀에 귀가 공하다.'라는 등의 말씀에도 적용하도록 한다.

유식파와 중관파 어느 쪽의 견해에서도 법무아의 원성실을 확립할 때 공의 기반을 무엇으로 해야 하는가는 법아집이 어떤 대상에서 법아를 집착하는가에 달려 있으니, 예를 들면 밧줄을 뱀으로 봄으로써 생긴 두려움의 고통을 없애고자 한다면 밧줄을 공의 기반으로 하여 그것에 뱀이 공함을 보여주어야 하지, 밧줄에 뱀이 공함을 공의 기반으로 해서 그것에 밧줄과 뱀이 별개로 존재함이 공하다고 말하는 것은 적절하지 않은 것과 마찬가지다.

법무아 역시 방향의 부분이 없는 최소입자와 그것들의 취합, 시간적으로 전후의 부분이 없는 최단찰나의 심식心識과 그것들이 연결된 연속체로서의 심식이 있다고 보는 따위의, 오직 교리의 영향을 받은 자들만이 분별한 것들은 각 교파들에만 있을 뿐 그밖의 유정들에게는

존재하지 않는다. 그러므로 단지 그것들을 부정하는 공성을 가르치더라도 무시이래로 이어져 온 구생의 아집은 조금도 손상되지 않으니, 구생아집이 아我로 집착하고 있는 바로 그것을 대상으로 그것에 집착하고 있는 방식대로의 아我가 공함을 가르쳐야 하며, 교리에 의한 분별을 배격하는 것 또한 구생아집 배격의 부분으로 이해해야 한다.

이렇게 본다면, 일반 유정들은 보이고 들리는 등의 대상인 눈과 색 등 안팎의 겨우 의타기인 것들 정도를 아我로 집착하므로, 바로 그것을 공의 기반으로 해서 공을 확립해야 하지, 유정들이 원성실에 의타기와 변계소집 두 가지가 별개로 존재한다고 보고 착란된 것이 아니므로, 원성실에 의타기와 변계소집 두 가지가 별개로 존재함이 공하다는 따위로 무아를 확립한다는 것이 어찌 타당하겠는가?

법아가 있다고 보는 것 또한 산에 불이 있다고 보는 것과 같이 별개의 것을 있다고 보는 것이 아니라, 자신의 마음이 외부의 객체와 내부의 주체로 각각 떨어져서 나타나는 바 그대로 성립한다고 보는 것이므로, 그 대치법으로서 객체와 주체로 나타나는 그것이 별개의 실체로서의 주객으로 성립하지 않음을 보여주어야 하지, 주객이 별개로 원성실에 존재하지 않는다고 보여주는 것이 아니다. 그러므로 변중변론의 주석에서도 역시 사원에 비구 등이 공하다는 식이 아니라 밧줄에 뱀이 공하다는 식이라고 설하셨으니, 법아가 공한 이치 또한 그와 같다.

그러므로 속담에 '귀신이 동문에서 해코지하는데 서문으로 제물을 보낸다'는 식이 되지 않도록, 아我를 집착하는 기반이 되는 의타기가 변계소집되는 방식대로의 아我의 공함이 원성실이라는 이러한 공성의 이치를 수습修習하면 아집의 대치법이 되는 것이며, 이러한 견해와 다른 공한 방식의 공성을 수습한다면 아집에는 조금도 해를 가할 수 없다.

인용한『삼경제해론』의 구절은 분별식에 언어화 작용인 소리의 상相과, 언어의 대상인 관념의 상相이 나타나는 것이 '변계소집된 눈'이며, 객체인 색처色處와 그것을 보는 주체의 자성인 눈으로 나타나는 것이 '분별된 눈', 소리와 관념의 상相인 언어화 작용과 언어대상을 여읨으로써 말로 표현할 수 없고, 눈의 주객으로 각각으로 나타남을 여의어서 근본정根本定의 자내증自內證에 의해 식별된 원성실을 '법성의 눈'이라 말한 것이므로, 법성의 눈은 성인의 근본정根本定에 의해 식별된 면에서는 언어화 작용과 언어대상, 주체와 객체 등으로 나타나는 2상相이 없다는 것을 "근본정根本定의 대상에 의타기와 변계소집이 공하다."라고 한 것이니, 변계소집된 것이 첫 번째 2상相이요, 분별된 것이 두 번째 2상相인 까닭이다.

『삼경제해론』의 다음 구절들이 바로 이와 같이 성인의 근본정根本定의 관점에서는 2상相이 없다는 의미로 위에 인용한 구절들을 설명하고 있다.

언어의 대상과 언어의 상相으로 취해진 눈이라는 것이 변계소집된 눈이다. 그것이 객체와 주체의 자성으로 머무는 눈의 상相으로 각각으로 나타나는 것이 분별된 눈이다. 그것이 언어의 대상과 언어의 상相을 여의고, 말로 표현할 수 없고, 상相을 갖게 된 것을 여의고 자내증된 원성실성을 법성의 눈이라 한다.

또 다음과 같이 설하셨다.

이와 같이 그대가 승의에 대한 작의作意를 수습할 때 행상行相의 존재가 나타나지 않으므로 승의에서 그것이 없지만 세속적 차원에서 존재함을 알도록 하라.

그러므로 이것은 근본 견해인 법무아의 원성실을 확립하는 이치에 대한 설명이 아니다.

이와 같이 『삼경제해론』에 성인의 근본정根本定의 관점에서 존재하는 것 정도를 승의에서 존재하는 것으로 설명하였지만, 근본정根本定이 진여를 지각한다고 인정하는 이들 모두가 자신의 대상을 갖는 주체의 관점에서 대상이 있음을 인정하는 이들뿐이므로 승의의 유무에 대해 논쟁할 때의 그 승의에서의 존재와 어찌 같은 의미이겠는가?[102]

실상을 고찰하는 논리에 의한 고찰을 견뎌내는 승의의 존재[103]를 이 논서가 인정하지 않는다는 것은 공성의 공성과 승의의 공성, 무위의

---

102 중관파들은 공성이 근본정根本定의 관점에서 있다는 것을 인정하지만 공성이 승의에서 존재한다고는 인정하지 않으므로 중관파와 유식파 사이에서 논쟁되는 승의에서의 유무와 『삼경제해론』에 나오는 승의의 존재에 대한 설명은 다르다는 얘기다.

103 '실상을 고찰하는 논리'란 어떤 존재의 실체가 있는지, 없는지, 있다면 그것이 무엇인지 따위를 규명하는 논리를 가리키며, 그러한 고찰을 견뎌낸다는 것은 그러한 규명을 통해 실체가 있는 것으로 밝혀진다면 그것이 바로 고찰을 견뎌낸 존재인 것이고, 실체가 없는 것으로 밝혀진다면 고찰을 견뎌내지 못한 것이다. 그러므로 어떤 존재가 그러한 고찰을 견뎌낸다면 승의에서 존재한다고 말하고, 견뎌내지 못한다면 승의에서 존재하지 않는다고 말한다.

공성 등에 대해 설명한 부분에서 그러한 승의의 존재에 대한 주장을 주로 겨냥해서 많은 반론을 하였으므로 알 수 있으며, 그러나 이에 대한 자세한 언급은 번다함을 피해 생략하도록 한다.

반야경 자체에 색에서부터 일체종지에 이르기까지 각각의 법에 3성性 각각의 교리를 적용하여 공의 기반인 분별에 부정대상인 변계소집의 공함이 법성인 원성실이라고 설명하셨으므로, 분별의 눈에 변계소집된 눈이 공함을 법성으로 설명해야 하기 때문에 근본정根本定의 관점에서 원성실에 의타기와 변계소집이 공함을 반야경의 뜻으로 설명한 것 역시 올바르지 않다고 보인다.

이 논서에 성문聲聞 대인大人의 여덟 가지 분별에 대해 『이만석론二萬釋論』[104]을 인용하였는데 인용된 구절이 그대로 『이만석론』에 있고,[105] 의타기와 원성실 두 가지 모두 실상을 고찰하는 논리에 의한 고찰을 견뎌냄을 부정한 까닭과, 세친께서 반야경의 밀의를 『해심밀경』에서 설명한 방식으로 해석해야 한다고 『석정리론釋正理論』에서 설명한 바와 설명 방식이 크게 다르므로 이것은 세친께서 지으신 것이 아니라, 이전의 문서들에서 알려진 바와 같이 담시따세나의 저작으로 보인다.

---

104 『이만석론』: 해탈군(解脫軍: Vimuktisena)의 논서.

105 『이만석론』의 저자가 세친보다 후대의 사람이므로 『이만석론』을 인용하였다면 세친의 논서일 리가 없다는 얘기다.

③그[106]에 의해 경전의 요의와 불요의를 분별하는 방식

존재의 진여를 무착과 세친 두 형제 논사들께서 해설한 방식이 그와 같다면, 첫 번째 법륜에서 외경外境을 인정한 바탕 위에서 주객의 둘을 설하신 것을 불요의로 해설함에 있어서 먼저, 그러한 경전 말씀의 착안점은 무엇인가 하면, 『이십론』에 다음과 같이 설하셨다.

자신의 씨앗으로부터
식識의 현현에 생겨나는
내처內處[107]와 외처外處[108]
두 가지로 부처님께서 설하셨다.[109]

목적 또한 『이십론』에 다음과 같이 설하셨다.

색 등의 처處가 있다고
그에 의해 교화되는 중생을

---

106 앞의 두 단락인 「양변을 여의는 이치에 대한 총론」과 「증익변 배격에 대한 구체적 설명」.

107 내처: 안, 이, 비, 설, 신, 의 등의 6근根.

108 외처: 색, 성, 향, 미, 촉, 법 등의 6경境.

109 6근과 6경이 별개로 존재하는 것처럼, 즉 외경의 존재를 인정하는 듯이 부처님께서 설하신 것은, 6근과 6경의 현현(나타남)이 심식 상에 일어나도록 하는 씨앗인 그것들 각각의 습기習氣로부터 그것들이 심식에 나타난다는 점에 착안하여 설하신 것이라는 의미이다. 즉, 외경의 존재를 설한 첫 번째 법륜의 착안점은 '심식 상의 외경의 현현'이다.

위해서 설하셨으니

허위의 유정有情과 같다.[110]

안팎의 처處로부터 색을 보는 등의 식識이 생겨남을 설하신 것은, 그러한 가르침을 통해 그것들 외에 따로 보는 주체 따위는 없음을 지각하도록 하기 위해서다.

문자 그대로 받아들였을 경우의 오류를 드러내는 것은 외경을 배격하는 논리들이다.

법들에 본질과 특성으로 분별된 변계소집은 법계法界이고 법처法處이므로 (자상에 의해 성립하지 않지만, 그에 포함되는 것들에는 자상에 의해 성립하는 것도 있고 성립하지 않는 것도 있는데,) 그것들을 구분 없이 일괄적으로 자상에 의해 성립한다고 설하신 것 역시 불요의이다.

『집론』에서 아주 상세하게 일체법에 자성이 없다고 설하신 것이 세 가지 무자성을 염두에 두고 설하신 것이라 설명하셨고,『섭대승론』에서 아주 상세하게 '없다'고 설하신 모든 말씀들이 변계소집을 가리키고, 허깨비 등의 비유들은 의타기, 4청정은 원성실을 나타낸다고 설명하신 경전이 반야경으로 보이므로, 불요의라고 해설한 두 번째 법륜은 역시 반야경 중에서 『집론』과 『섭대승론』의 그러한 설명들과 일치하는

---

110 색처 등이 외경으로서 존재하는 것처럼 부처님께서 설하신 목적은 그렇게 가르쳐야 교화가 되는 중생들을 위해서이며, 예를 들면 허위의 유정, 즉 인아人我가 없다고 설할 경우 그렇다면 윤회 또한 없다는 악견을 갖게 될 중생들을 올바로 교화하기 위해서 방편적으로 인아가 있다고 설한 경우와 비슷하다는 의미이다. 즉, 외경의 존재를 설한 첫 번째 법륜의 목적은 '그러한 가르침에 의해 교화되는 중생들을 위해서'이다.

108

경전들을 가리킨다.

『해석정리론』에서도 반야경의 무자성 등의 구절들이 문자 그대로라는 주장을 배격하고 다음과 같이 반야경을 두 번째 법륜으로 주장하셨다.

『해심밀경』에서 일체법에 자성이 없다고 하신 그러한 일체를 불요의라고 하셨고

두 번째 법륜을 불요의로 해설하는 방식은 첫 번째 법륜에서 주객을 설하신 것을 불요의로 해설한 방식과는 크게 다르니, 그 이유는 다음과 같다.

이숙異熟의 습기習氣라는 자신의 씨앗이 성숙해서 발생된 안식眼識의 씨앗과, 안식에 나타난 현상에 착안하시고 안처(安處: 안근)와 색처(色處: 색경)가 있다고 설하신 착안점은 소승경전들의 내용이 될 수 없는 반면, 무자성을 설하신 착안점인 3무자성은 반야경의 내용이라고 해설하기 때문이며, 외경外境이 있다는 것을 소승경전의 뜻으로 해설하는 반면, 무자성의 이치를 구별 없이 일괄적으로 승의에서 자성이 전혀 없다고 보는 것은 반야경의 뜻이 아니라고 해설하기 때문이다.[111]

---

111 첫 번째 법륜과 두 번째 법륜이 불요의로 해설되는 방식에서 차이가 나는 두 가지 이유를 설명하였다. 첫째는, 첫 번째 법륜이 착안점과 설한 내용이 다른 반면, 두 번째 법륜은 착안점과 설한 내용이 같다는 것이고, 둘째는, 첫 번째 법륜에서 외경이 있다고 설한 문자 그대로가 첫 번째 법륜의 뜻인 반면, 두 번째 법륜에서 일체법에 자성이 없다고 설한 문자 그대로는 두 번째 법륜의 뜻이 아니라는 것이다.

그러므로 이러한 논서들은 '일체법이 구별 없이 승의에서 자성이 없다고 설한 것이 반야경의 뜻이지만 그것은 불요의이다'라고 해설한 것이 아니라, 그렇게 설한 것을 문자 그대로 받아들일 수 없으므로 반야경의 뜻은 그러한 것으로 확정될 수 없고, 반야경의 뜻을 다시 설명할 필요가 있다는 식으로 불요의로 해설하신 것이다.

해설 방식은 변계소집의 법들은 자상에 의해 성립하지 않으므로 승의무자성, 의타기의 법들은 청정대상의 승의로 성립하지 않으므로 승의무자성, 원성실의 법들은 승의이기도 하고, 법아의 자성으로 존재하지 않으므로 승의무자성이라 하셨다고 그와 같이 해설한다.

그러므로 반야경을 문자 그대로 받아들이는 이들은 반야경이 의도한 설법 대상으로 인정할 수 없고, 반야경이 의도한 설법 대상은 반야경의 뜻을 『해심밀경』이 해설한 바와 같이 이해하는 이들이라 보기 때문에 두 번째와 세 번째 법륜의 의중은 같다.

지극히 방대한 경전들을 신봉하지만 문자 그대로를 받아들여서 "그 경전들의 뜻은 문자 그대로이다."라고 말하는 이들의 주장을 배격하고서 문자 그대로의 뜻이 아닌 경전의 뜻이 있음을 『해심밀경』이 선명하게 설명하였으므로 요의라 하고, 반야경은 뜻을 선명하게 분별하지 않고 문자 그대로 받아들일 수 없으므로 불요의라 한다.

문자 그대로 받아들였을 경우의 오류를 드러내는 것은 '문자 그대로 받아들이면 3성性이 모두 자상에 의해 성립하지 않는다고 보는 손감이 된다'고 앞서 설명한 그 논리들이다.

『해석정리론』에서도 무자성 등을 문자 그대로 받아들이면 모순이 된다는 것을 다음과 같이 보여주셨다.

『반야바라밀경』에서 일체법무자성이라는 그러한 말씀을 여러 번 설하
셨으며, 또한 바로 그 경에서 설명하시길 '무결함에 들어가고자 하는
보살과'에서부터 '일체 죄악을 참회' 등도 역시 설하셨다.

만약 무자성 등의 구절들이 오직 문자 그대로의 뜻이라면 이 모든
것들과 모순이 된다. 왜냐하면 취해야 할 대상들이 아무것도 없으므로
'이러한 원인에 의해 이렇게 된다'라고 이와 같이 취할 수가 없다.
또는 그와 같이 취해야 할 대상은 무엇이고, 취해야 할 대상이란
무엇을 취한다고 생각해야 하는가? 그러므로 그러한 구절들은 문자
그대로 받아들여선 안 된다. 그러면 무엇인가 하면, 다른 의미를
가진 말씀이다.

모순이 되는 이유는, 자성이 없다면 '이것과 저것을 성취하고자
한다면 반야를 배워야 한다'라고 하는 취해야 할 대상과, 성취하고자
하는 욕구와, 보시의 과보로 부유하게 되는 등의 인과가 성립 불가능하
기 때문이며, 이것은 주로 의타기가 성립할 수 없다는 점을 주장하신
것이다.

그러나 반야경을 요의로 받아들이는 이들 또한 "그 또한 세간의
언어관습적 차원에서이지 승의에서는 아니다."라고 자주 설하신 바와
같이 취사取捨와 인과 등이 승의에서 존재하지 않는다고 주장하는
것일 뿐, 일반적으로 아예 없다거나 세속적 차원에서도 존재하지 않는
다고 주장하는 것은 아니며, 경전에서 매 구절마다 일일이 붙여서
말하진 않았더라도 이미 전체에 적용하는 것으로 하였으므로, 세친의
말씀은 '승의에서 존재하지 않음'을 문자 그대로 받아들이면 인과 등이

성립하지 않는다는 뜻이니,[112] 『보살지』와 『섭결택분』에서도 '승의에
서 일체가 성립하지 않음'을 손감이라 설명하며 배격하였기 때문이다.

승의의 유무를 바탕으로 설하신 경전의 요의와 불요의를 구별하는
것은 문자 그대로를 받아들이면 논리에 모순이 있는지 없는지에 달려
있으며, 여기서 세친께서 모순을 나타내신 점에 대해서는 실재를 올바
르게 배격할 줄 알고, 그와 같이 실재가 배격된 존재들에 원인과 결과,
속박과 해탈 등이 바른지각에 의해 성립함을 올바로 정립할 줄 알
때 답변할 수가 있다. 만약 그렇지 않고 새싹 따위의 발생이 바른지각에
의해 성립하면 승의의 발생이 되는 것으로 생각하여 "착란식이 거짓되
게 발생을 꾸며낸 관점에 있어서 발생이기 때문에 세속적 차원에서는
그것들 일체가 타당하다."라는 식으로 답변하는 것은 모순을 해소할
수 없으므로 이러한 경우엔 오히려 유식파의 설명 방식을 따르는 편이
나을 것이다.

불요의로 해설하는 방식에는 여러 가지가 있지만 유식파가 두 번째
법륜을 불요의로 해설하는 방식은 오직 앞서 설명한 바와 같이 지혜로운
이들은 이해해야 한다.

---

112 반야경전들에서 '색도 없고 소리도 없고' 등으로 '없다'고 설한 모든 구절들마다
'승의에서'라는 말을 일일이 붙이진 않았지만 그러한 구절들 앞에 먼저 "승의에서
없다."라고 한 후 그 이후의 없다는 것들은 모두 승의에서 없다는 뜻임을 적용해서
알 수 있으므로 반야경의 '없다'는 등의 구절을 문자 그대로 받아들인다는 것은
'색이 없음' 등을 받아들인다는 뜻이 아니라 '색이 승의에서 없음'을 받아들인다는
뜻이며, 그러므로 반야경을 문자 그대로 받아들이는 중관파의 입장을 유식파가
배격할 때 역시 '일체법이 승의에서 없음'을 배격하고 있는 것이지, 그저 '없음'을
배격하고 있는 것이 아니란 얘기다.

『해심밀경』에서 세 가지 단계의 법륜을 설하신 것은 부처님 주변의 대중이나 부처님의 일생의 주기 등에 의해서 구분한 것이 아니라 설법의 내용에 따라서 구분한 것이다.

그것은 또한 무아의 뜻을 확립하는 의미에서이니, 첫 번째는 와라나시에서 인무아를 설하시고 온蘊 등의 소수의 법들 외에는 설하지 않으셨으며, 실재를 배격하지 않으시고 실재를 자주 설하신 법륜이다.

두 번째는 구분 없이 일괄적으로 온蘊 등의 일체법이 실재임을 배격한 법륜이다.

세 번째는 변계소집이 자상에 의해 성립하지 않고 의타기와 원성실은 자상에 의해 성립하는 이치를 각각으로 분별한 법륜이다.

세 가지 법륜은 바로 이러한 설법 방식에 의해 구분하며, 그 외에 다른 방식으로 설법한 여타 경장들은 이러한 의미에서의 요의와 불요의의 분별 대상에 해당되지 않는다.

이와 달리, 『반야바라밀다교수론教授論』[113]에서는 다음과 같이 설명하셨다.

어떤 경전의 뜻이 문자 그대로인 그것이 바로 오직 요의이다. '그 의미에 제2의 뜻이 있는 것이 아니니, 이 의미로만 확정된다.'라고 하면 요의이다. 무엇에 의해 확정하는가 하면, 바로 그 경전 자신 또는 그 외의 다른 경전 또는 양자 모두에 의해서도 확정된다.

---

113 『반야바라밀다교수론』: 라뜨나까라샨띠의 논서.

의미는 다음과 같다.

첫 번째, 경전 그 자신에 의해 확정되는 경우는 『능가경』과 『해심밀경』 등이다. 왜냐하면 그 경전들이 자성의 유무를 선명하게 분별하였기 때문이다.

두 번째, 다른 경전에 의해 확정되는 경우는 『팔천송八千頌』(약본 반야경) 등이다. 왜냐하면 그 경전에서 자성의 유무를 『해심밀경』과 같이 분별하지 않았기 때문이다.

세 번째, 양자 모두에 의해 확정되는 경우는 『이만송二萬頌』 등이다. 왜냐하면 『이만송』의 「미륵청문품彌勒請問品」에 문자 그대로의 의미로 집착하는 오해를 방지하는 불요의의 해설이 있고, 『해심밀경』에 의해서도 이 경전의 의미를 해설하였기 때문이다.

『팔천송』에는 이러한 「미륵청문품」과 같이 문자 그대로가 아닌 다른 의미로 해설해 주는 부분이 없다.

『반야바라밀다교수론』에서는 「미륵청문품」의 3성性의 교리와 『해심밀경』의 3성性에 대한 설명이 같은 의미라고 주장하신다.

만약 그 두 가지가 같은 의미라면 위의 주장들이 타당하지만, 세친께서 반야경의 무자성 등의 말씀을 『해심밀경』 등의 다른 경전에 의거해서 불요의로 논증하셨고, 반야경 자체에 대해서는 문자 그대로 받아들일 경우의 앞뒤의 모순을 보였을 뿐 「미륵청문품」에 의거해서 논증하지 않으셨으므로 위의 주장들은 무착 형제의 견해와 다르다.

「미륵청문품」과 『해심밀경』의 3성性에 대한 설명이 비슷하므로 차이를 구별하기가 어렵고, 만약 그 두 가지가 같은 의미라면 일체법이 승의에서 자성이 없고 일반적으로는 존재한다는 것을 반야경의 뜻으로 설명할

수 없는 유식파의 견해와 같이 될 것이며, 검토의 대상으로서도 지극히
중요하므로 이에 대해서는 중관파의 부분에서 설명하도록 하겠다.

2. 『무진혜경』에 의거한 입장

1) 경전 인용

용수와 성천 두 사제師弟 논사께서 요의와 불요의를 분별한 경전의
전거를 명시적으로 언급하고 요의와 불요의를 분별하신 바는 없지만
경전들의 의미를 설명한 방식으로부터 간접적으로 나타내셨다.

또한 『현구론顯句論』[114]과 『반야등론소般若燈論疏』[115], 『중관광명론中
觀光明論』[116] 등에서 『무진혜경』을 인용하며 그와 같이 요의와 불요의를
분별해야 한다고 설하셨으므로 여기서도 『무진혜경』을 전거로 한다.

『무진혜경』에서 다음과 같이 설하셨다.

---

114 『현구론』: 월칭의 『중론』 주석서.

115 『반야등론소』: 청변의 『반야등론』에 대한 주석서. 관음금觀音禁의 저술.

116 『중관광명론』: 까말라실라(蓮花戒)의 논서.

요의의 경장은 무엇이고, 불요의의 경장은 무엇인가 하면, 세속제를 설한 경장들을 불요의라 하고, 승의제를 설한 경장들을 요의라 한다. 갖가지 자구字句들을 설한 경장들을 불요의라 하고, 보기 어렵고 지각하기 어려운 심오한 뜻을 설한 경장들을 요의라 한다. 유정有情과 생명체, 양자養者, 생자生者, 개아個我, 의생意生, 의식체, 행위자, 감각주체 등 갖가지 말로 설명하는 대상, 주인이 없음에도 주인처럼 나타낸 경장들을 불요의라 하고, 존재의 공성空性과 무상無相, 무원無願, 무작無作, 무생無生, 불생不生, 무유정無有情, 무생명체, 무개아, 무주無主 등 해탈문을 나타낸 경장들을 요의라 하니, 요의의 경장에 의지할 것이지, 불요의의 경장에 의지해선 안 된다.

여기서 첫 번째의 설명은 2제諦를 요의와 불요의로 규정한 것이니, 설법의 내용에 따라 구분한 것이다.

두 번째의 설명은 세속제는 여러 가지 말로 여러 가지 내용을 설한 것이고, 승의제는 지각하기 어려운 내용, 희론을 배격한 일미一味를 설한 것이라는 설명이며, 앞서의 규정방식을 뒤집은 것이 아니다.

어떻게 설하면 세속제와 승의제의 설법이 되는가 하는 설법 방식은 마지막 설명이 나타낸다.

자아와 유정 등이 있는 것처럼 설한 것은 세속제를 설한 것이니, 그 또한 단지 그 정도만을 설한 것이 아니라 행위자를 나타냄으로써 행위와 행위의 대상 등의 존재를 설한 일체를 가리킨다.

존재들의 공성과 무생 등을 설한 것은 법에 자성이 없음을 설한 것이며, 무유정 등은 개아에 자성이 없음을 설한 것이니, 이와 같은 설법이 승의제를 설한 것이다.

여기서 이와 같이 법무아와 인무아 두 가지를 설한 내용으로 미루어 윗구절에도 역시 법과 개아 두 가지를 나타내신 것으로 알아야 한다.

또한 무위법을 두고 무생 등을 말한 것이 아니라 경전에서 설하신 것처럼 온蘊 등의 유위법과 개아를 두고 그것들이 비실재임을 설하셨으니, 그것들이 실재함을 단지 배격한 그 자체가 승의이므로 승의제를 설하신 것이다.

『삼마지왕경三摩地王經』에서도 다음과 같이 설하셨다.

공空이 선서善逝께서 설하신 것처럼
요의이며, 여러 경장들의 경우에도 (이와 같이) 알아야 한다.
유정, 개아, 생자生者를 설한
그 일체법은 불요의로 알아야 한다.

여기서의 요의와 불요의의 구분 역시 『무진혜경』과 일치한다고 『현구론』에서 설하셨다.

불요의경이 교화대상을 이끄는[117] 기능을 한다는 것도 비록 맞지만 그것이 불요의의 의미가 아니고, 경전의 의미를 그 밖의 다른 뜻으로 이끌어야 할 필요가 있다는 것이 바로 불요의의 의미이다.

다른 뜻으로 이끌어야 하는 것에는 두 가지가 있는데, 예를 들어 경전에서 '아버지와 어머니는 죽이고'라고 부모를 죽이라고 설하신

---

117 불요의는 티베트어로 '당된drang don'이라 하는데, 이것은 직역하면 '이끄는 의미'라는 말이다.

것은 문자적 의미를 부모가 아닌 다른 뜻으로, 즉 12연기의 유有와 애愛를 소멸시켜야 한다는 뜻으로 이끌어야(해석해야) 하는 따위가 첫 번째 경우이다.

두 번째 경우는 선악의 업으로부터 고락의 과보가 생긴다는 설법에서 "두 가지 업이 고락을 일으킨다는 것이 그 두 가지 업의 실상이며, 그밖에 그것들의 다른 실상은 없으므로 그 경전 의미의 진여는 그것으로 확정되고, 그 밖의 다른 뜻으로 이끌 필요가 없다."라고 말하는 이들에게 "그 두 가지 업의 진여는 문자적으로 명시된 것 이외에 다른 뜻으로 이끌어야 한다."라고 말하는 따위이다.[118]

『중관광명론』에서는 다음과 같이 설하셨다.

요의 또한 무엇을 가리키는가 하면 바른지각을 갖추고 승의의 관점에서 설명한 것이니, 그것은 그로부터 따로 어떤 다른 뜻으로도 이끌 수 없기 때문이다.

설하신 바 그대로 실제로 그러한가를 요의와 불요의의 기준으로 한다면 바른지각을 갖춘 것만으로도 요의가 되기에 충분하지만 그것만으로는 충분하지 않으므로 '승의의 관점에서'라고 하셨다.[119]

---

[118] 선악의 업으로부터 고락의 과보가 생긴다는 것은 일반적 사실, 즉 속제이지만, 그것은 선악업의 궁극적 실상, 즉 승의제는 아니므로, 그것들의 궁극적 실상을 알게 하기 위해서는 다른 뜻, 즉 그것들이 실재는 아니라는 공성의 가르침으로 이끌어야 한다는 얘기다.

[119] 요의경의 조건은 첫째, 문자 그대로 받아들일 수 있는 것과, 둘째, 승의제 즉 공성을 설한 것이어야 한다는 얘기다. 그러므로 문자 그대로 받아들일 수 없거나

2.『무진혜경』에 의거한 입장 119

그렇다면 씨앗으로부터 새싹이 생겨난다는 등의 말씀은 설하신 바대로 실제로 그러하다는 것이 바른지각에 의해 성립하지만 승의의 관점에서 설하신 것이 아니므로 불요의이니, 설하신 뜻 외에 다른 뜻으로 이끌어가야 하기 때문이다.

그러므로 존재들에 실재로서의 발생이 없다는 말씀 등이 바른지각도 갖추고, 설하신 바의 뜻이 법의 진여가 아니라 다른 뜻으로 이끌어갈 수 있는 것이 아닌 그러한 경전들이 요의이니, 이끌어가는 두 가지 방식 중 어느 것으로도 다른 뜻으로 이끌어갈 수 없기 때문이다.

설해진 뜻을 다른 뜻으로 이끌어가야 할 필요가 있는지 없는지를 기준으로 해서 요의와 불요의를 설정하면 불경들이 요의와 불요의의 사례가 되며, 다른 뜻으로 이끌어갈 필요가 있고 없는 그 뜻을 기준으로 요의와 불요의를 설정하면 승의제와 세속제가 그 사례가 되는 것이니, 「본지분本地分」[120]에서 "개아에 의지하지 말고 법에 의지하며, 법에도 문자와 내용 중에 내용에 의지하고, 내용에도 불요의와 요의 중에 요의에 의지하고, 요의에도 식識에 의지하지 말고 지智에 의지하라."고 설하신 바와 같다.

『지혜광명장엄경智慧光明莊嚴經』에서도 다음과 같이 설하셨다.

모든 요의는 바로 승의이다.

『무진혜경』에서 무생 등의 구절이 승의를 설한 것이라 하셨으므로,

속제를 설한 경전은 불요의경이 된다.

120 「본지분」: 무착의 논서인 『오지론五地論』(유가사지론瑜伽師地論)의 한 부분.

무생 따위의 구절들만이 승의이고, 그와 같이 설한 것들만이 요의라고
보아야 한다.

　'부정대상에 한정어를 바로 그 구절에서 붙이지 않은 무생 등의
구절들은 문자 그대로가 아니므로 요의가 아니다.'라고 생각해선 안
된다. 예를 들면 『십만송十萬頌』[121]에서 "그 또한 세간의 언어관습적
차원에서이지 승의에서는 아니다."라고, 법들의 발생 등에 한 번 붙여서
설하셨으면 다른 구절에도 이미 의미상으로 붙인 것이므로 명시적으로
한정어를 말하지 않은 그것들 역시 문자 그대로이다.[122]

---

121 『십만송』: 반야십만송. 반야경의 하나.

122 부정대상의 한정어란 '실재로서의' 또는 '승의에서' 따위와 같은 말이다. 예를
들어 경전에서 "색은 승의에서 존재하지 않는다."라는 말은 부정대상에 한정어를
붙인 말이며, '수상행식 역시 존재하지 않는다.'라는 말은 한정어가 생략된 말이
다. 그러므로 '수상행식이 존재하는데도 불구하고 그것들이 존재하지 않는다고
말했으므로 문자 그대로가 아니다.'라고 생각하는 것은 경전을 잘못 읽은 데서
비롯된 오해이다. 이 구절의 문자적 의미는 '수상행식이 존재하지 않는다'가
아니라 '수상행식이 승의에서 존재하지 않는다'라는 것이고 이것은 그대로 진실
이므로 "수상행식 역시 존재하지 않는다."라는 경전의 이 구절 역시 문자 그대로라
고 받아들여야 한다는 얘기다. 다시 말해서 "수상행식 역시 존재하지 않는다."라
는 구절이 문자 그대로라는 말은 이 구절이 수상행식이 존재하지 않는다고
말했고, 말한 그대로 진실이라는 얘기가 아니라, 이 구절은 수상행식이 승의에서
존재하지 않는다는 말이고, 그렇게 말한 그대로 진실이라는 얘기다.

2) 경전의 의미 해설

(1) 용수의 해설

① 연기緣起의 의미를 무자성의 의미로 해설

경전에서 생멸 등에 대해 때로는 자성이 있다고 설하시고, 또 때로는 자성이 없다고 설하셨으며, 일부 경전에서는 무생 등을 설하신 것을 요의라 하셨고, 또 일부에서는 불요의라 하셨으므로 "승의에서 또는 자상에 의한 발생 등은 없다."는 말씀을 문자 그대로 받아들였을 경우 만약 논리의 오류가 생긴다면, 자상에 의해 성립하는 자성과 생멸 등이 없다는 것은 변계소집을 두고 하신 말씀이며, 의타기와 원성실은 자상에 의해 성립하고, 그러할 때 어떤 것을 부정함으로써 무아를 나타낼 때의 법아를 겨우 '법들에 본질과 특성으로 변계소집된 자성으로 자상에 의해 성립함'과, '주체와 객체가 별개의 실체'라는 것 정도로 설명하고, 그것들의 공함을 궁극의 진여로 말하는 것이 타당하겠지만, 무생 등의 말씀을 문자 그대로 받아들였을 경우의 논리적 오류는 없으니, 왜냐하면 승의에서 또는 자상에 의해 성립하는 자성이 있다는 것은, 결과들이 인연에 의존하고 있다는 사실과 지극히 모순되기 때문이다.

그러므로 인연에 의존하고 있다는 사실 그 자체에 의해서 자상에 의해 성립하지 않음이 입증되는 것인데, "자상에 의해 성립하지 않는다면 속박과 해탈, 취할 것과 버릴 것, 원인과 결과 등이 존재할 수 없게 된다."라고 말하는 것은 자상에 의해 성립하는 자성이 공함을 입증해주는 결정적 근거를 거꾸로 결정적 모순이라고 생각하고 있는 것[123]이라는 설명이 바로 용수께서 반야경 및 반야경과 일치하는 불경들의 뜻을 다른 뜻으로 이끌어갈 수 없고 바로 그러한 뜻으로 확정된 요의라고 논증하신 논리와, 그것들과 어긋나게 설하신 경전들을 문자 그대로 받아들였을 경우 논리의 오류가 있음을 보여주는 큰 전통을 여신 것이다.

자상에 의해 성립하지 않는다고 보면 3성性 모두를 손감한 것이라는 『해심밀경』의 말씀은 모든 이들을 위해서 하신 말씀이 아니라 수승한 지혜가 없는 교화대상들에게 하신 말씀이다. 즉, 교화대상의 마음에 맞춰 설하신 것일 뿐 부처님 자신의 뜻이 아니니, 왜냐하면 수승한 지혜를 가진 교화대상들은 인과를 인정해야 한다는 바로 그 사실에 의해서 자상의 공함을 지각하므로 그러한 자들에게는 무자상無自相을 보는 것이 오히려 손감견을 배격하는 방법이 되기 때문이다.

수승한 지혜가 없는 이들에게는 반야경이 불요의, 『해심밀경』이 요의가 되니, 『사백론四百論』[124]에서 무아를 설할 근기가 아닌 교화대상들에게는 아我와 무아의 설법 두 가지 중 전자가 수승한 설법이 된다고 설하신 바와 같다.

『중론中論』[125]에서도 다음과 같이 설하셨다.

---

123 존재들이 인연에 의존한다는 것, 즉 연기는 존재들이 자상에 의해 성립하지 않음을 입증하는 결정적 논거인데, 다른 교파들은 자상에 의해 성립하지 않는다면 연기가 성립할 수 없다고 거꾸로 생각하고 있다는 말.

124 『사백론』: 공성을 주요 내용으로 한 성천의 논서.

125 『중론』: 주로 공성을 논증한 용수의 논서.

만약 이것들이 모두 공하다면
생겨남도 없고 멸함도 없다.
네 가지 성스러운 진리들도
그대에게 없다는 결론이 된다.

이것은 법들이 자상에 의해 존재하는 자성이 공하다면 생멸 등이
불가능하므로 윤회와 열반의 일체 교리가 불합리하게 된다는 상대의
반론이며, 반야경 등을 문자 그대로 받아들였을 때의 논리적 오류를
나타낸 것이다.
　이에 대한 답변으로 다음과 같이 설하셨다.

만약 이것들이 모두 공하지 않다면
생겨남도 없고 멸함도 없다.
네 가지 성스러운 진리들도
그대에게 없다는 결론이 된다.

이것은 '자성이 공하지 않다면 생멸 등의 연기가 불가능하므로 일체
교리가 불합리하게 되며, 자성이 공하다고 주장하는 입장에서는 일체
교리가 지극히 합당하다.'고 자성이 공한 의미를 연기의 의미로 설하신
것이다.
　용수 논사께서 이러한 이치를 중관의 논서들에서 논리를 통해 확립하
심으로써 발생 등이 실재가 아니라고 설하신 불경들을 문자 그대로
받아들임에 오류가 조금도 없음을 설명하신 것이며, 그렇지 않다면

다른 방식으로 그 경전들을 불요의로 해석할 방법 또한 없으므로 그것들은 요의로 극명하게 입증된다고 월칭께서 생각하시고 『현구론』에서 다음과 같이 설하셨다.

스승께서 요의와 불요의 경전의 구분을 나타내시기 위해 이 『중론』을 지으셨다.

'법들에 생멸에서부터 같고 다른 것까지의 여덟 가지[126]를 경전에서 있다고 설하신 것과 중론에서 없다고 설하신 두 가지는 모순이다.'라는 반론에 대한 답변으로 이와 같이 설하신 것이며, 또 『현구론』에서 다음과 같이 설하셨다.

그와 같이 설하신 의미를 이해하지 못하고서 '이 중에서 진실한 의미를 담은 설법은 무엇이고, 다른 뜻을 담은 것은 무엇인가?' 하고 어떤 이는 의문을 갖고, 어떤 이는 지혜가 부족해서 불요의의 설법을 요의로 아는 그 두 가지, 즉 의문과 오해들을 논리와 전거 두 가지를 통해 해소하고자 스승께서 이 논서를 지으셨다.

『집경론集經論』[127]에서 '심오한 법은 무엇인가?'라는 질문에 대한

---

126 중론의 첫 부분인 귀경게에서 '멸함도 없고 생겨남도 없고/ 끊어짐도 없고 항상함도 없고/ 오는 것도 없고 가는 것도 없고/ 다른 것도 아니고 같은 것도 아닌'라고 팔불중도를 설한 여덟 가지를 말한다.
127 『집경론』:『대승보요의론大乘寶要義論』의 다른 이름. 보살율의와 보살행을 주로 설한 용수의 논서.

답변으로 『십만송』과 『금강경』, 『반야칠백송』 등 심오한 법을 설한 경전들을 인용하시고, 이취육론理聚六論[128]을 통해서도 그 경전들이 나타낸 뜻을 다르게 이끌어갈 수 없음을 확정하기 위해 그 경전들을 요의, 그와 다르게 설하신 경전들을 불요의로 주장하셨다.

『석보리심론釋菩提心論』[129]에서는 다음과 같이 설하셨다.

이것들 일체가 마음뿐[唯心]이라고
부처님께서 설하신 것은
어리석은 이들의 두려움을 없애기 위해서이며
그것은 진여가 아니다.

이것은 외경外境을 부정하고 유식과 자성을 설하신 경전은 문자 그대로가 아니라는 말씀이다.

『보만론寶鬘論』에서도 다음과 같이 설하셨다.

문법학자들이 먼저
기본 글자를 읽도록 하는 것처럼
부처님께서도 교화대상들이
감당할 수 있는 만큼의 법을 설하셨으니

---

128 이취6론: 『중론中論』, 『회쟁론回諍論』), 『칠십공성론七十空性論』, 『육십정리론六十 正理論』, 『세연마론細硏磨論』, 『보만론寶鬘論』 등 중관의 논리를 설한 용수의 여섯 가지 논서.

129 『석보리심론』: 용수의 논서.

일부에게는 죄업을

고치도록 하기 위해 법을 설하시고

일부에게는 복덕을 짓게 하기 위해서

일부에게는 둘을 설하시고

일부에게는 둘을 설하지 않으시고

의심 분별하는 자에게 두려움을 일으키는 심오한

공성은 연민悲을 중심에 둔

보리를 수행하는 일부에게 설하셨다.

여기서 첫 번째 4행은 부처님께서 교화대상들에게 각자의 지혜에 적합한 설법을 하셨음을 나타내고, 이후 3행은 선취善趣[130]로 이끌기 위한 설법을, 그 다음 1행은 실재론의 두 교파와 같은 부류들에게 인아人我는 없고 주객 두 가지는 있다는 설법을, 그 다음 1행은 대승의 일부에게 주객의 둘이 없는 이취공二取空을, 마지막 3행은 가장 수승한 지혜를 가진 교화대상들에게는 큰 연민을 바탕으로, 실집을 가진 이들이 두려워하는 무자성을 설하셨음을 나타낸다.

그러므로 모든 중생들이 실재가 없다는 설법을 바탕으로 속박과 해탈 등의 일체 교리를 정립할 수 있기 전까지는 일부에게는 비실재, 다른 일부에게는 실재의 구분을 하셔야 했던 것이니, 무아의 한 면씩을 보여주시며 차츰 이끌어가야지, 그렇지 않고서 인과를 정립하는 기반을 잃어버리면 홀로 떨어진 공空 역시 정립할 수 없기 때문이다.[131]

---

130 선취: 중생들이 윤회하는 6도 중에서 상대적으로 행복한 세계, 즉 인간계와 천상계.

바로 그러한 이유 때문에 개아에서만 자성을 배격하고 대부분의 온蘊들에서는 자성을 배격하지 않은 설법과, 주객이 별개의 실체임을 배격하고서 이취공에서 자성을 배격하지 않은 설법 등이 생겨난 것이다.

어느 때에 연기의 의미를 무자성의 의미로 지각할 수 있게 되면 그러한 구별은 필요가 없어지니, 자성을 배격한 바로 그 바탕에서 일체 교리가 타당함을 승인할 수 있기 때문이다.

그러나 대승의 부류 중에서도 인과 등에 단견을 가질 위험이 적은 이들 중엔 궁극적 진리의 부정대상 중에 거친 의미의 실재는 배격했지만 미세한 의미의 실재는 배격하지 않은 이들도 지극히 많고, 미세한 의미의 실재까지 배격한 이들 중에는 바른지각에 의해 성립하는 일체 교리들까지 승인할 수 없게 돼 버린 이들도 지극히 많으므로, 『해심밀경』이 요의와 불요의를 구별한 방식은 지극히 많은 교화대상들을 대승으로 인도하는 대단히 뛰어난 방편으로 보인다.

『해심밀경』을 교화대상에 맞춰 설하신 것이라 설명한 바와 같이 『해심밀경』과 일치하는 내용의 설법들 역시 마찬가지로 이해하도록 할 것이며, 그러한 설법들의 의미를 해설한 논서의 해설 방식을 자종自宗에서 승인할 수 없는 논서들 역시 그 저자들께서 교화대상에 따라 그들의 마음에 맞춰서 해설한 것으로 이해하도록 한다.

---

131 공성을 이해할 지혜가 부족한 이들에게 성급하게 공성을 가르칠 경우 공성에 대한 잘못된 이해로 인해 인과 등의 세속제 등을 부정하게 되고, 공성의 기반인 세속제가 부정됐으므로 공성 역시 성립할 수 없게 된다는 얘기다.

② 바로 그것[132]을 불경의 핵심적 의미로 찬탄

"원인과 조건에 의지해서 생겨난다는 바로 그 이유 때문에 법들에 자상에 의해 성립하는 자성이 없는 것이다."라고, 무자성의 의미를 연기緣起의 의미로 설하신 바로 이것이 다른 설법자들보다 뛰어난 우리 교조의 위없는 가르침이라 보시고 용수 논사께서 여러 논서들에서 연기緣起의 설법을 통해 부처님을 예찬하셨으니, 『중론』에서 다음과 같이 설하셨다.

의존하고 관련해서 생겨나는 모든 것에
멸함도 없고 생겨남도 없고
끊어짐도 없고 항상함도 없고
오는 것도 없고 가는 것도 없고
다른 것도 아니고 같은 것도 아닌
희론이 적멸한 적정寂定을 보여주신
정등각正等覺,[133] 설법자 중에
제일이신 그분께 예경합니다.

---

132 연기의 의미를 무자성의 의미로 해설한 이치.

133 정등각: 범어 삼붓다sambuddha의 한역. 영어로는 'perfect buddha'라 번역하고, 티베트어로는 '족빼쌍개(rdzogs pa'i sangs rgyas)'라 하며, 그 의미는 '완전한 보리' 또는 '완전한 보리를 성취한 자' 또는 '완전한 부처' 등으로 해석될 수 있다. 여기서 완전하다는 것은 성문과 독각의 보리는 번뇌장만을 제거했을 뿐 소지장은 제거하지 않았으므로 완전하지 않은 보리인 것에 비해 부처의 보리는 2장을 모두 제거하여 그 이상의 보리가 없다는 의미다.

『육십정리론六十正理論』에서는 다음과 같이 설하셨다.

생멸하는 것들에
이 이치로써 (실재를) 배격하고
연기를 설하신
능인왕(能仁王: 부처님)께 예경합니다.

『회쟁론回諍論』에서는 다음과 같이 설하셨다.

공空과 연기緣起와
중도中道를 같은 뜻으로
설하신 비할 바 없는 최고의 설법자
부처님께 예경합니다.

『부사의찬不思議讚』에서는 다음과 같이 설하셨다.

연기緣起의 존재들에
자성이 없음을 설하신
지혜가 비길 데 없고 부사의하고
비할 바 없는 그분께 예경합니다.

첫 번째 게송은 연기가 생멸 등 여덟 가지를 여읜 것과 같은 의미임을,
두 번째는 연기緣起라는 이유로써 그것들을 여의었음을, 세 번째는

연기와 중도와 자성의 공함 등이 같은 의미임을, 네 번째는 연기를 이유로 생멸 등이 자상에 의해 성립하는 자성을 여의었음을 나타낸다.

부처님의 모든 설법은 세속과 승의 2제諦를 바탕으로 하고 있으므로 그 두 가지의 분별을 알지 못하면 부처님 가르침의 진의를 알 수 없다. 그러므로 2제를 통해 불경을 해설하는 방식 또한 바로 그 때문이니, 의지해서 가립된 것과 의지해서 생겨난 여러 가지 법들을 설한 일체는 세속제이며, 승의제는 바로 그러한 이유 즉, 의지해서 가립되었거나 의지해서 생겨난 것이기 때문에 자상이 공하다는 것에 불과하다. 『칠십공성론七十空性論』에 다음과 같이 설하셨다.

일체 존재에 자성이
공하므로 존재들의
연기緣起를 비할 자 없는
여래께서 긴밀히 설하셨으니
승의는 그것이 전부다.
각자覺者 세존世尊께서
세간의 언어관습에 의지해서
일체 갖가지 법들을 올바로 가립하셨다.

이에 대한 자주自註에서는 다음과 같이 설하셨다.

승의는 의지하고 관련해서 존재하는 모든 것들에 자성이 공하다는 그것이 전부다.

이와 같이 승의제를 주장하므로 유식과 중관 두 파의 승의제에 있어서는 부정대상의 차이가 있을 뿐 승의제의 기반인 연기법緣起法에서 부정대상인 아我를 단지 배격하는 그 정도만을 승의제로 설정하는 것은 유식과 중관의 두 가지 큰 전통이 일치한다.

그러므로 그러한 방식에서 벗어난 승의제의 설정은 합당하지 않으며, 승의제를 실재라고 주장하는 것 또한 치유할 수 없는 견해로서 『중론』에서 다음과 같이 설하셨다.

누구든지 공성을 (실재라고) 보는 자
그들은 성취할 수 없다고 (부처님께서) 설하셨다.

『출세찬出世讚』에서도 다음과 같이 설하셨다.

일체 분별을 제거하기 위해
감로와 같은 공성을 설하셨음에
다시 그것에 집착하는 이들은
부처님께서 지극히 하열하다 하셨다.

이것은 공성을 실재라고 보는 이들은 지극히 하열하다는 말씀이다.

유법인 연기緣起와, 법성인 승의제 두 가지가 '기반과 그것에 의존한 관계'로 있는 것은 일반적 심식의 관점에서이며, 무루無漏의 이지理智인 근본정根本定의 관점에서는 아니니, 비록 근본정의 관점에서의 경우엔 법성은 있고 유법은 없는 것이 모순은 아니지만,[134] 법들에 자상의 존재 여부에 대해 고찰한 승의에서 유법이 존재하지 않는다면 법성 또한 홀로 존재할 수 없으므로, 의타기의 연기에 자성이 공하다면 원성실 역시 자상에 의해 성립할 수 없음은 유식파 역시 인정하는 바이며, 중관파 또한 그와 같이 주장하니,[135] 『중론』에 다음과 같이 설하신 바와 같다.

유위법이 철저히 성립하지 않는다면
무위법이 어떻게 성립하겠는가?

또한 경전의 다음과 같은 구절은 유식과 중관 양 교파가 자주 인용하는 바다.

---

134 승의제란 속제들의 궁극적 실상, 즉 속제들이 실재가 아니라는 것일 뿐이므로 속제와 별개로 혼자서 존재하는 것이 아니다. 그래서 속제와 승의제의 관계를 '기반과 그것에 의존한 관계'라 한다. 그러나 속제의 한 대상 예를 들면 몸 따위가 실재가 아님을 명상함으로써 몸이 실재가 아님을 직관하는 근본정의 상태에 들어가면 몸 따위의 속제는 사라지고 오직 공성만이 나타난다고 한다. 공성, 즉 어떤 것의 비실재성이 나타나기 위해선 일반적으로는 비실재성의 기반, 즉 무엇이 비실재라는 그 무엇 역시 나타나야 하는 것이지만 근본정의 경우는 특수한 경우이므로 예외라는 것이다.

135 원성실은 의타기의 궁극적 실상이고, 의타기는 원성실의 기반이므로 그 두 가지 중 한쪽이 실재라면 다른 한쪽도 똑같이 실재일 수밖에 없고, 한쪽이 비실재라면 다른 한쪽도 역시 비실재일 수밖에 없다는 것은 유식과 중관 양 교파가 공통적으로 인정하는 바다. 그러나 여기서 유식파는 '그러므로 의타기는 실재다'라고 주장하고, 중관파는 반대로 '그러므로 원성실은 비실재다'라고 주장한다.

색조차도 대할 수 없다면 색의 진여를 어떻게 대하겠는가?

그렇다면 『육십정리론』에서 오직 (자성)열반[136]만이 진실하고, 유위법들은 거짓된 존재들이라고 설한 다음과 같은 구절은 어떠한 의미인가?

(자성)열반만이 홀로 진실

이것은 진실하지 않음을 이 부분에서 기만의 의미로 설하셨으므로 그 반대인 진실의 의미 또한 기만이 없다는 뜻이지, 승의에서의 성립과 불성립을 고찰할 때의 '자상에 의해 존재한다'는 의미의 진실이 아니다. '기만'이라는 것은 예를 들면, 유익하지 않은 것을 유익한 것처럼 거짓으로 속이는 것을 기만이라고 말하는 것처럼 유위법들이 자상에 의해 성립하는 것처럼 나타나 범부들을 속이므로 거짓 또는 기만이라고 하며, 승의제인 (자성)열반은 그것을 직관하는 관점에서 그와 같이 나타나 속이지 않으므로 기만이 없는, 또는 진실하다고 하신 것이다.

개아와 법이 다른 것에 의존한다는 연기緣起를 인정하지 않고 그것들이 실재라고 주장하는 외도들은 상견常見과 단견斷見의 벼랑에 떨어진 것이며,[137] 개아와 법을 연기로 인정하지만 승의에서 성립하고 자상에

---

136 자성열반: 실재라는 것은 본래부터 존재하지 않는다는, 즉 공성을 의미한다. 일반적인 열반은 번뇌장을 제거해야 성취되는 경지를 말하는 것이며, 열반과 자성열반은 의미가 다르다.

137 외도들은 실재가 아닌 것을 실재라고 보므로 상견에 떨어진 것이고, 연기법이 있는 것을 없다고 보므로 단견에 떨어진 것이다.

의해 성립한다고 주장하는 불교 내의 교파들 역시 상단常斷 양견兩見에 떨어지게 되는 것이니,[138] 상단의 양견을 여의고자 하면 개아와 법들이 다른 것에 의존해 있으며, 물에 비친 달처럼 자성이 공함을 인정해야 한다고 설하셨다.

이러한 이치가 상단의 양견을 여의는 올바른 문임을 『육십공성론』에 다음과 같이 설하셨다.

어떤 이들이 의존함이 없는
자아나 세간에 집착한다면
그들 역시 안됐지만 상常과 무상無常
등의 견해에 이끌린 것이다.
어떤 이들이 의존적 존재들이
진여에서 성립[139]한다고 인정한다면
그들에게도 상견常見 등의 허물이
어찌 없다고 하겠는가?
어떤 이들이 의존적 존재들을
물에 비친 달과 같이
진실도 아니고 전도顚倒도 아님을

---

138 실재론의 교파들은 실재가 아닌 것을 실재라 보므로 상견에 떨어진 것이지만, 어째서 단견에도 역시 떨어지게 되는가 하면, 그들은 일차적으로는 연기를 인정하지만 따지고 보면 실재하는 것은 연기할 수 없으므로 실제로 그들은 연기를 인정할 수 있는 능력이 안 되는 것이고, 그래서 단견에 떨어지게 된다고 말한 것이다.

139 진여에서 성립: 승의에서 성립, 즉 실재와 같은 말이다.

인정하는 그들은 (상단의) 견해에 이끌리지 않은 것이다.

승의에서 성립하지 않는다는 것으로써 상견常見을 여의고, 각각의 작용을 할 수 있다는 것으로써 단견斷見을 여의니, 그와 같이 작용할 수 없는 전도가 아니라는 것이다.

그러므로 안팎의 존재들에 자성이 공함을 인정하면서 그 공함을 세속제의 단공斷空[140]으로 주장하는 것은 연기법이 상단을 여윈 것으로 심혈을 기울여 논증한 두 큰 전통의 견해 모두와 모순된 주장이며, 중관파라고 자처하는 많은 이들 역시 그러한 단공의 주장과 '세속제들 자신이 자성이 공하다'는 주장이 일치한다고 보는 그 양자 모두 자공自空[141]의 의미를 잘못 이해한 것이며, 이것은 '우리에게는 안팎의 연기법들이 상단을 여의었음을 나타낼 방법이 없다.'라고 말하는 것과 같다.

상견을 가지고 주장하는 외도들은 연기를 인정하지 않으므로 그들이 법이 실재한다고 주장하는 것은 우리의 교조의 견해가 아니므로 희한할 것이 없다. 그러나 인연에 의지해서 생겨나거나 존재한다는 연기법을 인정하면서도 실재를 주장한다는 것은 대단히 우스운 일이라고 『육십공성론』에서 다음과 같이 설하셨다.

---

140 세속제의 단공: 세속제가 아예 존재하지 않는 공.

141 자공: 자신이 공하다, 즉 자신이 비어 있다는 말. 먼저, 조낭파가 주장하는 자공은, 속제가 존재하지 않으므로 모든 속제가 자신이 자신이 아니라는 의미에서의 자공이다. 그에 비해 승의제는 존재하며, 승의제만이 존재하는 가운데 속제가 비었으므로 승의제를 타공他空이라 한다. 쫑카빠 스님은 타공을 인정하지 않고 오직 자공을 인정하며, 그러나 자공의 의미 역시 조낭파의 주장과는 달리 모든 존재가 자신의 실체, 즉 자성이 없다는 의미에서의 자공이다.

만약 유견有見을 주장하는 이들이
실재에 집착해 있다면
자신들의 길에 있는 것으로
희한할 것이 조금도 없다.
부처의 길에 의지해서
일체에 상견常見이 없다고 말하는 이들이
논쟁할 때 실재에 집착하여
머무는 것은 희한한 일이다.

이것은 비실재나 무자상에는 생멸 등을 정립할 수 없다고 주장하는
이들은 웃음거리라고 설하신 것이다.

연기법이 상단을 여윈 이치는 지극히 난해한 것이기 때문에 부처님께
서도 '내가 내증한 심오한 이 법을 다른 이에게 설하면 그들이 이해하지
못하리니 잠시 말하지 않고 있으리라.'라고 생각하셨으니, 『중론』에
다음과 같이 설하셨다.

그러므로 하근기가 이 법의
깊이를 이해하기 어려움을 아시고
능인의 마음은 설법으로부터
돌아서시게 된 것이다.

유식파의 견해와 같다면 그다지 이해하기 어려울 것이 없다.
'그러므로'라는 것은, '공성의 이치를 오해하면 파탄에 이르게 되고,

수승한 지혜가 없는 이들은 또한 이해할 수 없기 때문에'라는 말이다.

그렇기 때문에 공성의 이치를 말과 내용 모두 부정하거나, 혹은 말은 인정하지만 내용은 오해하거나 인과 등을 정립할 수 없는 무견無見을 갖게 되는 등 이러한 경우들에 떨어지지 않도록 진여의 의미를 이해하는 데 힘써야 한다고『보만론』에 다음과 같이 설하셨다.

그와 같이 잘못 이해한 자는
파탄에 이르게 되며
올바로 앎으로써 안락과
위없는 보리를 이루나니
그러므로 유견有見과
무견無見을 여의고
모든 뜻을 이루기 위해 올바른
앎을 애써 구하라.

이와 같이 용수 논사께서 불경의 심오한 뜻을 수많은 논리들을 통해 해설하신 모든 논서들이 바로 이러한 이치를 통달하게 하기 위한 방편임을 알아서 중도의 뜻을 배우도록 해야 한다.

중도의 이치에 대해서는 다른 곳에서 많이 설명하였고,『중론』의 주석서도 저술할 계획이므로 여기선 이 정도로 마치도록 한다.

(2) 용수의 제자들의 해설

용수 논사의 수제자는 성천 논사이며, 그분께서『유가사사백론瑜伽師

『四百論』에 용수 논사께서 여신 이 전통을 자세하게 해설하셨고, 불호와 청변, 월칭, 적호(寂護: 샨따락시따) 등 중관의 대스승들께서도 성천 논사를 용수 논사와 마찬가지로 믿음의 원천으로 삼았다.

그러므로 그 두 스승의 논서를 옛날 사람들이 '근본 논서'라고 부른 바와 같이 여기서도 역시 두 성인 사제의 뜻을 따라 그분들의 의중을 해설하도록 할 것이며, 그 또한 마명馬鳴과 용각龍覺 등 대학자들이 비록 많지만 그분들이 해설한 중관의 논서는 티베트어 번역서가 없는 듯하므로 그밖의 논서들 중에서 특별히 중요한 것들을 통해 설명하도록 하겠다.

①중관자립파의 해설

ㄱ) 청변의 해설

㉠개아와 법에 자성의 유무

용수 논사의 중관의 논서들 중에서 핵심은 『중론』이며, 이에 대한 주석은 자주自註인 『무외론無畏論』과, 데와샤르마, 구나마띠, 구나시리, 스티라마띠, 불호, 청변, 월칭 등의 주석서 등 여덟 가지가 있다고 전해지며, 청변은 데와샤르마의 주석인 『현백론現白論』을 따른다고 관음금께서 말씀하셨다.

그러나 『무외론』에서 『중론』의 27품의 주석에 다음과 같이 『사백론』을 인용하였으므로 자주自註일 리는 없다.

성천 존자께서도 이와 같이 말씀하셨다.

듣는 자와 설법과

설법자가 지극히 회소하다.

그러므로 요약하면 윤회에

끝이 있는 것도 없는 것도 아니다.

불호와 청변, 월칭의 주석서에도『무외론』을 인용한 부분이 전혀
없는 것을 봐도 알 수가 있다.

청변께서 용수 논사의 의중을 해설할 때 인무아와 법무아를 어떻게
설명하는가는 청변 논사께서 3성性을 확립하는 방식을 이해하면 분명
해지므로, 그에 대해 보자면『반야등론』에 다음과 같이 설하셨다.

'만약 색이라고 마음에 말하고 단어로 말하는 변계소집의 본질은 없다.'
라고 한다면 실법實法을 손감한 것이니, 마음의 말(분별식)과 단어의
말(명칭)을 손감했기 때문이다.

이것은 '변계소집은 상相무자성이다.'라고 말할 때의 변계소집이,
본질과 특성으로 가립하는 가립자인 분별식과 명칭을 가리키는 것이라
면, 분별식과 명칭은 온蘊에 속하므로 '의타기가 상相무자성'이라고
말하는 손감이 된다는 말씀이므로, 청변께서는 의타기는 상相무자성이
아니라고 생각하고 있음을 보여준다.

또한『해심밀경』에서 "자상에 의해 성립하지 않기 때문에 상相무자
성"이라 하셨고,『반야등론』역시『해심밀경』의 뜻을 확립하였으므로
청변께서 의타기에 자상에 의해 성립하는 자성이 있다고 인정하고
있음이 분명하다.

또 『반야등론』에 다음과 같이 『섭결택분』을 인용하셨다.

변계소집은 명칭과, 인상因相과, 분별과, 바른 지혜와, 진여 등 다섯
가지 중 어느 것에도 속하지 않으므로 상相무자성이다.

이것은 논쟁 상대인 유식파의 견해를 언급한 것이며, 『섭결택분』에
서 변계소집이 명칭 등의 다섯 가지에 속하지 않는다고 설하신 것이다.
『섭결택분』에서 명칭은 불상응행不相應行[142]에 속하고, 인상因相은
변계소집이 가립되는 기반이라 하셨다. 변계소집은 유위법이 아니므
로 명칭 등 앞의 네 가지에 속하지 않고, 분별식에 의해 가립된 것에
불과하므로 진여 또한 아니다.

『변중변론』에서 명칭을 변계소집이라 하신 것은 변계소집이 명칭에
의해 가립되었다는 의미이지, 명칭의 본질이 변계소집이라는 의미가
아니라고 안혜께서 설명하셨다.

『변중변론』에서 인상因相이 의타기라고 하신 것 역시 유위의 인상을
가리킨 것이며, 일반적으로 인상에는 무위의 인상 또한 있다고 『섭결택
분』에서 설하셨다.

이와 같이 유식파의 견해에서는 명칭 등 다섯 가지에 속하지 않는다면
상相무자성인 것이다. 그러나 그 다섯 가지에 속하지 않는다는 것이
상相무자성의 의미는 아니다.

귀류파의 논서에서도 일반적인 사실에서 존재하는 것들을 자성,

---

142 불상응행: 색법도 아니고 심식도 아닌 유위법.

자상 등으로 많이 표현하였고, 청변 논사의 논서에서도 무자성, 자성에 의해 생겨나지 않음, 실체로 성립하지 않음 등의 표현이 많기 때문에 귀류파와 자립파의 구별이 어려워 보이긴 하지만, 『해심밀경』에서 설하신 상相무자성에 대해 청변 논사께서 설명한 이 부분이 바로 그가 자상에 의한 성립을 일반적 사실에서 인정한다는 가장 확실한 전거다.

그러므로 개아와 법에 자상에 의해 성립하는 자성이 없음을 지각하지 않더라도 인무아와 법무아를 여실하게 지각할 수 있다고 생각하고 있는 것이며, 그렇다면 '자상에 의한 성립'을 배격하지 않고 어떤 다른 것을 배격하는 의미로 인무아와 법무아를 설정하는가에 대해서는 이후 설명하도록 한다.

또 『반야등론』에 다음과 같이 설하셨다.

'어떤 이가 그 두 가지(명칭과 분별)로 가립한 내용인 변계소집은 존재하지 않는다. 비유하면, 밧줄을 뱀으로 본 것과 같이.'라고 말한다면 변계소집이 존재하지 않는 것은 아니다. 왜냐하면 모습이 비슷하기 때문에 정신이 착란되어 변계소집된 내용은 존재하지 않지만, 일반적인 사실에서 똬리를 튼 뱀에 그것(뱀으로 변계소집된 내용)이 존재하지 않는 것은 아니기 때문이다.

이것은 "변계소집이란, 가립자인 명칭과 분별을 가리키는 것이 아니고 어떤 범부가 명칭과 분별로써 가립하여 가립된 내용이며, 그것은 상相무자성이니, 비유하면 밧줄을 뱀으로 가립한 것과 같다."라고 말한다면 비유가 합당하지 않다는 오류를 보인 것이다.

142

그 의미는, "색 등에 본질과 특성으로 가립한 내용이 상相무자성이라
는 비유로 밧줄을 뱀으로 가립하여 가립된 내용이 없다고 말한 것은
합당하지 않으니, 그러한 경우에 밧줄을 뱀이라고 보는 그 내용(밧줄이
뱀이라는)은 없지만, 똬리를 튼 뱀을 보고서 뱀이라고 생각하는 그
내용(뱀이 뱀이라는)은 일반적 사실에서 있는 것과 같이, 색을 느낌[受]
이라고 볼 때의 그 내용(색이 느낌이라는)은 없지만 색을 색이라고
보는 그 내용(색이 색이라는)은 일반적 사실에서 있다."라는 것이다.

여기서 있고 없고는 자상의 유무를 가리키는 것이니, 즉 '색 등에
본질과 특성으로 가립한 내용은 일반적 사실에서는 상相무자성이 아니
다.'라는 말이다.

일반적 사실에서 똬리를 튼 뱀에 뱀이 없다고 한다면 상식에 어긋난다
고 하셨으니, 일반적 사실에서 똬리를 튼 뱀을 보고서 '이것은 뱀이다.'
라고 보는 그 내용이 없다면 불합리하다는 말씀이다.

"승의에서 존재를 배격하면 중관파를 따라 주장하는 것이니"라고
하셨으니, 똬리를 튼 뱀을 보고 뱀이라고 보는 그 내용이 승의에서
상相무자성이라고 논증하는 것이라면 그것은 중관파의 견해가 된다고
하신 것이다.

그러므로 본질과 특성으로 가립된 변계소집이 상相무자성이라고
설한 『해심밀경』의 뜻을 올바로 설명하고자 한다면 중관파의 논리를
받아들여야 한다고 『반야등론』에서 설하셨으니, 여기서 중관파의 논
리란 『중론』에 설한 다음과 같은 논리를 가리킨다.

말하고자 하는 바를 배격하니

마음의 대상을 배격하기 때문이다.

생겨남도 없고 멸함도 없으니

법성法性, (자성)열반과 같다.

이것은 '배가 볼록한 물 담는 기구'를 항아리라고 기호에 의해 가립된 대상 따위가 승의에서 성립함을 배격하기 위해선 중관의 논리가 필요하다고 말한 것이 아니다. 왜냐하면 『분별치연론分別熾然論』[143]에서 벙어리와 귀머거리 등이 말은 모르더라도 항아리 등의 내용을 알고, 소 따위도 역시 냄새와 형상 등을 통해 자타의 새끼를 알 수 있으므로 명칭의 기호에 의해 설정된 것이 존재의 실상이 아님은 유식과 중관의 견해 양쪽에서 마찬가지라고 설명하셨기 때문이다.

　그렇다면 '이것은 색이다', '이것은 색의 발생이다' 따위로 가립되는 집착대상은 그와 같이 가립된 내용이며, 그것은 또한 일반적 사실에서 자상에 의해 존재하므로 상相무자성이 아니다. 그렇기 때문에 승의에서 존재함을 배격함으로써 승의에서 상相무자성임을 설한 것이 『해심밀경』의 뜻이라고 청변께서 설명하신 것이다.

　그러므로 변계소집이 상相무자성이라고 말할 때의 변계소집이란 집착대상인 그 내용이 승의에서 그러하다는 변계소집인 것이며, 그것이 명칭과 기호에 의해 설정되었다는 말씀은 언어와 분별에 의해 가립된 것에 불과하다는 의미다.

　'그렇다면 『해심밀경』에서 의타기가 상相무자성이라고 설하셨어야

---

143 『분별치연론』: 청변의 논서.

지, 변계소집이 상相무자성이라고 설하셨을 리가 없다.'라고 할 수는 없다. 그렇지 않다면 유식파의 교리에서도 역시 '의타기에 본질과 특성으로 변계소집된 본질로 자상에 의해 성립하지 않음'을 '변계소집이 상相무자성'이라는 말의 의미라고 설명할 수 없을 것이기 때문이다.[144]

그러므로 승의에서 색의 본질과 그것의 발생 등이 공함이 원성실이라는 것이 『해심밀경』의 뜻이며, 유식파의 설명은 경전의 뜻이 아니라고 말한다.

이와 같이 의타기가 자생自生하지 않는다는 것이 생生무자성의 의미라고 『해심밀경』에서 설하신 자생自生이란 다른 경전에서 자성으로부터의 발생이 없다고 설하신 곳에서의 '자성으로부터의 발생'과 같은 뜻으로 청변께서 받아들이며, 이러한 자성으로부터의 발생, 즉 자생이 없다는 것은 승의에서 발생이 없다는 의미라고 주장하신다.

그러므로 자성에 의한 발생은 자상에 의한 발생과 같은 뜻이기 때문에 그것을 유위법에서 배격할 때는 반드시 '승의에서'라는 한정어를 붙여서 말하므로 자상에 의해 성립하는 발생을 일반적 사실로서는 인정하신

---

[144] 자립파의 설명에 따르면 색 따위의 의타기가 승의에서 어떠하다고 변계소집된 바가 자상에 의해 성립하지 않는다(또는 색 따위의 의타기가 변계소집된 바가 승의에서 자상에 의해 성립하지 않는다. 이 두 가지는 같은 의미)는 것이 상무자성의 의미이므로, '그렇다면 그것은 의타기의 상무자성이라고 말해야지 어째서 변계소집의 상무자성이라고 말하는가?' 하고 유식파가 반론한다면, '유식파 역시 색 따위의 의타기가 변계소집된 바가 자상에 의해 성립하지 않는다는 것을 상무자성의 의미로 설명하였으므로 마찬가지로 어째서 그것을 의타기의 상무자성이라고 말하지 않고 변계소집의 상무자성이라고 말하는가? 그러므로 이 점에 있어서 양쪽이 마찬가지이므로 이러한 논리로 자립파에 대해 반론할 수는 없다.'라는 얘기다.

다는 결론이다.

유식파 역시 『해심밀경』에서 설한 자생과, 다른 경전에서 설한 자성에 의한 발생을 같은 의미로 본다. 그러나 그러한 발생이 없다는 것은 자신의 힘으로 발생함이 없다는 뜻으로 받아들일 뿐 그러한 발생이 없으면 승의에서 무생일 필요는 없다고 본다.

청변 논사의 견해로는 의타기가 만약 승의에서 성립한다면 그것이 의식에 나타나는 그대로 존재해야 하므로 『해심밀경』에서 의타기가 허깨비와 같다고 설하신 것이 합당하지 않게 된다. 그러므로 의타기가 승의에서 공空하다는 것이 『해심밀경』의 뜻이라고 설명한다.

ⓛ 외경의 유무

이제 외경外境과 심식心識에 대해 어떻게 주장하는지 설명하도록 하겠다.

성인 사제께서는 일반적 사실에서 외경의 유무에 대한 분명한 설명이 없으며, 청변 논사께서는 일반적 사실에서 외경이 존재하고, 심식이 외경을 무상無相으로 취하는 것이 아니라 유상有相[145]으로 취하며, 외경과 그것을 취한 심식 두 가지가 원인과 결과로서 선후先後로 일어난다고 주장하신다.

『십지경十地經』에서 3계界가 마음뿐〔唯心〕이라고 설하신 것은 외도들이 주장하는 마음 외의 창조주를 부정하는 의미이므로 외경을 부정한 것이 아니다.

그럼 『능가경』에서 다음과 같이 설하신 뜻은 무엇인가?

---

145 유상: 심식이 대상을 유상으로 취한다는 것은 심식에 대상의 모습이 나타난다는 뜻. 무상은 그와 반대로 보면 된다.

외경이 나타난 것은 있는 것이 아니니

몸과 경험하는 대상, 장소 비슷하게

마음이 갖가지로 나타나므로

마음뿐〔唯心〕이라 내가 말한다.

이 역시 외경을 부정한 것이 아니라고 청변께서 주장하시므로 외경의 부정이 어떤 경전의 뜻도 아니라고 생각하시는지는 검토해봐야 할 문제다.

인용한 구절의 첫 행의 의미는 외경이 승의에서 존재하지 않는다는 뜻이다.

몸과 경험하는 대상과 장소 등의 외경과 비슷하게 마음이 갖가지로 나타난다는 것은 마음이 외경과 비슷한 상相을 가지고서 일어난다는 의미라고 『반야등론』에서 설명하셨다.

마음뿐〔唯心〕이라는 말의 의미는 앞서 설명한 바와 같다.

색처色處와 성처聲處 등이 취합된 때에 입자 각각이 근식根識[146]의 소연연所緣緣[147]이 되므로 그것들이 심식에 나타나지 않는 것이 아니다.

군대와 숲 따위 다른 종류에 의존한 것은 집합이며 그것들은 실체로 이루어진 것이 아니고, 같은 기반에 의존해 있는 동류同類의 입자들은 취합이며, 그와 같이 항아리 등 또한 취합이므로 실체로 이루어진

---

146 근식: 안식, 이식, 비식, 설식, 신식 등 다섯 가지 감각기관에 의지해서 일어나는 식識.

147 소연연: 심식의 대상을 가리키며, 인연因緣, 증상연增上緣, 소연연所緣緣, 등무간연 等無間緣 등 4연緣의 하나이다.

것이다.

달이 두 개로 나타나는 따위의 심식 또한 한 개의 달을 대함으로써 생겨나므로 외경의 소연연 없이 생겨나는 것이 아니다.

외경外境이 없다고 하면 경장에서 근식들이 소연연으로부터 생겨난 다고 하신 말씀을 손감한 것이 되니, 승의와 일반적 사실 어느 면에서도 소연연으로부터의 발생이 합당하지 않게 되기 때문이다.

그러므로 장식(藏識: 알라야식) 또한 인정하지 않으니, 그것을 인정 한다면 외경外境이 없이 습기習氣의 성숙으로부터 외경으로 나타나는 식識이 발생하는 것으로 설정해야 하므로 외경을 인정할 수 없게 되기 때문이다.

그러므로 『중관심론中觀心論』[148]에서 다음과 같이 설하셨다.

식識이라는 다른 이름으로
자아를 확실히 나타낸 것이다.[149]

장식(알라야식)을 인정하지 않는다면 염오의染汚意[150] 또한 인정하지 않는다.

자증식自證識에 대해선 『중관심론』에서 다음과 같이 설하셨다.

---

148 『중관심론』: 청변의 논서.

149 장식(알라야식)이라는 것은 이름만 다르게 붙였을 뿐 외도들이 주장하는 아뜨만과 같다는 얘기다.

150 염오의: 유식과 중 일부가 주장하는 제7식. 장식(알라야식)을 대상으로 '나'라고 집착하는 번뇌에 덮인 무기(無記: 불선불악)의 심왕.

대상으로 나타나는 것 외에 다른
마음 자신이 어떻게 나타나는가?

　이것은 식識에 외경의 상相도 나타나고, 그러한 상相이 아닌 주관을 경험하는 본질로도 나타나므로, 식識 하나에 자신의 현현과 대상의 현현 두 가지가 있고, 후자를 경험하는 전자를 자증自證이라 하며, 이 두 가지를 소연(所緣: 대상)과 능연(能緣: 주관)으로 설정하는 이러한 교리를 청변께서 일반적 사실에서조차 부정하시므로 자증식을 인정하지 않으니, 자증식에 대한 입장은 이것으로써 확연하다.
　지장智藏 논사께서 중관의 이치를 해설할 때도 일반적 사실에서 자상에 의한 성립을 부정하지 않고 외경의 존재는 인정하는 등 청변 논사의 견해와 일치한다.

ⓒ 실재를 배격하는 주요 논리
청변 논사께서 실재를 배격하는 주요 논리가 무엇인가 하면, 대부분 모순되는 대상을 논거로 제시하는 부정논거[151]를 통해 배격하며, 그 또한 논거와 소립법所立法[152]에 해당하는 보기를 들기가 쉬운 '안근眼根

---

151 모순되는 대상을 논거로 제시하는 부정논거: 예를 들면 '철이는 여자가 아니다. 남자기 때문에.'라고 논증하는 경우 부정대상인 여자와 모순되는 남자를 논거로 들어 여자임을 부정한 이러한 종류의 논거를 말한다.
152 소립법: 예를 들어 'A는 B다. C이기 때문에.'라는 논증식에서 B가 소립법이다. 이와 같이 논증식이 긍정문일 경우엔 소립법과 서양논리학에서 말하는 빈사 또는 빈개념이 똑같이 B가 되지만, 'A는 B가 아니다. C이기 때문에.'의 경우엔 빈사는 여전히 B인 반면 소립법은 'B가 아님'이라는 차이가 있다.

은 승의에서 색을 보지 않는다. 감각기관이기 때문에. 예를 들면 이근耳根처럼' 또는 '지대地大는 승의에서 견고한 본질이 아니다. 기본요소이기 때문에. 예를 들면 수대水大처럼' 등의 논증식을 통해 논증한다.

이것은 성인 사제의 논서에서 많이 사용된 '마찬가지 이유로 평등화되는 논리'를 주요로 삼은 것이며, '승의에서 견고하거나 승의에서 색을 본다면 같은 기본요소로서 견고하고 견고하지 않은 차이와, 같은 감각기관으로서 색을 보고 안 보고의 차이가 있을 수 없으니,[153] 그와 같이 차별할 논거가 없기 때문이다.'라고 생각하신 것이다.

승의에서 존재한다면 심식에 나타나는 바와 같이 심식에 의존해 설정한 것이 아닌 그 자신의 존재방식에 의해 존재하는 것이며, 그렇다면 자신의 힘으로 존재하는 것이 되므로 다른 무엇에도 의존하지 않는다. 그러므로 위와 같은 차이를 구분할 수 있는 바른지각이 없으니, 비유하면 연기가 원인에 의존하지 않고 생겨난다면 모든 것에 의존해 있다는 것이 되거나 아니면 불에도 의존해 있지 않다는 결론이 되는 것과 마찬가지다.

---

153 이것은 상대가 '승의에서의 성립'을 주장하기 때문에 성립하는 것이지, 일반적으로 성립하는 논리가 아니다. 예를 들어 '너도 사람이고 나도 사람이고 같은 사람이니까 너는 키가 크고 나는 키가 작고 이런 차이는 있을 수 없다.'라고 한다면 이것은 말도 안 되는 소리인 것이다. 그러나 만약 키가 크고 작은 것이 승의에서 그러하다고, 즉 실체가 있다고 주장한다면 실체라는 것은 어떤 인연에도 의존하지 않은 것이므로 키가 크고 작은 차이를 만드는 모든 인연들을 제거한 것이고, 바로 그래서 키가 크고 작은 차이가 있을 수 없다는 결론이 되는 것이다. 바로 이렇게 상대가 승의 또는 실체를 주장하기 때문에 성립하는 논리를 이해하지 못하고 일반적인 경우에서의 이야기로 착각한다면 용수를 비롯한 중관 논사들의 많은 논리들이 전혀 불합리한 억지소리로 들릴 수 있다.

150

그러므로 승의에서 존재하는 것이라면 인연과 집합의 본질과 동떨어
진 자신의 본질이 독립적으로 존재해야 한다. 그러나 기본요소와,
기본요소로 이루어진 것들은 8진塵의 집합이며, 심心과 심소心所는
한쪽이 없으면 존재할 수 없고, 모든 유위법들 또한 자신의 인연이
모여서 생겨나므로 인연이 없이는 전혀 존재할 수 없으니 승의에서
존재하는 것도 아니고, 심식의 본질로 존재하는 것도 아니라고 말한다.

청변께서 집합과 동떨어진 본질이 없음을 나타낸 방식 역시 승의에서
존재한다면 독립적으로 존재해야 함을 나타낸 후 거기에 모순이 있음을
주로 나타내는 방식이며, 적호 사제의 방식과 같이 부분과 전체를
대상으로 '승의에서 하나인가, 별개인가'를 고찰한 이후 실재를 배격하
는 것을 주요 방법으로 삼지는 않으셨다.

성인의 큰 제자들이 각각 주로 사용한 논리의 내용들을 잘 이해하면
논리력이 크게 증장하므로 승의에서 존재한다면 마찬가지 이유로 평등
화되는 이치를 이용하는 청변 논사의 논리 또한 잘 배우도록 한다.

ㄴ) 적호 사제師弟[154]의 해설
㉠ 개아와 법에 자성의 유무
『해심밀경』에서 설한 상相무자성과 생生무자성의 의미는 『중관광명론』
에서 청변 논사의 견해와 일치하게 해설한 것이 적호 논사의 견해이기도
하므로 일반적 사실에서 자상에 의해 성립하는 자성을 인정하신다.

『칠부량론七部量論』[155] 등에서 인과를 설정한 논리들과 일치되게 주

---

154 적호 사제: 적호(샨따락시따)와 까말라실라.
155 7부량론: 법칭(다르마끼르띠)이 지은 7가지 논서. 『석량론釋量論』, 『양결정론量決

장하시는 것을 봐도 역시 알 수가 있다.

ⓒ 외경의 유무

『반야등론』에 다음과 같이 설하셨다.

> 먼저 식識만을 받아들이고 나중에 그것을 철저히 버린다고 주장하더라
> 도 진흙에 묻고 나서 씻는 것보다는 처음부터 묻지 않게 멀리 하는
> 것이 나으니, 외경外境에 자성이 없음을 지각한 것처럼 식 또한 무아와
> 무생으로 지각하도록 할 수 있기 때문이다.

여기서 청변께서 논파한 대상이 무엇인가 하면, "먼저 세속제를
향할 때엔 외경外境을 배격하고 유식唯識을 승인하며, 이후 승의제를
지각하고자 할 때 유식마저도 배격한다."고 주장하는 일부 요가행파의
견해라고 『반야등론소』에서 설명하셨다.

인용한 구절의 의미는, '먼저 식識이 실재라고 취하도록 한 후 이후
그것이 실재임을 배격하는 것보다 처음부터 비실재라고 하는 것이
나으니, 외경이 비실재인 것처럼 식 역시 비실재임을 지각하도록 할
수 있기 때문이다.'라는 뜻으로 보이므로 교화대상에게 반드시 그러한
순서로 가르쳐야 한다는 일부 중관파의 주장을 논파한 것임이 분명하다.

마찬가지로 "외경의 비실재와 식의 비실재를 한 번에 수습修習하지
않고 차례로 수습해야 한다는 주장 역시 옳지 않으니, 처음부터 동시에

定論』,『이적론理滴論』,『인적론因滴論』,『관상속론觀相屬論』,『성타상속론成他相
續論』,『쟁정리론諍正理論』.

수습함에 인색할 필요가 없다."라고 『반야등론』에서 설하신 것 역시 일부 요가행파의 견해를 논파한 것이라고 『반야등론소』에서 설명하셨지만, 앞의 경우와 같다고 생각된다.[156]

그러므로 그러한 견해가 이전부터 비록 조금씩 있었다는 얘기지만, 방대한 저작을 통해 일반적 사실에서 외경外境이 존재하지 않는다는 교리와 혼합된 중관의 교리는 적호 논사께서 그 전통을 여신 것이라는 지군智軍 논사의 주장이 맞다.

『중관장엄론中觀莊嚴論』의 자주自註에 적호께서 다음과 같이 설하셨다.

어떤 이들이 인과의 실법實法을 주장함으로써 일체 잘못된 반론에 답변하고자 하는 세속의 모든 실법을 고찰해 보도록 한다. '그것은 오직 마음과 마음으로부터 생긴 본질일 뿐인가? 아니면 외부의 본질이기도 한가?'라고 하면, 이에 일부는 후자에 의지하니, '경전에서 유심〔唯心〕을 설하신 것은 짓는 자와 받는 자를 배격하기 위해서다.'라고 말하는 따위다. 다른 이의 생각은 이르노니,

원인과 결과가 되는 것 또한
오직 심식心識뿐이니
자신에 의해 성립한 모든 것

---

156 먼저 외경을 배격하고 이후 유식을 배격한다는 것은 유식파(요가행파)가 아니라 요가행중관파의 주장인 것과 마찬가지로, 외경의 비실재와 식의 비실재를 차례로 수습한다는 것은 유식파가 아닌 요가행중관파의 주장이라는 얘기다. 유식파는 식이 실재라고 주장하므로 식의 실재를 배격한다고 주장할 리도, 식의 비실재를 수습한다고 주장할 리도 없기 때문이다.

그것은 심식心識으로 머무는 것이다.

"경전에서 유심唯心을 설하신 것은 짓는 자와 받는 자를 배격하기 위해서다."라는 구절은『중관심론』을 인용한 것이며, 그 의미는 앞서 설명한 바와 같다.

'다른 이의 생각'이란 적호 논사 자신의 견해다.

어떤 경전을 전거로 삼는지는 자주自註에서 다음과 같이 설하셨다.

이와 같이 보면『후엄경厚嚴經』과『해심밀경』등에서 설하신 일체와 일치한다.

『능가경』에서도 '외부의 색은 있는 것이 아니니, 자신의 마음이 외부로 나타난 것이다.'라는 말씀 또한 훌륭하신 설명이라 생각된다.

이와 같은 유심唯心의 이치에 의지해서 인아人我와, 나의 것과, 별개로 동떨어진 주객 등에 자성이 없음을 상대적으로 수월하게 지각할 수 있으며, 지능이 우수하거나 정진력이 대단한 이들은 그 마음을 대상으로 '하나의 자성인가, 별개의 자성인가'를 고찰함으로써 승의에서 실체가 없음을 보고 승의에서 일체 극단邊을 여읜 중관의 이치를 지각하니,『중관장엄론』에 다음과 같이 설하셨다.

유심唯心에 의지하여
외부의 실법實法이 없음을 알도록 한다.
이 이치에 의지하여 또한

지극히 무아를 알도록 한다.

이것은 또한 『능가경』의 다음과 같은 말씀을 근거로 하였다고 『중관
장엄론』에서 설명하셨다.

원인과 조건은 되돌리고
원인 또한 반드시 배격하고
유심唯心을 정립함을
무생無生이라 내가 설명한다.
존재들의 바깥 존재는 없고
마음 또한 철저히 취할 수 없다.
일체 견해를 여의므로
무생無生의 상相이다.

인용한 『능가경』의 첫 번째 4행은 유식파 교리에서의 무생을 나타내
고, 두 번째 4행은 중관파 교리에서의 무생을 나타낸다고 『중관장엄론
석』[157]에서 설명하셨다.

일반적 사실에서 외경이 공한 유식의 이치와 승의에서 일체법이
무자성인 이 두 가지 이치를 통해 대승을 얻게 되니, 『중관장엄론』에서
다음과 같이 설하셨다.

두 가지 이치의 마차를 타고

---

[157] 『중관장엄론석』: 적호(샨따락시따)의 『중관장엄론』을 해설한 까말라실라의 주석서.

논리의 고삐를 쥔 자
그들은 그로 인해 여실한 뜻
대승을 얻는다.

그렇다면 일반적 사실에서 외경外境이 없는 이치를 용수 논사의 뜻으로 설명해야 하는데, 어떤 논서에서 그러한 의미를 나타냈다고 주장하는가 하면, 『중관장엄론』에서 외경外境의 부재를 논증할 때 다음과 같이 인용하셨다.

이에 또한 설하시길

여기에 생겨남은 아무것도 없고
멸하는 것도 아무것도 없으니
생겨남과 멸함은
오직 심식心識뿐이다.
대종(大種: 기본요소)[158] 등을 설한 것은
모두 식識에 섭수된다.
그것들을 심식이 여의면
(그것들은) 전도된 분별이 아닌가?

뒷부분의 4행은 용수께서 『육십공성론』에서 설하신 것이다.

앞의 4행이 유심唯心을 나타내며, '그렇다면 기본요소와, 기본요소로

---

158 대종: 지, 수, 화, 풍 등의 사대.

이루어진 것들을 어떻게 설명하는가?' 하면 그 다음 4행에서 그 두 가지는 식識이 그것들로 현현한 것으로 정립하므로 식識에 섭수된다고 하셨다.

'식識이건 외경이건 승의에서 존재한다.'라고 하면, 정지(正智: 根本定智)에 그것들이 나타나지 않으므로 전도된 분별이라 하셨다.

산띠빠께서는 두 게송 모두 용수의 것이라 생각하여 앞의 4행이 유식을 나타내므로 중관파와 유식파 양자가 비슷하다고 주장하셨다. 적호께서 두 게송을 연이어 인용하셨기 때문에 그렇게 오해한 것으로 보이지만 『중관장엄론』에는 각각 다른 저자의 게송을 연이어 인용한 부분도 있다.

적호 사제의 견해에서는 파랑과 노랑 등의 상相을 유위법이라 주장하며, 법칭 또한 그와 같이 설명하시므로 실상파實相派처럼 주장하는 중관파다.

자증식自證識은 일반적 사실에서 존재한다고 하며 장식(알라야식)을 인정하고 안 하고는 분명한 설명이 없지만 인정하지 않는 쪽으로 보인다.

"일반적 사실에서 파랑과 노랑 등의 상相이 유위법이 아니라고 가상파假相派처럼 주장하는 중관파는 깜발라[159] 논사께서 설명하신 바와 같다."라고 구생금강俱生金剛 논사께서 설하셨다.

ⓒ 『해심밀경』의 뜻 해설
그렇다면 적호 사제의 견해에서 『해심밀경』의 의미를 유식파가 설명하

---

159 깜발라: 티베트어로 르라와빠lwa ba pa. 인도의 요가행중관자립 논사.

는 방식과 똑같이 인정하는가, 아니면 어떻게 다르게 주장하는가 하면, 『중관광명론』에서 다음과 같이 설하셨다.

세존께서 무생無生 등을 설하신 것이 오직 승의의 측면에서 하신 말씀이라 하셨고, 세 가지 무자성無自性의 의미를 보여주심으로써 양변을 여읜 중관의 길을 분명히 나타내셨으므로 (반야경을) 오직 요의로 정립定立하고자 하신 것이다.

이것은 『해심밀경』이 세 가지 무자성의 의미를 나타낸 바로 그것을 통해 반야경 등이 요의경임을 정립한 것이라는 설명이다.

그 또한 세속제의 자성에 손감과, 일반적 사실에서 존재하지 않는, 불변하는 따위의 유위법과 색 등이 실재하는 것으로 나타나는 바와 같이 존재한다는 증익에 의해서 승의에 들어가지 못하는 자들의 그러한 손감과 증익을 없애기 위해 설하신 것이니, 무생 등의 말씀이 문자적 의미임을 배격함으로써 무생, 무멸 등의 말씀이 승의의 측면에서 하신 말씀임을 보인 것이며, 그렇다면 일반적 사실에서는 생멸 등이 있다고 인정해야 하므로 손감이 제거되는 것이다.

의타기가 다른 인연들의 힘에 의해 생겨나는 것이지 자체적으로만 생겨나는 것이 아님을 생生무자성으로 설명한 것은, 지자智者들이 의존해서 생겨난 모든 것은 자성이 없다고 주장하므로, 『무열뇌문경無熱惱問經』에서 다음과 같이 조건에 의해서 생겨난 것은 자성에 의해 생겨난 것이 아니라고 설하신 바와 같다.

158

무엇이건 조건으로부터 생겨난 것은 무생無生이다.

그것에 생겨나는 자성은 없다.

그렇다면 인연으로부터 생겨났다고 해서 의타기가 승의에서 존재할 필요는 없으니, 그렇지 않다면 허깨비 등의 거짓 존재들 또한 실제 유위법이라는 결론이 될 것이다. 그러므로 비실재가 허깨비와 비슷하다고 생각하시고 『해심밀경』에서 의타기를 허깨비에 비유하신 것이다.

그러므로 여기서 무상無常한 존재 등을 승의에서 존재한다고 보는 것이 변계소집이며, 그것은 또한 변계소집된 바와 같이 성립하지 않으므로 변계소집이 상相무자성이라고 설하셨으니, 이로써 증익이 제거된다.

무엇에 변계소집된 본질로 집착하는 그 기반이 의타기이고, 변계소집된 상相의 자성으로 의타기가 존재하지 않음을 보여야 하므로 의타기가 승의에서 성립하지 않음을 상相무자성으로 설하신 데엔 모순이 없다.

『해심밀경』에서 변계소집이 자상에 의해 성립하지 않으므로 상相무자성이라 설명하셨고, 의타기와 원성실에 대해서는 자상에 의해 성립하지 않는 상相무자성으로 설하지 않은 이유는 의타기와 원성실이 승의에서 성립하지 않는다는 것이 바로 변계소집이 상相무자성이라고 설명한 내용이기 때문이라는 것이 적호 사제의 견해다.

승의에서 자상에 의해 성립하지 않음이 상相무자성의 의미이므로 증익을 여의며, 일반적 사실에서 자상에 의해 성립하는 상相의 자성이 있으므로 손감을 여읜다는 것이 지극히 분명하다.

그렇다면 의타기가 자상에 의해 성립하지 않는다고 보면 인과를 손감하는 것이 된다는 견해는 유식파와 같고, 차이는 적호 사제의 견해에선 승의에서 자상에 의해 성립하지 않는다고 말하는 반면 유식파는 자상에 의해 성립한다면 승의에서 성립하는 것이라고 말한다.

『해심밀경』에서 색 등에 본질과 특성으로 변계소집된 본질로 의타기의 법들이 자상에 의해 성립하지 않기 때문에 의타기에 변계소집이 공하다고 설하신 의미에 대해서는 적호 논사의 견해 역시 앞서 설명했던 청변께서 집착대상을 통해 설명하신 방식과 같다.[160]

또한 "일부 경장에서 일체법이 무자성, 무생 등으로 설하신 것은 불요의이다. 왜냐하면 『해심밀경』 등이 그러한 경전 말씀의 의중을 해설해서 드러냈기 때문이다."라는 반론에는 『중관광명론』에서 다음과 같이 답변하셨다.

그러므로 의중을 드러낸 것 또한 요의와 모순되지 않는다. 바로 그 때문에 무생 등을 설하신 것을 요의로 입증하기 위해서, 그리고 보이는 것 등과 모순이라는 오해를 해소하기 위해서,[161] 그리고 문자 그대로의

---

160 색 등이 본질과 특성으로 변계소집된 것, 예를 들면 색이 승의에서 발생한다는 따위가 바로 전도된 분별식의 집착대상인 변계소집이며, 그러한 집착대상을 배격하는 것, 이를테면 색은 승의에서 발생하는 것이 아니라는 것이 바로 의타기에 변계소집이 공하다는 의미라는 얘기다.

161 여기서 '보이는 것'이 가리키는 바가 무엇인가는 두 가지 다른 해석이 있다. 하나는 예를 들어 반야경에서 '색도 없고 소리도 없고' 등으로 말씀하신 것과 색이 있는 것으로 올바른 감각적 지각에 분명히 보이는 것 두 가지가 모순이라는 오해를 해소하기 위해서라는 해석이고, 또 하나는 그러한 경전 말씀이 색도 없고 소리도 없다고 말하는 것처럼 보이는 것, 즉 불요의로 보이는 것과 그러한 말씀이 요의라는 것, 두 가지가 모순이라는 오해를 해소하기 위해서라는 해석이다.

분별을 제거하기 위해서 『해심밀경』에서

　이와 같이 이어서 법무아의 승의무자성을 의미로 무생 등을 설하셨다고 『해심밀경』을 인용하셨다.

　'그러므로'라는 것은, 『해심밀경』에서 승의이기도 하며 오직 법들의 무자성에 의해서만 구별되는 것이기도 하기 때문에 승의무자성이라고 설하신 이 무자성에 의해서 일체법이 오직 무자성이기 때문에'라는 의미이며, 바로 이 부분을 통해서 무자성 등을 설하신 의미를 『해심밀경』이 해설하여 문자적 의미로 보는 것을 방지하고서 반야경을 요의로 입증[162]한다고 설명한다.

　중관파가 승의에서의 무생 등을 주장하고 세속적 차원에서의 발생 등을 인정하므로 무생 등을 설하신 것을 문자적 의미로 보지 않는다고 설하셨으므로 생멸 등이 아예 없다고 보는 것이 문자 그대로 받아들이는 <u>것이 아니라</u> 그것들을 승의에서 존재하지 않는다고 보는 것이 문자 그대로 받아들이는 <u>것이라는</u> 게 적호 사제의 견해다.[163]

---

162 문자적 의미로 보는 것을 방지한다는 말은 반야경의 '색도 없고, 소리도 없고' 등의 말씀의 문자적 의미란 그대로 '색도 없고' 등이 아니라, '색도 승의에서 존재하지 않고'가 바로 문자적 의미라는 것이다. 만약 전자를 반야경의 문자적 의미로 본다면 문자 그대로 받아들일 수 없으므로 불요의가 된다.

163 본문에는 밑줄 친 부분이 반대로 되어 있다. 그러나 앞의 주에서 설명한 바와 같이 적호 사제의 견해에선 '색이 승의에서 존재하지 않는다.'가 문자적 의미이기 때문에 이 부분에서 유식파의 견해를 서술한 것이라거나 단순한 인쇄 실수라는 등의 해석이 있지만, 유식파의 견해를 서술한 것으로 보면 문맥에 전혀 맞지 않으므로 인쇄 실수로 간주하고 바꿔서 번역하였다. 이렇게 바꾼 의미가 쫑카빠 스님의 의도와 일치한다는 것은 잠시 후 아래에서 '또한 무자성과 무생, 무멸'

만약 "그렇다면 무자성과 무생 등을 설하신 두 번째 법륜이 불요의라는 『해심밀경』의 말씀과, 『해심밀경』이 그것들을 요의라고 입증한다는 그대의 주장은 모순이다."라고 한다면, 이 모순에 대해서는 『중관광명론』에서 해명하셨고, 그 의미는 다음과 같다.

『해심밀경』에서 불요의라고 설하신 경전과, 의중을 드러냄으로써 요의로 입증하신 경전이 만약 같은 경전이라고 한다면 이는 모순이다. 그러나 두 가지 모두 두 번째 법륜에 속하는 것은 마찬가지지만 같은 경전은 아니다.

『반야심경』 등의 경전에서 '승의에서' 또는 '실재로서' 등의 한정어를 분명히 붙이지 않고 '색도 없고' 등으로 설하신 경전은 그와 같이 설하신 것만으로는 문자 그대로 받아들일 수 없고 다른 뜻으로 해석해야 하므로 불요의이다.

해석하는 방식은 눈과 귀 등이 승의에서 존재하지 않는다는 것이지 일반적 사실에서 없다는 말이 아니므로 '승의에서' 등의 한정어를 붙여서 해석해야 한다는 것이다.

그와 같이 보면 부정대상에 '승의에서' 등의 한정어를 붙인 『반야십만송』 등의 경전들은 문자 그대로인 요의경으로 성립한다는 의미이므로 『해심밀경』에서 두 번째 법륜이 불요의라고 설하신 것은 그 두 가지를 모두 가리키는 것이 아니라는 의미다.

또한 무자성과 무생, 무멸 등으로 설하신 것을 오직 그대로 받아들이는 것이 문자 그대로 받아들이는 것임을 『해심밀경』에서 부정하셨고,

---

등의 구절에서도 드러난다.

승의에서 자성이 없다는 등으로 받아들이는 것을 문자 그대로 받아들이는 의미로 하여 그것은 배격하지 않으셨다.

앞뒤를 종합하면 자상에 의해 성립하는 자성과 생멸 등이 없다고 보는 것이 문자 그대로 받아들이는 것으로 보아야 하지만,[164] 『해심밀경』에서 자상에 의해 성립하지 않기 때문에 상相무자성이라는 설명을 적호 사제께서는 승의에서의 존재를 부정하는 것으로 해석하시고, 일반적 사실에서는 자상에 의한 성립을 인정하시기 때문에 그와 같이 설명하신 것이다.

요약하면, 대승에 향한 자에게 두 번째 법륜을 설하신 경전 중에는 부정대상에 '승의에서'라는 한정어를 붙인 것과 붙이지 않은 것 두 가지가 있고, 후자에 속하는 경전에서 설한 바와 같이 문자 그대로 받아들이지 말고, 전자에 속하는 경전에서 설하신 바와 같이 생멸 등이 승의에서 존재하지 않고 일반적 사실에서는 존재한다고 알도록 하라고 『해심밀경』에서 설명하셨으므로 『해심밀경』은 『반야십만송』 등을 요의경으로 정립한 경전이라는 주장이다.

이러한 설명들에 의하면 첫 번째 법륜을 불요의로 해설하는 방식은 쉽게 알 수 있다.

만약 '유식파의 3성性의 설정방식은 『해심밀경』의 뜻이 아니라면, 그렇다면 그것은 다른 어떤 경전의 뜻도 아니라고 주장하는가?'라고 한다면, 『해심밀경』과 『능가경』, 『후엄경』 등에서 외경을 부정하고 유식의 견해를 논증한 몇 몇 부분들이 마음에서 승의의 자성을 배격하지

---

164 이것은 쫑카빠 스님 자신의 견해이며, 귀류파의 견해이기도 하다.

않은 것은 일체법이 승의에서 무자성임을 한 번에 지각할 수 없는 이들의 마음에 맞춰서 설하신 것이라고 『중관광명론』에서 설하셨다. 그러므로 그러한 경전들 중에는 한 번에 일체법이 승의에서 무자성임을 지각할 수 있는 교화대상에게 설한 것과, 전자의 경우와 같은 두 가지 경우가 있으므로 경전의 의미는 이렇게 나누어서 적용된다.

적호 논사의 논서가 번역된 것들 중에서는 3성性을 확립하는 방식이 이상에서 설명한 바와 같이 분명히 나타나 있지는 않지만 적호와 까말라실라 두 사제 논사의 견해는 같다고 생각된다.

『해심밀경』에서 3성性을 설하신 의미를 유식파가 해설한 바와 같이 경전의 뜻으로 받아들이지 않고 중관의 의미로 해설한 이 전통은 『중관광명론』보다도 청변께서 더욱 자세히 설명하셨으니, 경전을 해설한 이러한 두 가지 방식을 자세히 이해하면 큰 전통의 개조들의 논리의 양상과 불경의 해설 방식 등 여러 가지를 이해할 수 있다.

㉣ 실재를 배격하는 주요 논리
ⓐ 부정대상 확인
만약 법들에 자상에 의해 성립하는 자성 정도는 일반적 사실에서 인정한다면 그 이상의 실재 또는 승의에서의 성립이라는 부정대상은 어떠한 것인가 하면, 이에 실재 등으로 취하는 방식 또는 어떻게 받아들이고 있는가 하는 부정대상의 상相이 정확하게 떠오르지 않는다면 그것들이 존재하지 않는다고 단지 확신하는 따위만으로는 '그것들이 존재하면 어떤 모순이 있으며 그것들이 성립하지 않는다는 근거는 이것이다.'라고 아무리 많이 말하더라도 의미를 정확히 이해하지 못하기 때문에

부정대상을 확인하는 것은 지극히 중요한 일이다.

그 또한 "지대地大 등은 승의에서 기본요소의 자성이 아니다."라는 말씀에 대한 주석으로 『분별치연론』에서 다음과 같이 설하셨다.

의義라는 것은 지식의 대상이므로 의義라고 하니, 고찰의 대상, 이해의 대상이라는 말이다. 승勝이라는 것은 최고라는 말이다. 승의勝義라고 합하면 의義이기도 하고 승勝이기도 하므로 승의이다. 또는 승勝의 의義, 즉 무분별지無分別智인 승勝의 대상이므로 승의라 한다. 또는 승의와 일치하는 것, 즉 승의를 지각함에 순응하는 지혜에 승의가 있으므로 승의와 일치하는 것이다.

여기서 세 가지 설명 중에 마지막이 이 시점에서 적절하다.

이러한 승의에는 승의제를 고찰하는 이지理智 또한 인정하며 성인의 후득위後得位[165]의 이지理智만을 가리키는 것은 아니라고 『분별치연론』에서 다음과 같이 설하셨다.

승의는 두 가지이니, 그 중 한 가지는 조작 없이 이루어지는 출세간, 무루無漏, 무희론無戲論이다. 두 번째는 조작과 함께 이루어지는 복덕자량과 지혜자량에 뒤따르는 청정, 세간의 지혜라고 하는, 희론을 포함한 것이니, 여기서 이것을 종(宗: 명제)의 한정어로 취하므로[166]

---

165 후득위: 근본정根本定의 다음 단계로서, 정에서 나온 일반적 의식 상태.

166 '지대는 승의에서 존재하지 않는다' 따위의 명제에서 한정어를 구성하고 있는 '승의'가 가리키는 것에는 궁극적 진리를 고찰하는 분별식 또한 포함된다는 뜻.

오류가 없다.

그렇다면 중관파와 다른 교파들이 유무에 대해 논쟁하는 대상이 '승의에서 없다.'는 의미는 그 대상이 승의를 고찰하는 이지理智의 관점에서 없다는, 즉 성립하지 않는다는 뜻이다.

청변 논사의 논서 중에서 이보다 더 분명한 설명은 없으며, 지장智藏 논사의 『이제론二諦論』, 적호 논사의 『중관장엄론』과 그 주석에서도 역시 이보다 더 분명한 확인은 보이지 않는다.

『중관장엄론』에는 다음과 같이 설하셨다.

진실한 뜻을 듣고 사유하고 수습修習하여 생겨나는 일체 심식心識은 전도되지 않은 대상을 가졌으므로 승의라고 하니, 여기에서의 승의이 기 때문이다. 직관과 간접적 지각의 차이는 있으나, 그것들의 관점에서 일체 존재들을 오직 무생無生으로 안다. 그러므로 이와 같이 '승의에서 무생이다'라는 것은 이러한 진실한 심식들에 의해 발생이 성립하지 않는다는 것이라고 설명하게 된다.

여기서 문聞, 사思, 수修의 세 가지 지혜에 그것들의 대상이 승의라는 이유로 승의라고 이름 붙였으며, 진실한 심식의 관점에서 발생이 성립 하지 않으므로 그것들의 관점에서 무생이라 설명하셨고, 두 가지 무아 는 올바른 논리를 갖춘 승勝이기도 하며,[167] 2장障을 제거하고자 하는

---

167 여기서 두 가지 무아를 인무아와 법무아로 본다면, 경부행중관자립파와 요가행중 관자립파 모두 인무아를 승의제로 보지 않고 오직 법무아만을 승의제로 인정하므

이가 깨닫기 위해 애쓰는 대상이자 승의지勝義智의 전도되지 않은 의義, 즉 대상이므로 진정한 의미의 승의라고 한다.

진실하다는 것 또한 이지理智에 대입해서 말하면, 궁극적 실상을 고찰하는 이지의 관점에서 자성이 없다는 것이지 일반적 사실을 고찰하는 심식의 관점에서 없다는 것이 아니며, 또는 진여의 본질에 대입해서 말하면, 진여에서(승의에서) 성립하는가를 분석했을 때 없다는 것이라고 『중관장엄론석』에서 설명하셨다.

존재의 발생 등이 진여에서 존재한다면 그것들의 승의(궁극적 실상) 또는 진여를 헤아리는 심식에 의해 성립해야 하지만 그것에 의해 성립하지 않으므로 발생 등은 존재들의 진여(궁극적 실상)로 성립하지 않는다고 설하신 것이니, 바로 이것을 또한 '승의에서 발생이 없다'고 한다.

그렇다면 '발생이 어떠하게 성립하면 진여로 성립하는 것인가?'라고 한다면, 비유하면 환술을 써서 나무와 흙덩이 따위를 말과 소로 보이게 할 때 주술에 의해 눈이 오염된 안식에 그렇게 보일 뿐 나무와 흙덩이는 말과 소로 나타나지 않는다고 말할 수 없는 것과 같이 새싹 따위가 씨앗으로부터 발생하는 것으로 나타날 때 심식에 그렇게 나타나는 것일 뿐 새싹이 씨앗에서 발생하는 것이 아니라고 할 수 없다.

'그렇다면 새싹이 자기 방면으로부터 씨앗에서 발생하는 것이므로 승의의 발생이다'라고 한다면, 그러한 오류는 없다. 왜냐하면 환술의 기반인 나무와 흙덩이의 방면으로부터도 말과 소로 비록 나타나지만

로 맞지 않다. 역자의 추측으로는 쫑카빠 스님이 귀류파의 견해를 가지고 있으므로 무의식적으로 실수로 이렇게 쓰신 것이 아닌가 싶다. 귀류파의 견해에선 인무아와 법무아 모두 공성이고 승의제이기 때문이다.

눈이 오염된 심식의 경우에 그와 같이 나타나는 것이지, 자신의 본래적 인연으로부터 그와 같이 나타나는 것이 아니니, 그렇지 않다면 오염되지 않은 눈에도 그와 같이 나타나야 하기 때문이다.

그와 같이 씨앗으로부터 새싹이 발생하는 것 역시 일반적 사실을 고찰하는 심식에 그와 같이 나타난다는 점에 의해서 설정된 것이 아닌 새싹 자신의 존재방식에 의해서만 발생하는 것이 아니다.[168] 그러므로 자신의 대상을 가진 심식에 나타난다는 점에 의해서 설정된 것이 아닌 새싹 따위가 자신의 존재방식에 의해 발생하는 것으로 취하는 것이 승의에서의 발생을 취하는 것이다. 이러한 의미로 '실재로서의 발생'과 '진여로서의 발생'이라는 것 또한 알도록 하며, 일체법의 승의에서의 발생과, 진여로서의 발생과, 실재로서의 발생 등의 유무 또한 알도록 한다.

이에 대해서 『중관광명론』에 다음과 같이 설하셨다.

그로 인해서 또한 일체 유정有情에 진실한 자성의 본질처럼 생생히 나타나는 것을 보게 되니, 그러므로 그들의 관점에서 거짓된 존재의 일체 본질은 오직 세속적 차원의 존재뿐이라고 한다.

이것은 승의에서 자성이 없음에도 있다고 착각하는, 무시이래로 전해 내려온 습기習氣로부터 생긴 세속의 심식에 의해 유정들에게 진실한 자성이 있는 것처럼 나타나므로 그들의 관점에서 존재하는

---

168 새싹의 발생은 자신의 존재방식에 의해서도 성립하지만 오류 없는 일반적 심식에 나타난다는 점에 의해서도 성립한다는 얘기다.

것이 세속적 차원에서 존재하는 것이라는 말씀이므로 그 반대[169]를 승의에서 존재한다는 의미로 보아야 한다. 그러므로 이러한 의미로 설명하며 모든 자립파의 견해가 이와 같다.

구생俱生인아집과 구생법아집 따위의 고찰하지 않은 심식에 나타난다는 점에 의해서는 일반적 사실에서 존재한다고 설정할 수 없지만, 바른지각에 위배되지 않는 일반적 심식에 나타난다는 점에 의해서는 일반적 사실에서 그 대상이 있다고 설정할 수가 있다.

이와 같이 바른지각에 위배되지 않는 일반적 심식에 나타난다는 점에 의해서 설정된 존재방식 또한 있기 때문에 '자신의 존재방식에 의해 성립하는 것'만으로는 실재의 조건이 충족되지 않고, '자신의 대상을 가진 심식에 나타난다는 점에 의해 설정된 것이 아닌'이라는 조건이 더 포함된다.

존재들에 실집의 대상이 공한 공성이 존재들의 승의의(궁극적) 실상임을 비록 인정하지만, 승의의 실상 역시 그것을 대상으로 하는 심식에 나타난다는 점에 의해서 설정된 것이 아닌 자신의 존재방식에 의해 성립하는 것이 아니다. 이것으로써 '공성의 공성'의 의미 또한 알도록 한다.

앞서 설명한 실집[170]은 적호 사제의 견해에서 구생俱生의 실집이며, 언어를 알지 못하는 유정들은 명칭과 내용을 연관 짓는 방식으로 그와

---

169 오류 없는 심식에 나타난다는 점에 의해서 설정된 것이 아닌 자신의 존재방식에 의해서만 성립하는 것.

170 오류 없는 심식에 나타난다는 점에 의해서 설정된 것이 아닌 자신의 존재방식에 의해서만 성립하는 것으로 취하는 것.

같이 취하지는 않지만 실집의 내용은 그들에게 존재한다. 그러므로 실집의 대상이 그와 같이 성립한다면 궁극적 실상을 고찰하는 논리의 고찰을 견뎌내고, 부분이 없는 존재이며, 세 가지 특성[171]을 갖는 등이 되어야 한다는 귀류[172]는 가능하지만 그와 같이 보는 것[173]이 실집의 의미는 아니니, 그것들을 배격하더라도 비실재의 의미가 지각되는 것은 아니기 때문이다.

적호 사제의 견해에서의 실집의 의미를 정확히 확인하지 못하면 궁극적 실상을 고찰하는 이지理智의 관점에 지각대상이 있으면 그것이 실재가 된다고 생각하여 이전의 학자들 일부는 진여를 실재라 주장하고, 또 일부는 궁극적 실상을 고찰하는 이지의 지각대상은 존재하지 않는다고 주장하고, 또 다른 이들은 궁극적 실상을 고찰하는 이지를 이理와 추론 둘로 나누어 대상의 유무를 각각으로 설정하였다.

요약하면, 구생俱生의 법아집을 확인하여 법아를 배격하는 일체 논리가 법아집을 제거하기 위한 주主와 지엽임을 알아서, 듣고 설명하고 사유함으로써 자신에게 있는 구생의 법아집에 얼마나 손상을 가할 수 있는지 자주 자주 검토하는 것이 바로 이러한 가르침의 목적임을 알아야 하며, 불교 안에서 무아에 대해 설명하는 다른 부분에서도 이와 같이 보아야 한다.

---

171 실재의 세 가지 특성: ①인연에 의해 생겨난 것이 아닌 것, ②다른 상태로 변하지 않는 것, ③자신을 설정하는 다른 존재에 의존하지 않는 것.

172 귀류: 어떤 전제로부터 잘못된 결론을 도출함으로써 전제가 잘못됐다는 것을 보여주는 것.

173 궁극적 실상을 고찰하는 논리의 고찰을 견뎌내고, 부분이 없는 존재이며, 세 가지 특성을 갖는다고 보는 것.

170

ⓑ 부정대상 배격

위에서 설명한 부정대상을 배격하는 주요 논리는 무엇인가 하면, 적호 사제께서 부정대상을 배격하는 논거는 대부분 관련 대상을 부정하는 논거[174]이며, 그 또한 『능가경』과 『부자합집경父子合集經』에 의거해서 '하나와 별개를 여의었다는 논거'[175]의 논증을 『중관장엄론』에서 설명하셨다.

『중관광명론』에서는 금강파편의 논거[176]와 유무의 발생을 배격하는 논거,[177] 네 가지 경우의 발생을 배격하는 논거,[178] 하나와 별개를 여의었

---

174 관련대상을 부정하는 논거: 예를 들어 'A는 토끼(B)가 아니다. 동물(C)이 아니기 때문에.'의 경우와 같이 B를 포함하는 관련대상인 C를 부정함으로써 B를 부정하는 논거와, 'A는 인간(B)이 아니다. 사람(C)이 아니기 때문에.'의 경우와 같이 B와 범주가 같은 관련대상인 C를 부정함으로써 B를 부정하는 논거와, 'A에는 연기(B)가 없다. 불(C)이 없기 때문에.'의 경우와 같이 B의 원인이 되는 관련대상인 C를 부정함으로써 B를 부정하는 논거 등 이러한 논거들을 관련대상부정의 논거라 한다.

175 하나와 별개를 여의었다는 논거: 예를 들어 '새싹은 실재가 아니다. 승의에서 하나도 아니고, 승의에서 별개도 아니기 때문이다.'라고 논증하는 경우의 논거.

176 금강파편의 논거: 예를 들어 '새싹은 승의에서 발생하는 것이 아니다. 승의에서 자신으로부터 발생하는 것도 아니고, 승의에서 다른 것으로부터 발생하는 것도 아니고, 승의에서 자타 두 가지 모두로부터 발생하는 것도 아니고, 승의에서 원인 없이 발생하는 것도 아니기 때문이다.'라고 논증하는 경우의 논거.

177 유무의 발생을 배격하는 논거: 예를 들어 '새싹은 승의에서 발생하는 것이 아니다. 자신의 원인의 시점에서 있으면서 승의에서 발생하는 것도 아니고, 자신의 원인의 시점에서 없으면서 승의에서 발생하는 것도 아니기 때문이다.'라고 논증하는 경우의 논거.

178 네 가지 경우의 발생을 배격하는 논거: 예를 들어 '새싹은 승의에서 발생하는 것이 아니다. 승의에서 하나의 원인에서 다수의 결과가 발생하는 것도 아니고,

다는 논거, 연기緣起의 논거[179] 등을 설하셨으며, 이 중 마지막은 모순대
상의 논거이다.

논증상대에게 모순을 보여주는 궁극의 지점은 불교 내 교파와 외도들
이 어떤 주장을 하든 시간적 전후의 부분이나 대상의 부분이나 심식의
대상으로서의 상相 등 여러 부분을 갖지 않은 단일한 것은 존재할
수 없음을 보여주어 여러 부분을 가지고 있음을 입증하면, 하나의
존재에 여러 부분이 있다는 것은 일반적 사실로서의 존재에게는 모순되
지 않지만, 승의에서 성립하는 것의 경우에는 부분과 전체 두 가지가
본질이 다르다면 서로 무관한 것이 되고, 본질이 같다면 여러 부분들이
하나가 되는 오류와 하나의 전체가 여럿이 되는 오류가 있음을 보여주어
존재가 승의에서 성립함을 배격하는 것이니, 성천께서 '손가락이 손가
락 마디와 별개가 아니니' 등으로 설하신 논리를 중점적으로 설명하신
것이다.

예를 들면, 다른 것으로부터 승의에서 발생함을 배격할 때 변하는
것과 변하지 않는 것 두 가지 경우로 나누어서 변하지 않는 것으로부터
의 발생을 배격하고, 변하는 것에 동시와 동시가 아닌 것 두 가지
경우로 나누어서 동시인 것으로부터의 발생을 배격하고, 동시가 아닌
것에 멸한 것과 멸하지 않은 것 두 가지 경우로 나누어서 멸한 것으로부

승의에서 다수의 원인에서 하나의 결과가 발생하는 것도 아니고, 승의에서
다수의 원인에서 다수의 결과가 발생하는 것도 아니고, 승의에서 하나의 원인에
서 하나의 결과가 발생하는 것도 아니기 때문이다.'라고 논증하는 경우의 논거.

179 연기의 논거: 예를 들어 '새싹은 실재가 아니다. 의지하고 관련해서 존재하는
것이기 때문에.'라고 논증하는 경우의 논거.

터의 발생을 배격하고, 멸하지 않은 것으로부터의 발생에 방해가 있고 없는 두 가지 경우로 나누어서 방해가 있는 것으로부터의 발생을 배격하니, 여기까지의 배격은 어렵지 않다. 이후 방해가 없는 것으로부터의 발생에 전면적으로 방해가 없는 것과 부분적으로 방해가 없는 두 가지 경우로 나누어서 전자의 경우라면 전후의 두 시점이 하나로 겹쳐지게 되니, 비유하면 두 개의 입자가 쌓일 때 전면적으로 걸림이 없다면 한 개의 입자로 겹쳐져야 하는 것과 같다. 만약 부분적으로 방해가 있다면 그것은 부분이 있는 것이므로 세속적 차원의 존재가 된다.

이와 같이 『중관광명론』에서 설명하셨으니, 모순을 보여주는 궁극적 지점은 부분과 전체에 하나와 별개의 고찰을 행하여 배격한 바로 이것이다.

승의에서의 타생他生 따위 한 가지를 배격하는 경우에도 모순을 보여주는 논리의 종류는 다양하며, 지장 논사께서 『이제론』에서 '네 가지 경우의 발생을 배격하는 논거'를 실재를 배격하는 주요 논리로 삼아 모순을 보여준 궁극적 지점 역시 적호 사제의 논리와 비슷하다.

이러한 논리들 역시 용수의 제자들의 논리의 큰 길이므로 논리를 통달하고자 하는 이들은 잘 배워야 한다.

상술한 논리를 이해하면 자립파 내의 다른 논리들 역시 이해하기 쉬우므로 이 정도로 생략한다.

② 중관귀류파의 해설

ㄱ) 개아와 법에 자성의 유무

㉠ 개아와 법에서 자성을 배격하는 차별성

ⓐ 자상에 의해 성립하는 자성 배격이 차별성임을 보임

불호 논사의 『중론』 주석에 대해 청변께서 많은 반론을 하셨지만 두 가지 무아에 대한 견해의 불일치를 통해 반론하진 않으셨고, 관음금께 서도 "일반적 사실에서 연기緣起의 존재들이 허깨비처럼 작용이 가능하 며 승의에서 자성이 없음을 아는 것은 성인 사제와 청변, 불호 등 중도中道 설법자들께서 반야바라밀의 이치를 보여주신 것이다."라고 하셨으니, 일반적 사실에서 허깨비와 비슷하게 존재함과 승의에서 자성이 없는 이치는 청변과 불호 두 논사가 비슷하다고 설하신 것이다.

지장과 적호, 까말라실라 등의 논사들 역시 불호와 월칭 논사의 견해와 자신들의 견해 두 가지 사이에 무아의 견해에 차이가 있음은 설명하지 않으셨다.

월칭께서는 불호께서 성인(용수)의 의중을 여실하게 해설하셨으므 로 자신이 승의와 세속을 설정하는 방식과 차이가 없다고 보셨으며, 자신의 견해는 자립파가 해설한 방식과는 같지 않다고 하셨으니, 『입중 론석入中論釋』[180]에서 다음과 같이 설하셨다.

중관의 논서 외에 다른 논서에는 공성空性이라고 하는 이 법을 전도됨

---

180 『입중론석』: 『입중론』의 저자인 월칭이 자신의 논서를 스스로 해설한 주석서. 『입중론』은 용수의 『중론』을 『십지경』과 관련시켜서 해설한 월칭의 주석서이며, 보살초지에서 10지까지 전체 10장으로 구성되어 있다.

없이 말한 바가 없는 것과 같이 우리들이 여기서 반론과 답변으로 설명한 견해 또한 공성의 법과 같이 다른 논서에는 없는 것이라고 지자智者들이 확신하기를 바란다. 그러므로 일부가 '경부파의 견해에서 승의로 말한 것들은 중관파들이 세속으로 주장한다.'고 하는 말은 중관의 논서의 진여를 분명히 이해하지 못한 자들만의 주장이라고 알도록 한다.

또 비바사파의 견해에 대해서도 다음과 같이 설하셨다.

이와 같이 출세간의 법은 세간의 법과 같을 수 없으니, (귀류파의) 이 견해는 공통적인 것이 아니라고 지자智者들은 확신하도록 한다.

자종(自宗: 자신의 견해)이 자립파와 공통적인 것이 아니라는 근거로 써 "실재론의 두 교파가 승의로 주장하는 것들은 중관파가 세속으로 주장한다."라는 말은 중관의 진여를 알지 못하는 것이라고 보는 이유는 자종에선 일반적 사실에서조차 자상에 의해 성립하는 존재를 인정하지 않지만 그들은 자상에 의한 성립의 바탕 위에서 모든 것을 설정하기 때문이다.

2제諦 중의 어느 하나에서 어긋나면 다른 하나에서도 역시 어긋나므로 2제의 이치에서 어긋나지 않은 출세간의 법은 2제에서 어긋난 세간의 법과는 세속과 승의 어느 쪽으로도 같을 수 없으니, 성인의 이 교의는 승의에서뿐만 아니라 세속적 차원에서도 실재론의 교의와 공통된 것이 아니다.

『이제론二諦論』의 자주自註에 인용된 아래 구절은 그 주석에서 용수 논사의 말씀이라 설명하였지만,『입중론석』에 의해 사실이 아님을 알 수 있다.

어떤 이가 승의로 하는 무엇
그것은 다른 이의 세속이니
어떤 이의 어머니가
다른 이에겐 아내인 것과 같다.

주석의 저자가 적호라는 주장 역시 동명이인이거나 아니면 이름을 도용한 것일 뿐『중관장엄론』등의 저자가 아니다. 왜냐하면 이 논서를 지은 목적을 설명한 부분을『섭량진여소攝量眞如疏』[181]에서 논파하였기 때문이며, 또 주체와 객체가 그렇게 나타나는 바와 같이 별개로 존재하지 않는다는 주장이 직관에 어긋나고 상식에도 어긋난다는『이제론』의 주장을 문자 그대로 받아들이고 올바른 내용이라 주석하였기 때문이다.

또『입중론석』에 다음과 같이 자립파의 주장이 기술되어 있다.

승의에서 발생이 없으므로 자신으로부터와 다른 것으로부터의 (승의에서의) 발생은 비록 부정된 것이다. 그러나 색과 느낌〔受〕 등 직관과 추론의 대상인 그것들의 자성은 다른 것으로부터 발생하는 것일 수밖에 없다. 왜냐하면 그와 같이 인정하지 않는다면 2제諦를 말할 수가 없고 오직 하나의 진리밖에 없는 것이 된다. 그러므로 다른 것으로부터의

181『섭량진여소』: 까말라실라의 논서.

176

발생은 반드시 있는 것이다.

이것은 앞에서 자상에 의해 성립하는 인과를 배격한 후, 그에 대한 반론으로 "승의에서 자상을 부정하면 승의에서의 타생他生 또한 부정되는 것이 타당하지만 일반적 사실에서는 자성 또는 자상에 의해 발생하는 타생은 인정해야만 한다. 그것을 인정하지 않는다면 세속적 차원에서도 진실이 없으므로 세속제가 없는 것이 된다."라는 주장을 인용한 것이며, 차례로 자상에 의한 발생을 세속과 승의 모두에서 없는 것으로 논증하셨으니, 이것은 승의에서의 발생은 없지만 일반적 사실에서 자상에 의한 발생은 있다고 주장하는 중관자립파를 대상으로 논쟁한 것이다. 그러므로 '두 중관파 사이에 부정대상의 차이가 있다면 월칭께서 어째서 특별히 상대의 견해를 부정하지 않으셨는가?'라고 말하는 것은 합당하지 않다.

ⓑ 부정대상 확인과 배격
ⅰ. 변계증익과 구생증익이 보는 방식과 그것의 배격
그렇다면 어떻게 보는 것이 자상에 의해 성립하는 것으로 보는 것인가 하면, 이에 먼저 다른 교파의 견해를 설명하도록 하겠다.
'이 개아가 이것을 하여 이러한 과보를 받는다'라고 언어가 가립된 것을 두고 '자신의 이 온蘊이 개아인가, 아니면 이것과 별개의 것인가?'라는 식으로 개아라고 이름 붙여진 그 실체를 규명해서 온蘊과 동일 또는 별개 따위의 어느 쪽으로 결정하여 개아를 설정할 기반을 얻으면 업을 짓는 주체 등을 설정할 줄 알고, 얻지 못하면 설정할 줄 모르므로 개아라고 단지 이름 붙인 정도로 만족하지 못하고 그 이름을 어느 것에 붙인 것인가 하는 그 가립기반을 고찰하고 탐색하여 설정하면 그것이 바로 개아를 자상에 의해 성립하는 것으로 설정한 것이며, 불교 내의 비바사파에서부터 중관자립파까지 모두가 이런 식으로 받아들인다.

그와 같이 색과 느낌 등의 유위법을 비롯해서 무위법, 심지어 경부파가 막힘과 접촉의 배격에 불과한 전체부정존재를 허공으로 설정한 따위까지도 포함하여 바른지각에 의해 성립한다고 주장하는 일체를 존재로 설정할 때 각각의 존재에 가립되는 명칭이 가리키는 그 실체가 어떠한 것인가 규명했을 때 그에 의해 얻어지는 실체가 없으면 존재로 설정할 줄 모르기 때문에 그와 반대로 존재를 설정한다.

인명학에서 오직 작용할 수 있는 존재를 자상이라 한 것과, 『대법경對法經』 등에서 다른 것과 공통되지 않은 성질, 즉 열을 불의 자상으로 설명한 따위와, 여기서 '자상에 의해 성립' 유무를 말할 때의 자상은 의미가 크게 다르다.

월칭 존자께서는 그러한 방식을 통해 존재로 설정한 것은 일반적 사실에서조차 인정하지 않으시며, 자종에서 명칭을 설정하는 방식은 『현구론』에 다음과 같이 설하셨다.

또한 몸을 기반으로 한 것, 차별화하는 것, 세간의 언어관습에 부합하는 것, 분별하지 않고 성립한 것, (몸에) 의지하고 있는 맷돌과, 머리를 기반으로 의지하고 있는 라후[182]는 개아 등이 가립된 방식과 같이 존재하므로 이 비유는 적절하지 않다.

이것은 "세간에서 맷돌의 몸과 라후의 머리 등으로 이름 붙일 때 몸과 별개의 맷돌이나 머리와 별개의 라후가 있는 것이 아니지만 분별식 상에서는 기반과 특성으로 구분 가능한 것처럼 지대地大의 자상은 견고함이라고 말할 때 역시 견고하지 않은 지대는 없지만 그와 같이 언어를 가립할 수 있다."라는 주장에 대한 답변이다. 즉, 몸과 머리라는 말로부터 그 두 가지를 대상으로 한 심식이 발생할 때 그것들을 기반으로 하여 '무엇의 몸인가?', '무엇의 머리인가?' 하고 알고자 하면, 말하는 사람 역시 맷돌과 라후 외의 다른 것의 몸과 머리라는 오해를 없애고자 세간의 언어관습에 따라서 차별화 시켜주는 법인 '맷돌'과 '라후'라는 말로써 듣는 이의 의심을 없애주는 것은 타당하지만, 견고하지 않은 지대는 없으므로 '지대의 자상은 견고함이다' 따위의 말에는 그러한 의심을 제거하는 기능이 없기 때문에 비유와 비유대상이 경우가 다르다 는 것이다.

비유가 성립하지 않는 또 다른 이유는 차별화의 기반인 몸과 머리, 차별화하는 법인 맷돌과 라후 이 두 가지는 세간의 언어관습에서 별개로 성립하므로 별개가 아닌 것의 비유가 될 수 없다고 설명하셨다.

여기서 이름 붙여진 기반이 무엇인지 찾으면 별개의 대상을 찾을 수 없으니, 라후의 머리에 라후라고 이름 붙였기 때문이며, 맷돌과 맷돌의 몸이 찾으면 각각으로 얻어지는 것이 아니기 때문이다.

이에 대해 반론과 답변으로 앞에 인용한 구절에 이어 다음과 같이

---

182 라후: 인도의 전설에서 일식과 월식을 일으키는 악마의 이름. 원래 아수라의 하나인데, 불사의 약을 먹고서 신들과 싸우다 머리를 잘려서 머리만 살아남았다 고 한다.

선명하게 설하셨다.

만약 '단지 그 정도(세간의 언어관습에서 기반과 특성으로 구분되는)로는
몸과 머리와 별개의 실체가 성립하지 않기 때문에 비유는 성립하는
것이다.'라고 한다면 그렇지 않다. 왜냐하면 세간의 언어관습에는
그와 같은 고찰이 적용되지 않기 때문이며, 세간의 존재들은 고찰
없이 성립된 존재들이기 때문이다.

여기서 "듣는 자의 관점에 단지 기반과 특성 정도로는 성립하지만
그러한 언어가 가립된 기반을 찾으면 몸과 별개의 맷돌이나 머리와
별개의 라후를 얻을 수 없으므로 그것들은 기반과 특성으로 성립하지
않는다."라는 주장은 앞서 설명한 다른 교파들이 존재들을 설정하는
방식이다.

이에 대해 월칭께서 "있다는 것은 세간의 언어관습적 차원에서이며,
그것은 그와 같은 고찰을 행한 이후 설정된 것이 아니라 고찰 없이
설정된 것이다."라고 답변하셨다.

고찰하여 설정한다면 설정이 불가능하다는 것과, 고찰 없이 설정하
는 방식 또한 인용한 구절에 이어서 다음과 같이 설하셨다.

여실하게 고찰한다면 색 등과 별개의 자아는 비록 없지만 그러나
온蘊에 의지해서 세간의 일반적 사실로서 이것은 틀림없이 있는 것이
며, 그와 같이 라후와 맷돌 역시 그러하므로 비유는 성립하지 않는다.

이것은 개아를 설정하는 방식에 대한 설명이며, '데와닷따의 몸', '데와닷따의 마음' 등으로 말할 때에도 그러한 명칭을 어느 것에 가립한 것인가 하는 그 기반으로서의 데와닷따와 몸과 마음 등이 어떻게 성립해 있는지 고찰하면 몸과 마음 등은 데와닷따가 아니고, 데와닷따의 몸과 마음 등과 별개로 데와닷따를 얻을 수도 없으므로 고찰하고 규명해서 얻어진 대상을 데와닷따로 설정할 수 없다는 것이 '자아는 비록 없지만' 이라고 하신 뜻이다.

그러나 이것은 데와닷따가 자상에 의해 성립하지 않는다는 것이지, 데와닷따가 없다는 것이 아니므로, 온蘊에 의지해서 세속적 차원에서 존재하는 것과 같이 비유의 두 가지 역시 그와 같이 설정한다는 의미다.

법들의 설정 방식 또한 인용한 구절에 이어 다음과 같이 설하셨다.

그와 같이 고찰하면 지대地大 등에도 견고함 등과 별개의 사례가 없고, 사례와 별개로 기반을 갖지 않은 상相 역시 비록 없지만 그러나 이것은 세속적 차원에서는 있는 것이다. 그러므로 스승들께서 단지 상호 의존해서 성립하는 방식으로 성립한다는 교의를 정립하셨다.

이것은 지대地大와 견고함 따위의 정의와 정의대상을 설정함에도 정의와 정의대상의 언어가 가립되는 그 실체를 찾아서 얻어진 대상에 설정하고자 하면 그 두 가지를 설정할 수 없지만 상호 의존하는 방식으로는 그것들이 존재한다고 설정할 수 있다는 것이다.

개아와 법의 설정 방식을 반드시 이와 같이 받아들여야 하는 이유는 인용한 구절에 이어 다음과 같이 설명하셨다.

이것은 오직 그와 같이 인정할 수밖에 없다. 그렇지 않다면 세속은 (궁극의) 타당성을 갖춘 것이 되지 않는가? 그렇다면 그것은 진여가 될 뿐 세속이 되지 않는다. (궁극의) 타당성에 의해 고찰하면 맷돌 따위들만 불가한 것이 아니다. 어떠한가 하면 앞으로 설명할 (궁극의) 타당성에 의하면 색과 느낌〔受〕 따위들 역시 존재하지 않으므로 그것들 또한 맷돌 따위들과 마찬가지로 세속적 차원에서 존재하지 않는다고 인정할 수밖에 없게 되지만 그렇지도 않으므로 그것(가립된 언어가 가리키는 실체를 찾아서 얻어진 대상)은 존재하지 않는다.

의지해서 가립된 존재를 설정하는 이치는 『입중론』에서 설명한 바와 같이 이해해야 한다고 설하셨다.

인용한 구절의 의미는, 앞서와 같이 고찰하여 얻어진 대상을 일반적 사실에서 존재한다고 설정한다면 진여에서의 성립 유무를 고찰하여 설정한 것이기 때문에 그것은 세속적 차원에서 존재하는 것이 아니라 승의에서 존재하는 것이 됨을 나타내신 것이다. 그러므로 자상에 의해 성립한다면 승의에서 성립하는 것이라는 얘기다.

그렇다면 『이제론』에서 다음과 같이 설하신 것은 무엇인가?

나타나는 바와 같은 본질이기 때문에
이것에 고찰을 행하지 않는다.
고찰하면 다른 뜻이
된 것이므로 오류가 된다.

"이와 같이 자립파들 역시 세속적 차원의 대상들을 승의를 고찰하는 논리에 의해 규명하여 얻어진 대상으로 설정하지 않는다고 주장한다. 그렇다면 그것이 어찌 귀류파만의 특성이라고 할 수 있는가?"라고 한다면, 이것은 두 중관파의 견해에서 어떻게 고찰하는 것이 승의에서의 성립 유무를 고찰한 것이 되는지 그 차이를 간과한 반론이다.

귀류파는 앞서 설명한 바와 같은 고찰을 승의에서의 성립 유무를 고찰한 것으로 보니, 앞서 『현구론』을 여러 차례 인용하였고, 존재들 또한 명칭과 기호와 언어에 불과하다고 많이 설명하였기 때문이다.

명칭에 불과하다는 것은 앞서 설명한 바와 같이 가립된 언어가 가리키는 그 실체를 규명하면 찾을 수 없다는 뜻이며, 명칭만 있고 내용은 없다거나 모든 것이 명칭이라는 따위의 의미가 아니다.

여기서 명칭을 가립하는 심식心識이 설정한 모든 것이 일반적 사실에서 있다고 보는 것은 아니지만, 명칭을 가립하는 심식에 의해 설정된 것이 아닌 일반적 사실로서의 존재는 인정하지 않는다.

자립파들은 명칭을 가립하는 심식에 의해서는 색과 느낌 등을 설정할 수 없고, 오류 없는 근식根識 따위에 나타난다는 점에 의해 일반적 사실로서의 존재를 설정할 수 있다고 주장하므로 심식에 의해 설정한다고 말할 때의 심식에도 차이가 크다.

자립파는 이와 같이 심식에 의해 설정된 것이 아닌, 법 자신의 존재방식에 의해 존재하는지 어떤지를 고찰하는 것을 승의에서의 성립 유무를 고찰하는 것으로 보며, 앞서 설명한 고찰 방식 정도로는 승의의 고찰로 보지 않으므로 일반적 사실에서 자상을 인정한다.

그러므로 불경에서 "세속제는 명칭과 기호와 가립에 불과하다."라고

설하신 '불과'하다는 말이 무엇을 배격하는 의미인지에 대해서도 역시
두 파의 견해가 다르다.

그렇다면 세간에서도 '왔는가, 안 왔는가?', '발생했는가, 발생하지
않았는가?' 등의 많은 고찰이 있으니, 그와 같이 질문할 때 왔다거나
발생했다고 말할 수 없는 것인가? 그러나 이러한 탐구와 앞서 설명한
고찰 방식은 크게 다르니, 이 경우는 오고 가는 자와 오고 간다고
가립된 언어에 그와 같이 가립만으로 만족하지 않고 그러한 언어가
가리키는 그 실체가 무엇인지 고찰하여 오고 가는 것에 대해 질문한
것이 아니라, 임의적으로 가립된 오고 간다는 언어에 임의적인 고찰을
행하는 것이므로 그러한 고찰을 인정함에는 아무런 모순이 없다.

그러나 그러한 언어관습적 차원의(일반적 사실로서의) 대상에 대해
고찰하여 자상에 의해 성립하는 자성이 있다고 보는 것은 구생아집俱生
我執이 보는 방식은 아니다.

유정들을 윤회에 속박시키는 것은 구생아집이기 때문에 바로 그것이
논리들의 주요 배격대상이니, 그렇다면 구생아집이 보는 방식이 어떠
한가 하면, 안팎의 법들이 언어관습에 의해 설정되었을 뿐이 아닌
자신의 본질에 의해 존재하는 것으로 보는 것이다. 그 또한 아무개
따위의 개아를 대상으로 그와 같이 보면 인아집人我執, 눈과 귀 등의
법을 대상으로 그와 같이 보면 법아집法我執이 되며, 이로써 인아人我와
법아法我에 대해서도 알도록 한다.

이와 같이 보는 구생아집이 언어가 가립된 실체가 무엇인지 고찰하여
대상을 취하는 것은 비록 아니지만, 구생아집이 취하는 바와 같은
대상이 만약 있다면 그것의 언어가 가립된 실체가 어떠한 것인지 고찰하

였을 때 고찰하는 그 심식에 의해 발견되어야 하는 것이다.

그러므로 고찰하지 않는 구생아집의 대상이 논리의 주요 배격대상이 되는 것과, 논서들에서 오직 고찰을 통해서 구생아집의 대상을 배격한 것 역시 모순이 없으니, 논서들이 변계아집과 그 대상만을 배격한다고 보아선 안 된다.

교리에 의해 영향 받지 않은 이들과 기호를 알지 못하는 유정들은 '언어를 가립하는 심식에 의해 설정되지 않은 존재'라는 명칭은 사용할 줄 모르더라도 그것의 내용은 취하고 있다. 만약 그렇지 않다면 인아人我와 법아法我의 내용 역시 없다는 얘기가 될 것이다.

유식파와 자립파들은 모두 개아와 법을 대상으로 무엇을 배격함으로써 무아를 설정하는가 하는 인아와 법아 두 가지와, 그것들에 집착하는 방식인 인아집과 법아집의 내용을 다르게 생각하지만, 귀류파의 견해에선 공성의 기반인 유법의 차이에 따라서 인무아와 법무아로 나눌 뿐 부정되는 아我에는 차이를 인정하지 않으니, 『입중론』에 다음과 같이 설하셨다.

무아는 중생들을 해탈시키기 위해
법과 개아로 나누어 두 가지로 설하셨다.

이것은 무아를 법과 개아라는 유법의 차이로 구분한 것이지 두 가지 아我의 차이로 구분한 것이 아니라는 말씀이다.

『사백론석四百論釋』[183]에서도 다음과 같이 설하셨다.

여기서 아我라는 것은 어떤 존재들의 다른 존재에 의존하지 않은 자성을 가리키며, 그것이 없다는 것이 바로 무아이다. 그것은 법과 개아의 두 가지 분류로 지각되니, 법무아와 인무아이다.

'다른 존재에 의존하지 않은 자성'이라는 것은 '명칭으로 가립되었을 뿐이 아닌, 대상의 방면으로부터 존재방식이 있는 독립적인 본질'을 말한다.

만약 "불교 내의 비바사파에서부터 자립파까지 모두가 바른지각에 의해 성립[184]한다고 보는 대상들을 이와 같은 자상에 의해 성립하는 것으로 본다고 말한다면, 앞서 설명한 바와 같이 유식파는 색 등이 본질과 특성으로 가립된 변계소집이 있다고 보면서도 자상에 의해 성립함을 부정하고 명칭과 기호에 의해 설정된 것이라고 설명하므로 모순이 아닌가?"라고 한다면, 모순이 없다. 왜냐하면 유식파는 "변계소집이 명칭과 기호에 의해 설정되었을 뿐이므로 자상에 의해 성립하지 않는다."고 말하지만 명칭이 가립된 기반을 규명하면 얻을 수 없다는 것은 인정하지 않으므로 귀류파가 설명하는 '자상에 의한 성립'은 취하고 있다.

또한 유식파의 논서들에서 변계소집은 명칭에 불과하다고 설명하는 것 역시 심식에 주체와 객체가 별개로 동떨어져 나타나는 바와 같이 외경이 존재하지 않는다는 의미이므로 귀류파가 "명칭에 의해 가립된 것에 불과하다."고 말하는 것과는 의미가 다르다.

---

183 『사백론석』: 성천의 『사백론』을 월칭이 해설한 주석서.
184 바른지각에 의해 성립: 존재, 유有와 같은 뜻이다.

ii. 성문의 경장에서도 두 가지 무아가 설해진 의미

유식파와 자립파들은 소승의 경장에 법무아가 설해지지 않았고, 인무
아의 설법은 성문聲聞의 교파들에 의해 확립된 것 외에는 대승에서도
그 이상 설명할 것이 없다고 주장하지만, 불호와 월칭 두 논사의 견해는
그 두 가지 모두와 반대로 주장하시니, 먼저 소승의 경장에 법무아가
설해진 점에 대해서는 불호께서 다음과 같이 설하셨다.

> 세존께서 제행무아諸行無我의 비유로 허깨비와 메아리, 영상, 신기루,
> 꿈, 기포, 물거품, 파초 등을 보이셨으니, '여기에 여실함 또는 착각
> 없는 여실함은 전혀 없고 이것들은 희론이기도 하고 허망한 것이기도
> 하다.'라고도 설하셨다. '일체법이 무아다.'라고 설하신 무아라는 것은
> 무자성의 의미이니, 아我라는 말은 자성自性이라는 말이기 때문이다.

> 이것은 부처님께서 오온이 무아인 비유로 기포, 물거품, 파초, 신기루,
> 허깨비 등을 보이셨고, "이것들은 허망한 것이다."라고 설하셨고, "일체
> 법이 무아다."라고 소승의 경장에서 설하셨으므로 일체법의 무자성을
> 보이신 것이니, 아我의 의미는 자성의 뜻이기 때문이라는 설명이다.
> 『입중론석』에서도 '색은 기포와 같고'라고 성문聲聞에게 설한 경전을
> 인용하며 법무아를 나타낸 것으로 설하셨고, 『육십정리론석』[185]에서도
> 다음과 같이 설하셨다.

> 무견無見의 방지는 성문 교파(의 논서들)에 명확하므로 그 논리를 설명

---

185 『육십정리론석』: 용수의 『육십정리론』을 월칭이 해설한 주석서.

하지 않겠다. 유견有見의 방지에 대해 설명하자면, 승의의 진리는 하나이다. 무엇인가 하면 속임이 없는 법, (자성)열반이다. 제행諸行은 거짓된 것, 속임이 있는 법이다.

이러한 구절 등에서 "소승의 경장에도 법무아가 비록 설해졌지만 빈번하게, 또는 끊임없이, 또는 한 경전 전체로 설해지지 않았으므로 법무아의 논리에 대해 설명하겠다."고 하셨다.

이에 대해 청변께서는 "인용한 비유들은 인아人我가 있는 것처럼 보이지만 사실은 존재하지 않는다는 비유이므로 인무아를 설한 것일 뿐 법무아가 아니다. 아我의 의미 또한 법의 자성이 아니라 인아人我를 가리키는 것이다. 성문승聲聞乘에서 법무아가 설해졌다면 대승은 의미가 없어진다."라고 반론하셨다.

이에 대해 『입중론석』에서는 "대승에서는 법무아만이 설해진 것이 아니라 『보살지』와 바라밀과 서원과 두 가지 자량[186] 등이 설해졌으므로 대승이 무의미해지는 것이 아니다."라고 『보만론』의 인용과 함께 논증하셨다.

용수 논사의 견해는 어떠한가 하면, 『중론』에서 다음과 같이 설하셨다.

세존께서 실實과 무실無實을

---

186 두 가지 자량: 복덕자량과 지혜자량. 자량이란 성불을 위한 필수요소라는 의미이며, 복덕자량은 보시 등의 선행을 통해 주로 부처의 두 가지 색신(보신과 화신)을 이루는 원인이 되는 것이고, 지혜자량은 공성의 지각을 통해 주로 부처의 지혜법신, 즉 일체종지를 이루는 원인이 되는 것이다.

아시므로 까따야나(가전연)에게 주신
가르침에서 유有와
무無 두 가지 모두를 배격하셨다.

또 다음과 같이 설하셨다.

세존께서 어떤 법이
속임이 있는 것은 거짓이라 하셨다.
제행諸行은 속임이 있는 법이니
그러므로 그것들은 거짓이다.

월칭께서 이러한 구절들을 근거로 논증하셨고, 『육십정리론』에서도
용수께서 다음과 같이 설하셨다.

(자성)열반만이 홀로 진실함을
부처님들께서 항상 설하셨으니
그러할 때 여타의 것이 전도되지 않았다고
어떤 지자智者가 분별하겠는가?

여기서 거짓의 의미는 '본질이 공한 무자성' 외에 다르게 해석할
경우 모순이 있음을 보이며 그러한 의미로 확정됨을 『중론』에서 논증하
셨으므로 소승의 경장에서도 법무아가 설해졌다는 것이 성인(용수)의
견해임을 반드시 인정해야만 한다.

　그렇다고 하더라도 성문聲聞의 경장에 '법에 자상에 의해 성립하는 자성이 있다.'고 설해진 적이 전혀 없다고 주장하는 것은 아니며, 그렇게 설해진 부분 역시 다수 존재한다.

　인무아에 대해서는 불교 내의 대소승의 다른 교파들에 따르면 개아가 온蘊과 본질적으로 별개의 독립적 실체가 아니라는 것 정도로 주장한다.

　개아가 온蘊과 별개의 독립적 실체라고 보는 방식은 '나'라고 취하는 이 자아를 온의 주인으로, 온들은 그의 종從처럼 보는 것이니, '나의 색', '나의 느낌〔受〕' 따위 등으로 취해서 온들을 자신의 것이고 자신이 지배하는 것으로 보기 때문이다. 그러므로 주主와 종從처럼 자아가 온과는 본질적으로 다른 독립적인 것으로 나타나며, 그와 같이 존재한다고 집착하는 것이 실체로 존재한다고 보는 것이다. 그렇게 보는 것을 배격하면 개아는 온蘊에 가립된 것에 불과한 것이 되며, 여기서 '불과'라는 말은 온과 별개의 존재임을 배격하는 의미다.

　가립방식에 대해서는 『분별치연론』에 다음과 같이 설하셨다.

　이와 같이 우리들도 일반적 사실에서 식識에 '자아'라는 명칭을 가립하니, 이와 같이 '식이 다음 생을 취하기 때문에 자아이다.'라고 몸과 근根의 집합에 가립하기 때문이니

　이와 같이 부분들의 집합에 의지해서 마차를 가립하듯 온蘊에 의지해서 개아를 가립한다는 말씀을 인용하셨다.

　또한 일부 경전에서 마음을 제어하면 안락을 얻는다고 설하셨고, 또 일부에서는 자아를 제어하면 선취를 얻는다고 설하셨으므로 바로

그것들을 마음을 자아로 설정하는 전거로 삼고, 온蘊을 취하는 자가 자아이며, 식識이 다음 생을 취하므로 식識을 자아로 설정한다고 논리의 근거를 주장하신다.

청변 논사께서는 장식(알라야식)을 인정하지 않으므로 몸을 취하는 식識이란 제6식을 가리키며, 장식을 인정하지 않는 다른 교파들도 이와 마찬가지다.

장식을 주장하는 이들은 장식의 연속체를 개아로 본다.

인아人我에 대해 그들이 그와 같이 주장하는 전거는 번다함을 피해 생략하겠다.

월칭의 견해에서는 개아가 실유實有임을 배격하더라도 만약 '개아가 언어로 가립된 것일 뿐이 아닌 자신의 자성에 의해 성립한다'고 본다면 그것은 개아를 실재라고 보는 것이므로 인아집人我執이 되니, 법아집도 이와 마찬가지다.

또한 독립적인 실체의 자아는 외도들이 온蘊과 별개로 분별하여 내부의 행위자가 있다고 보는 그 대상이며, 그러한 것이 없음을 직관으로 지각하고 수습修習하더라도 색 등을 대상으로 한 실집實執은 조금도 감소시키지 못하니, 이러한 실집으로부터 발생하는 탐착 등의 번뇌를 제거할 수 없다고 『입중론』에서 다음과 같이 설하셨다.

그대의 명상의 무아를 보는 방식으로는
색 등의 진여를 지각할 수 없고
색 등을 대상으로 (실집이) 작용하기 때문에 탐착 등이
발생하게 되니, 그것의 본질을 지각하지 못했기 때문이다.

『육십정리론석』에서도 다음과 같이 설하셨다.

'누구든지 색 등의 자성을 대하면서도 번뇌들을 제거하고자 하는 그들에게 번뇌가 제거되는 일은 있을 수 없다'는 것을 보여주기 위해 다음과 같이 설하셨다.

대상을 가진 유정들에게
번뇌의 큰 독이 어째서 생기지 않겠는가?
한때 중립에 머물더라도
다시 번뇌의 뱀에 붙들리게 된다.

인용한 게송 첫 행의 '대상'이란 자상에 의해 성립한다는 실집을 일으키는 대상을 말한다.

다른 교파들이 개아를 가유假有로 설정하는 방식은 성문의 경장에서 다음과 같이 설하신 의미와도 어긋난다.

어떤 부분의 집합들에
의지해서 마차라고 말하는 것처럼
그와 같이 온蘊들에 의지해서
세속의 유정有情이라 한다.

왜냐하면 부분에 의지해서 설정한 마차는 부분일 수 없는 것과 마찬가지로 온蘊에 의지해서 가립한 개아 역시 온일 수 없기 때문이다.

만약 '부분들의 집합에 의지해서 마차로 가립한 그 집합 자체가 마차인 것처럼 온蘊의 경우도 그와 같다.'라고 한다면, 대답하건대, 부분들의 집합에 의지해서 가립했다는 바로 그 이유 때문에 가립된 것은 가립의 기반인 부분들의 집합이 아니라고 인정해야 하니, 기본요소들을 기반으로 파랑색과 눈 등을 가립했지만 파랑색과 눈 등은 기본요소가 아닌 것과 마찬가지다. 이와 같이 항아리건 무엇이건 모두 마찬가지이므로 여기에 예외는 없다.

『입중론』에서도 다음과 같이 설하셨다.

경전에서 '온蘊에 의지해서'라고 하셨으므로
그러므로 온의 집합 그 자체는 자아가 아니다.

만약 '경전에서 다음과 같이 온蘊이 아견我見의 소연경所緣境이라고 설하셨으며, 그렇다면 온이 바로 자아이다.'라고 한다면,

출가수행자와 바라문 누구든지 '나'라고 볼 때 이 오온들만을 본다.

이것은 온蘊이 아견의 대상이라는 긍정어법의 표현이 아니고, 온蘊과 별개의 아견의 대상이 있음을 '만'이라는 말로써 배격한 것이니, 다른 경전에서는 "색은 자아가 아니다."라는 등으로 오온 각각을 자아가 아니라고 하셨기 때문이다.

이에 대해 『입중론』에서 다음과 같이 설하셨다.

교조께서 온蘊이 자아라고
설하셨기 때문에 온이 자아라고 주장한다면
그것은 온과 별개의 자아를 배격한 것이니
색은 자아가 아니라는 등으로 다른 경전에서 설하셨기 때문이다.

바로 이와 같이 신견身見이라는 말의 의미 역시 이해하도록 한다.
이러한 말씀들은 구생아견이 가진 소연경所緣境과 행상경行相境 중에
소연경은 일반적 사실에서 존재한다는 것을 확인해준다.

행상경은 자아가 자성에 의해 존재한다고 취한 것이니, '자아가 자상
에 의해 성립함'이며, 이것은 일반적 사실에서조차 존재하지 않는다.

나의 것을 취한 구생신견의 소연경은 '나의 것'이며, 행상경은 '나의
것이 자상에 의해 성립함'이다.

만약 '온蘊이 구생아집의 소연경이 아니라면 경전에서 색 등이 자아가
아니라고 하신 말씀과 모순된다. 왜냐하면 색 등의 온蘊은 자아를
취한 구생신견의 대상 또는 기반이 아니기 때문이다.'[187]라고 한다면,
자아를 온과 동일하거나 별개로 보는 두 가지 모두 구생신견은 아니지만
변계신견이므로 모순이 없다. 또, 구생신견은 비록 자아를 온과 동일하
거나 별개로 취하지는 않지만 구생신견이 취하는 바대로라면 자아가
온과 동일하거나 별개이거나 둘 중의 하나여야 하므로 그와 같은 고찰을

---

187 "온이 자아라고 잘못 보고 있을 때 온이 자아가 아니라고 부정하는 것이 의미가
있는 일이지, 온이 자아라고 보지도 않는데 굳이 온이 자아가 아니라고 부처님께
서 설하셨을 리 없으므로 온이 구생신견의 소연경이 아니라는 주장은 모순이다."
라는 반론이다.

194

통해 배격하는 것 역시 타당하다.

이상의 논의들은 온蘊이 자아가 아니라는 주장에 경전의 전거가 있고 모순이 없음을 보여주며, 이제부터 설명할 논리는 온은 자아가 취하는 대상이고 자아는 온을 취하는 주체이므로 식識이건 무엇이건 온은 자아가 될 수 없으니, 그렇지 않다면 행위자와 대상이 하나가 되기 때문이라는 것이다.

이것은 바로 성인(용수)의 견해이며, 『중론』에서 다음과 같이 설하셨다.

만약 장작이 불이라면
행위자와 대상이 하나가 된다.

또 다음과 같이 설하셨다.

불과 장작에 의해 자아와
취해지는 대상의 모든 구별
항아리와 천 등이 동시에
남김없이 설명된다.

또 다음과 같이 설하셨다.

그와 같이 취取에 대해서 알도록 한다.

2.『무진혜경』에 의거한 입장 195

이러한 구절들은 행위자와 대상이 서로 의지해서 가립됨으로써 존재하는 것이지 자성에 의해 성립하지 않는 것과 같이 취하는 주체와 취해지는 대상 역시 그와 같이 인정해야 한다고 설하신 것이다.

눈이 형상을 본다는 점에 의지해서 아무개가 형상을 봄과, 아무개가 형상을 본다는 점에 의지해서 아무개의 눈이 형상을 본다고 훌륭히 설정할 수 있으며, 그러나 형상을 보는 눈이 아무개가 아니고, 형상을 보는 아무개 역시 눈이 아님에는 모순이 없다.

이와 같이 눈이 아팠다가 회복되면 내가 아팠다가 회복됐다고 언어를 가립한 그대로 인정할 수 있고, 나의 눈이 아팠다가 회복됐다고 언어를 가립한 대로도 역시 인정할 수 있지만, 눈이 바로 '나'와 '나의 것' 두 가지 모두라고 세간의 언어관습에서 인정하지는 않는다.

이러한 이치로써 안팎의 여타 처處들과 자아 두 가지 또한 한쪽에 의지해서 다른 한쪽을 듣는 자 등으로 설정하는 방식 또한 이해하도록 한다.

여기서 외도들은 눈 등을 개아로 설정할 수 없음을 보고서 그것들과 다른 실체의 보는 자 등의 개아를 인정하며, 불교의 다른 교파들은 다른 실체를 인정함에 모순이 있음을 보고서 식識 또는 온蘊을 개아로 받아들이고, 부처님의 가르침을 전도됨 없이 이해한 이들은 존재들이 언어관습적 차원에서 가립되었을 뿐 별도의 자성이 없음을 지각하여 해탈한다고『입중론석』에서 설하셨으니, 가립된 것에 불과한 바로 그것에 업을 짓고 과보를 받는 등의 일체 교리를 훌륭히 설정할 줄 알아야 한다.

그러므로 인무아는 경전에서 '부분들의 집합에 의지해서' 등으로 설하신 의미를 『입중론본석入中論本釋』에서 확립한 바와 같이 개아라는 언어가 가립된 실체를 일곱 가지 경우의 분석을 통해 규명하면 얻을 수 없다는 무자성을 주장하므로 다른 교파들의 설명과는 크게 다르며, 바로 이것이 또한 불호 논사의 주석의 근본 의취意趣로 보인다.

ⓛ그에 의해 용수의 의중을 해설하는 특수한 방식
ⓐ무아와 아집 등에 대한 특수한 교의
자아와 법들에 가립된 언어가 가리키는 실체를 규명하면 하나와 별개 등으로 전혀 얻을 수 없고, 그러나 '아무개', '눈' 따위의 언어 또한 반드시 받아들여야 하므로 언어관습에 의해 설정된 것이 아닌 자성이란 없으며, 언어관습에 의해 존재로 설정된 윤회와 열반의 일체 교리가 지극히 타당한 2제諦의 이 교리는 불호와 월칭 존자들께서 성인 사제의 의중을 해설한 것으로서 다른 해석들보다 수승한 위없는 것이다.

언어관습적 차원에서의 존재와 발생 등이 언어관습에 의해 그와 같이 설정된 것임은 『법집경法集經』에 다음과 같이 설하셨다.

선남자여, 세간에 머무는 이들은 발생과 소멸에 집착해 있으므로 이에 대비大悲하신 여래께서 세간의 두려움의 여지를 없애고자 언어관습에 맞춰 발생과 소멸을 설하신 것이며, 선남자여, 여기에 어떤 법도 발생은 없다.

『칠십공성론』에서도 다음과 같이 설하셨다.

머묾 또는 생멸, 유무 또는
열등하거나 비슷하거나 우월한 것 등은
부처님께서 세간의 언어관습에 맞춰
설하신 것이며, 진실의 측면에서는 아니다.

반야경 등에서 일체법이 세간의 언어관습적 차원에서 존재한다고
설하신 바와 같이 중관파는 일체법을 언어관습적 차원에서 인정해야
하며, 세간의 언어는 씨앗으로부터 새싹이 발생하는 등의 교리를 받아
들이더라도 언어가 가리키는 그 실체가 어떠한지 규명하여 자신 또는
다른 어느 것으로부터 발생하는지 따위의 고찰 없이 설정한 것이며,
성인(용수)께서도 오직 그와 같이 설명하시고, 궁극적 실상을 고찰하지
않는 세간의 언어가 가리키는 그 대상은 앞서 설명한 개아를 설정하는
방식과 같이 귀류파가 받아들이는 것으로 보이며, 온蘊과 별개의 실체
또는 온蘊의 집합 정도를 개아로 설정하는 것은 세간의 언어관습적
차원에서 결코 타당하지 않으니, '나'와 '나의 것'은 세간에서 주主와
종從처럼 받아들이기 때문이다.

개아와 법이 승의에서 존재하지 않고 일반적으로는 존재하는 이치는
이와 같고, 두 가지 무아 역시 앞서 설명한 바와 같다. 그러할 때
교리에 의해 법아를 존재로 인정하면 인무아의 지각이 불가능하게
되므로 입중론석에서도 법아집을 버리지 않으면 인무아를 지각하지
못한다고 설하셨다. 그러므로 성문聲聞과 독각獨覺들도 두 가지 무아를
지각해야만 한다. 이것은 성인(용수)의 수승한 견해이니, 『육십정리론』
에서 다음과 같이 설하셨다.

유有에 의해 해탈하지 못하고

무無에 의해 이 윤회계 밖에 아니다.

실實과 무실無實을 철저히 앎으로써

큰 개아가 해탈한다.

이것은 법들이 자상에 의해 존재한다고 보는 유견有見과, 인과 등이 불가능하다고 보는 무견無見, 이 두 가지를 버리지 않는 한 해탈할 수 없고, 실법實法과 비실법非實法의 진여, 양변을 여읜 중도를 앎으로써 해탈한다고 설하신 것이다.

여기서 해탈이라는 것을 소지장으로부터의 해탈로 해석할 수 없으니, '이 윤회계 밖에'라고 하셨기 때문이다.[188]

『보만론』에서도 다음과 같이 설하셨다.

그와 같이 신기루 같은

세간이 있다거나 없다고

---

[188] 해탈을 이루기 위해선 인아집을 제거해야 한다는 것은 대소승의 모든 교파가 공통적으로 인정하는 부분이다. 그러나 인아집을 제거하기 위해선 반드시 법무아(공성)를 지각해야 한다는 것은 오직 귀류파만의 주장이다. 유식파와 자립파의 견해에선 법무아의 지각은 소지장을 제거하기 위해 필요한 것이기 때문에 그들은 인용한 구절을 문자 그대로 받아들이지 않고 '여기서 말한 해탈은 소지장으로부터의 해탈을 의미한다.'고 해석할 소지가 있다. 그러나 게송에서는 분명히 유무의 양변을 여읜 중도, 즉 법무아를 알지 못하면 윤회에서 해탈할 수 없다고 하였으므로 그렇게 해석할 수 없다는 얘기다. 왜냐하면 소지장을 제거하지 않고 번뇌장만 제거해도 윤회에서 해탈하기 때문이다.

보는 것은 미혹이니

미혹이 있으면 해탈하지 못한다.

있다는 이는 선취善趣로 가고

없다는 이는 악취惡趣[189]로 가며

진실대로 철저히 앎으로써

둘에 의지하지 않고 해탈하게 된다.

이것은 윤회로부터 해탈하기 위해서는 유무의 양변을 여의어야 한다고 설하신 것이다.

그렇다면 대승에서 주객이 별개의 실체임을 부정한 것을 법무아로 설하신 후 이취공二取空의 심식心識에 자성을 배격하지 않은 것과 배격한 것 이 두 가지의 거칠고 미세한 법무아를 설하신 중에서 후자를 요의로 보는 것처럼, 성문聲聞의 경장에서도 역시 거칠고 미세한 인무아 두 가지를 설하신 중에서 미세한 인무아를 요의로 받아들여야 하니, 모든 면에서 마찬가지 이유이기 때문이다.

이와 같이 보면 아집을 2장障으로 설정하는 방식 또한 같지 않으니, 자립파는 법아집을 소지장으로 보는 반면 귀류파는 번뇌장으로 보기 때문이다.

이와 같이 불호께서 "용수 논사께서 유정들이 갖가지로 고통 받는 것을 보시고 해탈시키기 위해 존재의 진실을 여실하게 보이고자 중론을 지으셨으며, 진실한 의미 또한 무자성의 이치이니, 어리석음의 어둠이

---

189 악취: 지옥, 아귀, 축생 등의 3악도. 윤회계에서 상대적으로 더 고통스러운 세계.

마음의 눈을 가려 존재를 자성으로 분별하면 탐욕과 미움이 일어나고, 연기緣起를 아는 빛으로 어리석음의 어둠을 없애 존재의 무자성을 보면 기반이 사라진 탐욕과 미움 또한 일어날 수 없다."고 설하셨고, 그러한 근거로 『사백론』의 다음과 같은 구절을 인용하셨다.

　윤회의 씨앗은 식識이니
　대상들은 식識의 경험 대상이다.
　대상에서 무아를 보면
　윤회의 씨앗이 제거된다.

　이와 같이 탐진치 삼독의 하나인 어리석음이 실집이자 윤회의 씨앗이라 설명하셨고, 그것을 없애기 위해 무아를 보아야 함과, 무아를 본다는 것은 또한 존재에 자성이 없음을 보는 것을 가리켜 설하셨으므로 개아와 법의 존재를 실재라고 보는 것을 번뇌의 무명無明이라 보신 것이다. 『사백론석』에서도 다음과 같이 설하셨다.

　존재의 자성을 증익하는 식識, 번뇌의 무지에 의해 존재들을 대상으로 탐욕이 일어나고, 윤회의 씨앗이 되는 것을 모든 면에서 배격함으로써 윤회를 소멸시킨다고 정립한다.

　또 『입중론석』에서는 다음과 같이 설하셨다.

　존재의 자성이 없음에도 있다고 증익하는 무명, 본성을 보는 것을 가리는 본질의 그것은 세속이다.

또 다음과 같이 설하셨다.

그러므로 유지有支[190]에 완전히 수렴되는 번뇌의 무명에 의해 세속제를 정립한다.

이와 같이 존재를 실재라고 보는 것을 12연기의 첫 번째인 번뇌의 무명으로 선명하게 설명하셨다.

구생무명에는 인아집과 법아집 두 가지가 있으므로 구생인아집 역시 번뇌의 무명이며, 그러므로 때로는 무명을 윤회의 뿌리라 하고 또 때로는 구생신견을 윤회의 뿌리라 하신 것에도 모순이 없다.[191]

'나'라고 취하는 구생신견의 소연경은 '나'라고 취하는 그 대상이므로 자신이 아닌 다른 개아가 자상에 의해 성립한다고 보는 것은 인아집이긴 하지만 신견은 아니다.

이상에서 설명한 이치는 성인 사제의 수승한 견해이니, 『칠십공론성』에서 다음과 같이 설하셨다.

---

190 유지: 12연기(1.無明, 2.行, 3.識, 4.名色, 5.六處, 6.觸, 7.受, 8.愛, 9.取, 10.有, 11.生, 12.老死) 중에서 열 번째 고리.

191 구생신견은 구생인아집에 속하고, 무명에는 인아집과 법아집이 있으며, 귀류파의 견해에서 구생인아집과 구생법아집은 개아를 유법으로 하는가, 개아 이외의 법을 유법으로 하는가 하는 유법의 차이만이 있을 뿐 대상이 실재한다고 보는 그 내용에는 차이가 없으므로 구생신견이 윤회의 뿌리라는 말과 무명이 윤회의 뿌리라는 말은 서로 모순되지 않는다.

원인과 조건으로부터 생겨난 존재들을
진실이라고 분별한 것
그것을 교조께서 무명이라 설하셨고
그것으로부터 십이연기가 생겨난다.

존재에 자성이 공함을 앎으로써 무명을 없애고 그로부터 십이연기가
소멸된다고 설하셨으며, 이전의 무명으로부터 다음 번의 무명이 생겨
나므로 십이연기가 생겨난다고 하셨다.[192]
『사백론』에서도 다음과 같이 설하셨다.

몸에 신근身根이 퍼져 있는 것과 같이
어리석음은 모든 번뇌의 기반이니
그러므로 일체 번뇌도
어리석음을 파괴함으로써 파괴된다.
의지하고 관련해서 존재하는 것을
보면 어리석음이 생겨나지 않으니
그러므로 모든 노력을 기울여
이 이야기를 하고자 한다.

이것은 삼독의 하나인 무명을 없애기 위해 연기緣起를 보아야 한다고

---

[192] 12연기 중에 최초 원인인 무명을 빼면 무명에서 나머지 열한 가지 연기가 발생한다
고 말해야 옳은 것으로 생각할 수도 있지만 그 다음 번 무명의 발생까지 합쳐서
무명에서 12연기가 발생한다고 말해도 문제가 없다는 얘기.

설하신 것이며, 연기의 의미는 자성이 공한 의미라고 귀류파의 논서들에서 자주 설명하신 바다.

그러므로 중관의 모든 논리는 윤회의 뿌리인 무명이 보는 방식을 논파하기 위한 방편이니, 자기 자신의 구생무명이 어떻게 보고 있는지 확인하여 그것을 배격하는 데 노력할 일이지, 겨우 다른 교파들과의 논쟁에서 탁월해지는 것쯤을 좋아해서는 안 된다.

그렇다면 구생법아집과 구생인아집이 취하는 방식에는 다른 두 가지가 있는 것이 아니므로 자립파가 설명하는 그것들은 어떻게 된 것인가 하면, 자립파가 구생인아집이라 주장하는 온蘊과는 다른 상相을 가진 독립적인 실체의 개아를 취하는 것은 개아를 육체 따위와는 별개의 실체로 보는 것이므로 교리에 물들지 않은 이들에게는 없는 것이다.[193]

『입중론』에 다음과 같이 설하셨다.

세간에서 단지 씨를 뿌리고서

자신이 아들을 낳았다고 말하며

나무도 심었다고 지각하므로

(자상에 의해 성립하는) 타생他生이란 세간에서조차 없다.

불호께서도 이르시되, 단지 나무의 씨앗을 심고 나서 나무가 자라면

---

193 자립파가 구생인아집이라 주장하는 것의 내용은 사실 변계인아집이란 얘기다. 왜냐하면 구생인아집이란 교리나 철학에 상관없이, 즉 배웠거나 못 배웠거나, 인간이나 동물이나 중생들이 자연적으로 갖는 것인데, 자립파가 주장하는 것은 오직 교리에 물든 이들에게만 생기는 것이기 때문이다.

가리키며 "이것은 내가 심었다."라고 언어를 가립하므로 나무와 나무의 씨앗을 별개의 실체로 보지 않는 것이니, 만약 그렇지 않다면 측백나무 줄기가 자란 것을 보고 침향목 줄기를 심었다고 언어를 가립하게 될 것이다.[194]

이와 같은 논리를 적용한다면 마찬가지로 다음과 같이 말해야 한다.

세간에서 팔이 아프면
내가 아프다고 지각하므로
팔과 내가 별개의 실체라는 것은 세간에서조차 없다.

이러한 논리는 세간에서 그와 같이 단지 말하는 것일 뿐만 아니라 그와 같이 반드시 인정해야만 한다. 왜냐하면 심은 씨앗도 나무가 아니고, 아픈 팔도 내가 아니라는 이유로 나무를 심고 내가 아프다는 것을 인정하지 못한다면 그러한 것들이 성립할 수 없게 되므로 일체 교리 역시 마찬가지로 무너지기 때문이다.

이러한 논리에 의해 자립파가 구생법아집이라고 주장하는 내용 역시 변계법아집으로 보아야 한다.

그렇다면 소지장은 어떤 것으로 보는가 하면, 『입중론』에서 다음과 같이 설하셨다.

---

[194] 나무와 나무의 씨앗은 다른 것이지만 그것이 자상에 의해 성립하는 별개는 아니다. 만약 자상에 의해 성립하는 별개라면 그 두 가지는 무관한 것이 되고, 무관한 것에서 무관한 것이 나온다고 주장한다면 소나무를 심었더니 참나무가 나왔다는 식의 얘기가 될 것이다.

무명의 습기習氣는 지식대상을 완전히 결단하는데 장애가 되는 것이며, 탐욕 등의 습기가 있는 것은 몸과 말의 거친 행위의 원인이 되기도 하니, 무명과 탐욕 등의 습기는 또한 일체종지와 부처를 이뤄야 제거될 뿐 그 외에는 제거되지 않는다.

소지장에 대해 이보다 선명한 설명은 성인 사제의 논서에서는 보이지 않는다.

'몸과 말의 거친 행위'란 아라한이 원숭이처럼 뛰어오르거나 타인에게 '상년'이라고 부르는 등 번뇌의 습기로 인한 몸과 말의 행위로서 부처님께서 금지하셨지만 끊지 못한 것 따위이다.

'원인이 되기도'라는 말이 탐욕 등의 습기가 앞에서 말한 지식대상을 완전히 결단하는데 장애가 되는 것이기도 함을 나타내므로 번뇌의 일체 습기가 소지장이며, 번뇌의 습기의 결과인 이종현현二種顯現의 착란도 모두 소지장에 포함된다.

습기의 본질에 대해서는 『입중론석』에 다음과 같이 설하셨다.

마음의 흐름을 물들이고 오염시키고 따라가게 하는 것이 습기習氣이니, 번뇌의 경계에 이어진 것, 번뇌의 훈습薰習, 번뇌의 뿌리, 번뇌의 습기 등은 같은 것의 다른 이름이다.

이러한 소지장을 제거하는 데에는 앞서 설명한 진여를 지각한 길道 말고 다른 것이 없지만 방편의 보조가 갖추어졌는지의 여부와 오랜 기간 수습했는지의 여부에 따라 대승과 소승이 제거하고 못하고의 차이가 생긴다.

불경에 두 가지 아집과 두 가지 무아의 거칠고 미세한 다양한 차제들이 여럿 설해졌기 때문에 교파들마다 아집이라 보는 바가 다르고, 무아를 봄으로써 어떤 장애로부터 벗어나게 되는지의 교리 역시 다양한 가운데서 요의와 불요의의 구별 또한 이상 설명한 바에 의해 이해하도록 한다.

장식(알라야식)을 인정하지 않는 입장에서는 습기가 형성되고 머무는 방식과 본질이 어떠한지 난해해지므로 설명해야 할 필요가 있지만 간략하게 다룰 수 없기 때문에 번다함을 피해 생략하도록 한다.

이상과 같이 개아와 법에 2제諦를 설정하는 방식과 두 가지 무아에 대한 내용이 타 교파들과 다르기 때문에 대소승이 각각 두 가지 무아를 지각하고 못하고와, 두 가지 아집과 2장障에 대해서도 역시 타 교파들과 다른 특수한 교의가 형성되어 있다.

ⓑ 외경을 인정하고 장식과 자증식을 인정하지 않는 특수한 교의
개아와 법의 설정방식이 앞서 설명한 바와 같으므로 예류預流[195] 등의 개아는 일반적 사실에서 존재하고 지옥유정 등의 개아는 없다는 차이를 둘 수 없으니, 승의에서는 마찬가지로 없고 일반적 사실에서는 마찬가지로 존재하기 때문이다.

그와 같이 온蘊과 계界와 처處의 법에도 색법色法은 없고 심心과 심소心所는 있다는 차이는 둘 수 없으니, 2제諦 양면에서의 유무가

---

195 예류: 예류, 일래, 불환, 아라한 등 성문사과聲聞四果의 하나. 한문 음역으로는 수다원이라고 한다. 문자적 의미는 성자의 흐름에 들어갔다는 뜻.

동등하기 때문이다.

여기서 경부행중관자립파는 외경外境과 심식을 동등하게 존재하는 것으로 주장하며, 요가행중관자립파와 유식파는 심식은 존재하고 외경은 존재하지 않는다고 주장하지만, 이러한 교파들 모두가 존재하는 것은 자상에 의해 성립해야 하며 만약 자상에 의해 성립하지 않는다면 없는 것이라 주장한다.

귀류파 역시 외경이 자상에 의해 성립할 수 없다고 비록 인정하지만 그러나 그렇다고 해서 존재하지 않을 필요는 없다고 주장하는 점에서 차이를 보인다.

그러므로 어떤 법이 자상이 없더라도 일반적으로는 존재함을 설정할 줄 안다면 외경과 심식의 유무를 차별할 수 없다는 논리를 확실히 이해할 수 있지만 그것을 설정할 줄 모르면 이해할 수 없다.

그렇다면 부분을 갖지 않은 최소 입자를 부정한 후 그것이 없으므로 그것이 취합된 거친 입자 역시 없고, 이와 같이 미세하고 거친 입자가 모두 없으므로 그것들로 이루어져야 할 외경 역시 존재하지 않는다는 따위의 논리로는 부분을 갖지 않은 외경은 배격할 수 있지만 외경의 존재는 배격할 수 없으니, 외경을 부정하면 전거와 세간의 상식 양자 모두에 위배된다고 『사백론석』에서 설하셨다.

전거는 『십지경』에서 3계界가 마음뿐[唯心]이라고 설하신 '뿐'이라는 말이 외경을 배격한다는 것은 경전의 뜻이 아니고 마음 이외의 다른 세간의 창조주를 배격하는 의미로 『십지경』 자체에서 선명하게 설하셨다고 보는 것이며, 그것은 청변의 견해와 같다.

『능가경』에서 "외경이 나타난 것은 있는 것이 아니니" 등으로 설하신 것은 이 구절이 외경을 부정한 것이 아니라는 청변 논사의 주장에 월칭께서는 동의하지 않으시며, "이 구절은 외경이 존재하지 않는다고 설한 것이지만 불요의이다."라고 해설하신다.

그렇다면 십지경의 경우엔 불요의라고 해설하지 않고 외경을 부정하는 것이 경전의 뜻이 아니라고 하셨고, 그와 반대로 『능가경』의 경우엔 외경을 부정하는 것이 경전의 뜻이고 불요의라고 설명하신 것이다.

반야경에서는 오온 모두를 차별 없이 자성이 공하다고 설하셨고, 대법(對法: 아비다르마)¹⁹⁶에서 오온 모두의 자상과 공상共相을 동등하게 있는 것으로 설명한 바와 같이 인정해야 하니, 외경과 심식 양자 모두 가립된 언어가 가리키는 대상을 고찰하면 얻을 수 없는 것은 마찬가지이며, 그러나 언어관습에 의해 세속적 차원에서 있는 것으로 설정된다는 점 역시 차이가 없기 때문이다.

그렇다면 외경과 심식에 유무의 차별을 두는 것은 세간의 언어관습에도 위배되고 승의에 대한 교리에도 위배되므로 2제諦 모두에서 어긋난 것이니, 『사백론』에 다음과 같이 설하셨다.

하나는 있고 다른 하나는 없다고 하는 것은
진여가 아니고 세간 또한 아니다.
그러므로 이것은 있고 저것은 없다고
말하는 것은 있을 수 없다.

---

196 대법(아비다르마): 본래 경, 율, 론, 삼장 중의 논장을 의미하였는데, 후대에 대승에서는 소승의 논부를 가리키는 의미로 쓰였다.

성인(용수)의 견해도 바로 이와 같다.

그렇다면 다음과 같이 설하신 것은 어떤 의미인가?

대종(大種: 기본요소) 등을 설한 것은
식識에 모두 회합된다.

의미는 다음과 같다.

색色과 심心, 심소心所, 불상응행不相應行[197] 등은 그것들을 대하는
식識에 자신의 상相이 형성되는 것을 통해서 기본요소 따위로 언어가
가립되는 것이니, 식에 상이 나타나지 않는 것은 어느 것도 존재로
설정할 수 없기 때문이다. 그러므로 기본요소 등은 식의 범위 내에
모이는 것이니, 식에 의해 정립된 것에 불과하기 때문이다.

어느 때 창조주와 비슷한 이 식識에 자성에 의한 발생이 없음을
직관으로 아는 그때 물체가 멸하면 물체의 영상도 멸하는 것과 같이
식에 의해 정립된 갖가지 대상들도 역시 여의고 가라앉게 된다.

이러한 의미로 그 주석에서 설명한 바와 같으므로 인용한 구절은
외경을 부정한 것이 아니다.

장식을 인정하지 않는 것에도 오류가 없다. 왜냐하면 업의 이숙異熟
은 오래 지나서 생겨나며, 업은 자신의 두 번째 찰나에 소멸하는데
'소멸'로부터 결과가 생겨나는 것은 없다는 이유로 업과 결과의 기반으
로 장식을 주장하는 것이지만, 자상에 의해 성립하지 않더라도 유위법

---

197 불상응행: 유위법 중에서 색법도 아니고 심식도 아닌 것.

으로 설정할 수 있다면 '소멸' 또한 유위법으로 지극히 타당하므로
장식이 필요 없기 때문이다.[198]

『입중론』에 다음과 같이 설하셨다.

> 그것이 자성의 소멸이 아니기 때문에
> 장식(알라야식)이 없더라도 이것이 가능하므로
> 때로 업이 소멸하고 오래 지나서도
> 결과가 확실히 생긴다는 것을 식별하도록 하라.

세속적 차원에서도 자상에 의한 성립을 부정하고, 자성이 없는 인과
를 설정할 줄 아는 입장에서는 2제諦 양면에서 상견常見과 단견斷見을
배격하기 쉬울 뿐만 아니라 장식(알라야식)을 인정하지 않더라도 업과
과보의 연관 또한 타당하다고 『입중론석』에서 다음과 같이 설하셨다.

> 그러므로 그와 같이 2제諦 양면에서 자성이 없으므로 단지 상견常見과
> 단견斷見을 멀리 여읠 뿐만 아니라 업들이 소멸하고 오래 지나도 업의
> 결과와 연관되는 것은 장식(알라야식)의 연속체나 불괴不壞, 득得 등을
> 분별하지 않더라도 타당하다.

---

198 장식(알라야식)을 주장하는 이들은 업이 소멸하고 나서 시간적 간격을 두고
   그 과보가 생겨난다면, 과보를 일으키는 것으로서 업은 그 과보의 직전에 존재하
   지 않았으므로 불가능하고, '소멸'이란 것도 유위법이 아니므로 결과를 일으킬
   수 없고, 그러므로 업과 그 과보를 연결해줄 기반으로 장식이 필요하다는 주장이
   며, 귀류파는 '소멸'을 유위법으로 볼 수 있고, 그러므로 얼마든지 업과 그 과보의
   매개체가 될 수 있으므로 장식은 필요치 않다는 것이다.

'그러므로'라는 것은 자성이 없는 것으로부터 자성이 없는 것이 발생한다는 앞의 구절을 가리킨다.

장식(알라야식)을 인정하지 않으므로 죽는 순간의 마음과 다음 생의 첫 번째 마음의 연결이 불가능하다는 따위의 반론 역시 물리쳐야 하지만 앞서 설명한 이치를 이해한다면 다른 경우에도 이해할 수 있으리라 생각하시고 월칭께서 설명하지 않으셨고, 여기서도 역시 번다함을 피해 생략한다.

장식을 인정하지 않는 이유는 외경을 인정하기 때문이기도 하니, 장식을 인정한다면 아래 『변중변론』의 구절과 같이 받아들여야 하기 때문이다.[199]

대상과 유정, 자아, 정신으로
나타나는 식識이
(외경으로 나타나는 습기에 의해 장식으로부터)
일어나며 그것들은 외경外境으로 존재하지 않는다.
외경이 없으므로 식識 또한 (외경으로) 존재하지 않는다.

소멸을 유위법으로 논증하는 방식은 『현구론』과 『육십정리론석』에서 설하셨으니, 이후 『중론』의 주석에서 설명하도록 하겠다.

소멸을 유위법으로 인정하기 때문에 3시時의 교리 또한 다른 교파들과 크게 다르다.

---

199 장식(알라야식)을 인정하면 외경을 인정할 수 없으므로 반대로 외경을 인정한다면 장식을 인정할 수 없다.

자증식自證識을 주장하는 입장과 그것의 논파는 『입중론본석』에서 설하셨으니, 먼저 자증식을 주장하는 입장은 어떠한가 하면, "이전에 경험하지 않은 것을 기억한다는 것은 있을 수 없는 일이므로 기억이란 반드시 경험으로부터 생겨나는 것이며, 그 또한 이전에 무엇을 보았다는 식의 객관에 대한 기억과, 내가 본 적이 있다는 식의 주관에 대한 기억이 있으므로 예를 들면 이전에 파랑색을 본 심식 등의 주관에 대한 경험이 있다는 얘기다. 그런데 여기서 주관을 경험한 것이 만약 별개의 심식이 경험한 것이라면 그 또한 마찬가지로 또 다른 심식이 경험해야 하므로 무한소급의 오류가 되고, 이전의 심식을 다음 순간의 심식이 경험하는 것이라면 그 다음 순간의 심식은 색 등의 다른 대상을 지각하지 못하게 되는 오류가 되므로 결론은 심식이 심식 그 자신을 경험해야 한다는 것이다. 왜냐하면 심식을 경험하기 위해서는 다른 심식이 경험하거나 심식 자신이 경험하거나 이 두 가지 경우의 수밖에는 없기 때문이다. 그러므로 이후에 심식에 대한 기억이 있다는 논거에 의해서 이전에 그 심식을 경험한 자증식이 입증된다."라는 논리다.

이 논리가 만약 실재인 것을 논증하려는 것이라면 실재인 기억은 없으므로 소립(所立: 명제)[200]과 마찬가지로 입증되지 않았고, 일반적 사실의 차원에서 논증하려는 것이라면 자증식이 논증상대인 귀류파에게 성립하지 않았으므로 자증식과 기억이 원인과 결과로서 성립되지 않으며,[201] 물과 불이 있다는 논거로써 수정水晶과 화정火晶이 있다는

---

200 소립: '논증하고자 하는 바'라는 뜻으로서, 'A는 B다. C이기 때문에.'라는 논증식에서 'A는 B'가 소립이다.

201 '파랑색을 보는 안식眼識은 그것을 경험하는 자증식이 있다. 이후 그것에 대한

것을 논증하려는 것과 기억이 있다는 논거로써 자증식이 있다는 것을 논증하려는 두 가지가 마찬가지라고 하셨다.

여기서 상대의 논거는 결과논거이고, 소립법[202]에 자증식이 온 경우의 설명이다.

이러한 경우엔 보기[203]를 얻을 수가 없고,[204] 만약 '파랑색을 보는

기억이 있기 때문에.'라는 논증식이 만약 유효논거라면 유효논거의 세 가지 종류 중 하나인 유효결과논거가 된다. 유효결과논거란 'A에 B가 있다. C가 있기 때문에.'와 같은 논증식에서 B의 결과인 C를 논거로 들어서 C의 원인인 B를 논증하는 유효논거를 말한다. 예를 들면 '연기 나는 언덕에 불이 있다. 연기가 있기 때문에.'와 같은 논증식이 이에 해당한다. 그러므로 앞의 논거가 유효결과논거라면 B인 '그것을 경험하는 자증식'과 C인 '이후 그것에 대한 기억'이 원인과 결과여야 하는데 B가 논증상대인 귀류파에게 존재로서 성립하지 않았으므로 B와 C의 관계가 원인과 결과로 성립하지 않고, 그러므로 이것은 유효결과논거가 될 수 없고, 유효결과논거 이외의 다른 유효논거 즉, 유효자성논거와 유효부정논거 중 어느 것에도 속하지 않으므로 결국 무효논거라는 얘기다.

202 소립법: 'A는 B다. C이기 때문에.'라는 논증식에서 B가 소립법이다. 이와 달리 소립(명제)이 부정문인 논증식 즉, 'A는 B가 아니다. C이기 때문에.'의 경우엔 'B가 아님'이 소립법이 된다.

203 보기: 예를 들어 '육체는 무상하다. 유위법이기 때문에. 예를 들면 항아리처럼.'라는 논증식의 경우 항아리가 이 논증식의 보기이다. 논증상대는 소립(이 논증식의 경우 육체는 무상함)을 아직 지각하지 못한 상태이기 때문에 이 논증식을 예로 들면 육체는 유위법이고, 유위법이면 무상해야 한다는 사실을 이해해야 한다. 그러면 다음 순간 육체는 무상하다는 것을 지각하게 된다. 그러나 유위법이면 무상해야 한다는 당위성을 이해하기 위해선 그것을 이해할 수 있게 해주는 다른 어떤 보기가 필요하다. 예를 들어 항아리 따위를 보기로 놓고서 그것이 유위법이고, 또 무상하다는 것, 그리고 유위법이면 무상해야만 하는 당위성을 검토하는 것이다. 이렇게 항아리 따위의 구체적 사례를 통해 유위법이면 무상해야만 한다는 일반적 당위성을 이해했다면 이제 그러한 일반적 당위성에 따라

214

안식眼識은 그것을 경험하는 것이 있다. 이후 그것에 대한 기억이 있기 때문에. 예를 들면 파랑색처럼.'라고 논증한다면 이 경우엔 보기를 기반으로 논거에 의해 소립법이 입증되어야 하는 조건 정도는 비록 충족되지만, 그러나 만약 '경험하는 것'이라는 것이 특별한 어떤 것을 논증하고자 하는 것이라면 편충遍充[205]이 성립되지 않으므로 자증식을 소립법에 둔 앞의 경우와 마찬가지기 때문에 『입중론본석』에서는 직접적으로 언급하지 않으셨다.

만약 단지 말 그대로 "경험하는 것이 있다."는 것만을 논증하려는 것이라면 이것은 논증상대인 귀류파가 이미 인정하고 있는 사실이므로 의미가 없기 때문에 마찬가지로 『입중론본석』에서 언급하지 않으셨다.

귀류파의 견해에서 자증식이 없더라도 기억이 발생한다는 점에 모순이 없다는 것은 『입중론』에서 다음과 같이 설하셨다.

육체 역시 유위법이기 때문에 무상해야만 한다는 사실을 지각할 수 있게 된다.

[204] '파랑색을 보는 안식은 그것을 경험하는 자증식이 있다. 이후 그것에 대한 기억이 있기 때문에.'라고 논증한다면 보기를 얻을 수가 없다. 왜냐하면 'A는 B다. C이기 때문에. 예를 들면 D처럼.'라는 논증식의 보기인 D는 C이면 B여야만 하는 당위성을 이해시키기 위해 든 실례이기 때문에 논증상대가 D가 C이기도 하고 B이기도 하다는 것을 이해해야 하는데, 이 경우엔 논증상대가 자증식을 인정하지 않으므로 'D가 B라는 것', 즉 'D를 경험하는 자증식이 있다.'는 것을 이해할 수 있을 리가 없기 때문이다.

[205] 편충: 'A는 B다. C이기 때문에.'라고 논증하는 경우 C이면 반드시 B여야만 한다는 것이 편충이다. 만약 '철이는 여자다. 사람이기 때문에.'라고 논증한다면, 사람이면 여자여야 한다는 당위성이 없으므로 이런 경우에 편충이 성립하지 않는다고 한다.

무엇이 대상을 경험함으로부터
기억이 (자상에 의해 성립하는) 별개임은 나의 견해에 없으므로
'내가 보았다'라는 기억이 타당하게 되니
이 역시 세간의 언어관습이다.

이것은 "자증식이 없다면 기억이 생기는 것은 모순이다."라는 앞서
설명한 상대의 논거에 대한 부정은 아니고, 여기서의 상대의 주장은
기억이 생겨나는 특별한 방식에 의해서 이전에 자증식이 있어야 한다고
보는 것이다. 그것은 또한 이전에 파랑색을 본 것을 이후 기억할 때
'내가 전에 보았다'고 전에 본 그것을 내가 보았다고 기억하는 것이므로
그러한 기억은 이전에 파랑색을 본 안식 자신이 스스로를 경험하지
않았다면 생겨날 수 없으므로 이전에 경험한 그것이 바로 자증식이라고
생각하는 것이다.

이에 대해 월칭께서는 기억이 자증식에 의해 생겨나는 것이 아니고
이전에 대상인 파랑색에 대한 경험과 이후 그에 대한 기억 이 두 가지가
한 가지 대상을 향하기 때문에 '전에 내가 보았다'라는 기억이 발생하는
것이라고 논증하셨다.

여기서 이전에 파랑색을 본 안식이 경험하고 지각한 대상을 이후
파랑색을 본 안식에 대한 기억이 경험하고 지각한다는 것을 논증하는
논거로 "나의 견해에 따르면 경험과 기억이 자상에 의해 성립하는
별개가 아니기 때문에"라고 하셨다. 그러나 단지 그러한 이유뿐이라면
'잠빠'라는 사람이 경험한 것을 '녜르배'라는 사람이 기억하게 될 것이
다.(잠빠의 경험과 녜르배의 기억은 자상에 의해 성립하는 별개가 아니

까.) 그러므로 여기서 함축된 의미는 "상대의 주장처럼 경험과 기억이 별개의 실체라면 선천적 마음이 그것들을 별개의 실체로 볼 것이며, 그렇다면 이전에 안식이 본 것을 이후 기억이 본다고 생각지 않을 것이므로 경험과 기억이 한 가지 대상을 갖지 않기 때문에 이전에 내가 보았다는 기억이 발생한다는 것도 모순이 된다. 그러나 나의 견해에 따르면 경험과 기억이 별개의 실체가 아니고 선천적 마음이 그것들을 별개의 실체로 보지도 않으므로 이전의 경험이 대상을 지각한 것을 이후의 기억이 내가 지각했다고 보는 것에도 역시 모순이 없다."라고 하신 것이다. 그 또한 이전의 경험에 의해 유발된 힘으로 대상을 향하는 것일 뿐 자력으로 대상을 지각할 수 없는 경우에만 그러하며, 그 외의 경우는 아니다.

이상과 같이 자증식을 일반적 사실에서 인정하지 않는 이유 역시 일반적 사실에서조차 자상을 부정한다는 것에 궁극적으로 달려 있다.

심식을 경험함에 그 자신이 경험하는 것과 다른 것이 경험하는 두 가지 중의 하나로 결정되는지의 여부에 대해선 분명히 설하지 않으셨지만 결정되지 않는다고 생각하시는 것으로 보인다. 왜냐하면 등잔불 자신이 자신을 밝히는 것을 인정하지 않으시고, 그러나 등잔불이 밝은 것은 인정하시므로, 자신이 밝히는 것과, 다른 것이 밝히는 것, 둘 중의 하나로 결정되지 않는다는 결론이며, 그렇다면 심식의 경험 역시 마찬가지로 보아야 하기 때문이다.

만약 "등잔불은 자신이 밝히지 않더라도 바른지각에 의해 밝은 것으로 성립하지 않는다는 오류가 없지만 심식의 경우엔 그 자신이 알지 못하면 바른지각에 의해 성립하지 않게 되므로 등잔불의 경우와는 다르다."라고 한다면, 마찬가지 논리로 "등잔불을 자신이 밝히지 않으면 다른 것에 의해서 밝혀진 것도 아니므로 밝은 것으로 성립하지 않고, 그렇다고 밝지 않은 것으로 성립하는 것도 아니므로 결국 등잔불은 바른지각에 의해 성립하지 않는다."라고 말한다면 뭐라고 대답하겠는가? 만약 "자신과 다른 것 두 가지가 밝히는 것은 아니지만 항아리 등의 대상을 밝히는 작용을 하므로 밝은 것으로 성립한다."라고 대답한다면, 그렇다면 심식도 그와 마찬가지다.

만약 "대상을 아는 것은 자증식에 달려 있으므로 자증식이 없다면 대상을 아는 것은 성립하지 않는다."라고 한다면 등잔불도 역시 마찬가지다.

그러므로 등잔불 자신이 자신을 밝힌다는 것은 타당하지 않으니, 만약 그렇지 않다면 어둠 역시 어둠 자신을 가려야 하므로 어둠이 형체 등을 가리는 것이 불가능하게 되기 때문이며, 어둠이 어둠을 가린다면 어둠이 보이지 않게 될 것이기 때문이다.

요약하면 심식은 지식대상에 의지해서 가립된 것이므로 자상에 의해 성립하지 않고, 지식대상 역시 마찬가지이므로 심식과 지식대상 양자는 단지 명칭만이 서로 의존해 있는 것이 아니라 그 내용 또한 서로 의지해서 가립된 것에 불과하므로 자증식을 인정하지 않는 것이다.

『회쟁론』에서 다음과 같이 자증식을 부정하는 논리를 통해서도 알 수가 있다.

만약 자신으로부터 바른지각이 성립한다면

지각대상들에 의존하지 않고

바른지각이 성립하게 되는 그대의 견해에서는

다른 것에 의존 없이 스스로 성립하게 된다.

만약 "내가 전에 파랑색을 보았다고 기억하는 나는 개아이며, 파랑색을 본 안식과 개아 두 가지는 모순이므로 그와 같이 내가 보았다는 기억이 어떻게 파랑색을 본 안식을 기억하는 것이 되는가?"라고 한다면, 비록 파랑색을 본 안식과 파랑색을 본 개아 이 두 가지는 모순이지만 내 안식이 파랑색을 보았다는 것에 의지해서 내가 파랑색을 보았다고 인정하는 데 모순이 없는 것과 마찬가지로 안식이 파랑색을 본 것에 대한 기억에 의지해서 내가 전에 파랑색을 보았다는 식으로 파랑색을 본 개아에 대한 기억이 파랑색을 본 안식에 대한 기억이 된다는 점에 무슨 모순이 있겠는가?

ⓒ 자립논증을 인정하지 않는 특수한 교의

ⅰ. 자립논증을 배격하게 된 연유와, 자립논증 배격에 대한 타종의 설명

불경의 뜻을 어떻게 해석하면 자립논증을 인정해야 하고 또 어떻게 해석하면 자립논증을 인정할 수 없게 되는 이러한 내용은 불경의 해석 방식과 밀접히 관련되어 있음에도 불구하고 번역된 불교의 논서들 중에서 귀류와 자립 중 어느 쪽을 받아들일지 고찰하여 "자립논증은 타당하지 않고 귀류논법이 타당하다."라고 말하는 것은 월칭의 논서와 그 추종자들에게서 말고는 명시적으로 언급된 곳이 없다.

자립논증을 배격하게 된 연유는 먼저 불호께서 『중론』의 "자신으로 부터도 아니고 다른 것으로부터도 아니다." 등의 구절의 의미를 해설한

내용에 대해 청변께서 비판하셨고, 월칭께서 이러한 청변 논사의 비판이 타당하지 않음을 설명한『현구론』의 부분에서 불호께서 자립논증을 인정하지 않으심과, 중관파에게는 자립논증이 불합리한 이유와, 반대의 입장을 취할 경우의 많은 모순을 드러내며 중관귀류파의 전통을 여셨으며,『사백론석』에서도 호법護法 논사의 주장을 논파하는 부분에서 자립논증을 배격하는 이치를 간략하게 설하셨다.

청변께서는 자신과 불호 논사 간에 자립논증을 인정하고 안 하고의 차이가 있다는 생각이 없이 당연히 자립논증을 인정할 수밖에 없다고 생각하신 듯 보인다.

그러한 이유에서도 자신과 불호 논사 간에 법과 개아에서 자성을 배격하는 부정대상에도 차이가 있다고 보지 않으셨다.

청변 논사의 제자인 관음금께서는『현구론』에 대해 알고 계셨으므로『반야등론』에서 불호 논사를 비판한 부분을 주석할 때 청변 논사에 대한 월칭 논사의 비판의 타당성 여부를 설명할 법도 하였고, 적호사제 등도 월칭께서 자립논증을 배격한 데 대해 반론하실 법함에도 불구하고 반론하지 않으셨다.

여기서 일반적으로 불호와 월칭 두 논사께서 자상을 일반적 사실에서조차 배격한 무자성에 인과 등의 일체 교리가 지극히 타당함과, 또한 세간과 출세간의 연기緣起를 반드시 인정해야 하는 바로 그 연기라는 이유 때문에 자상이 부정된다고 설명하신 논리들이 논리들 중에서도 심오함과 미세함의 궁극으로 보이며, 그중에서도 자립논증을 배격하는 이 논리는 대단히 세밀한 것으로 보인다.

여기서 어떤 대학자는 다음과 같이 주장한다.

"소립을 논증하는 논거와 편충이 바른지각에 의해 성립한다면 자립 논증이 타당하지만 그것이 없기 때문에 자립논증은 타당하지 않다. 논증자와 논증상대 양자에게 바른지각에 의해 성립하는 논거는 인정할 수 없으니, 논증상대의 바른지각에 의해 성립했는지 논증자가 알 수 없기 때문이며, 그것은 왜냐하면 논증자의 직관과 추론 어느 것으로도 타인의 마음을 알 수 없기 때문이다. 자신의 바른지각에 의해 성립했는 지 역시 알 수 없으니, 왜냐하면 성립했다고 결정하더라도 스스로 속을 가능성이 있기 때문이다."[206]

이러한 주장은 지극히 불합리하다. 왜냐하면 만약 그와 같다면 상대 의 주장을 이용해서 상대의 주장을 배격한다는 것 역시 불가능할 것이기 때문이다. 왜냐하면 상대가 그와 같이 주장한다는 것을 자신이 알 수 없기 때문이니, 타인의 마음을 알 수 없기 때문이다. 모순을 보임으로 써 상대의 주장을 배격하는 것 역시 불가능하니, 모순이라고 결정하더 라도 스스로 속을 가능성이 있기 때문이다.

편충이 바른지각에 의해 성립하지 않는 이유에 대해선 또 다음과 같이 주장한다.

"직관에 의해서는 부엌의 연기가 있으면 부엌의 불이 있어야 한다는 편충을 지각할 뿐 모든 장소와 모든 시간의 연기가 있으면 불이 있어야 한다는 편충은 지각할 수 없다. 추론에 의해서도 역시 모든 장소와 모든 시간에 있어서 논거가 소립법에 의해 편충되는 것을 지각할 수 없으므로 세간의 승인 정도에 의해서 편충이 성립되는 것일 뿐 바른지각

---

206 이것은 '자야아난따'의 주장이며 『보리도차제광론』에 좀 더 자세히 기술되어 있다.

에 의해 성립되는 것이 아니다."[207]

　이러한 주장 역시 지극히 불합리하다. 이것은 논리학에서 편충의 성립방식을 설명한 내용을 전혀 다르게 받아들이고서 반론한 것이니, 왜냐하면 부엌이라는 구체적 사례를 통해서 연기가 있으면 불이 있어야 한다는 편충을 지각한다는 것은 '부엌의 연기가 있으면 부엌의 불이 있어야 한다는 편충'을 지각한다는 의미가 결코 아니기 때문이다. 그렇지 않다면 논증식이 '연기 나는 언덕에 부엌의 불이 있다. 부엌의 연기가 있기 때문에.'가 될 것이니, 논증식에 있어서 편충이 성립하는 방식은 논거로 든 어떤 것이면 소립법인 어떤 것이어야 한다는 것인데, 여기서 그가 보는 편충은 부엌의 연기가 있으면 부엌의 불이 있어야 한다는 것이므로 '부엌의 연기가 있음'을 논거로 놓고, '부엌의 불이 있음'을 소립법에 놓아야 하기 때문이다.

　보기인 부엌은 연기가 있으면 불이 있어야 한다는 편충을 확정하기 위한 기반이며, 편충은 그 기반 위에서 확정되는 내용인데, 그의 주장대로라면 편충을 확정하기 위한 기반이 되는 보기를 부엌 말고 또 다시

---

[207] 이것은 '연기 나는 언덕에 불이 있다. 연기가 있기 때문에. 예를 들면 부엌처럼.'라는 논증식을 예로 들어 설명한 것이다. 바른지각에는 직관과 추론 이 두 가지밖에 없으므로 편충이 바른지각에 의해 성립한다면 이 두 가지 중의 하나에 의해서 성립해야 한다. 그러나 자야아난따의 견해에 따르면 직관의 경우 이를테면 부엌의 불과 연기를 보고 있는 안식은 오직 부엌의 연기가 있으면 부엌의 불이 있다는 것 외에 일반적으로 어느 장소에서건 어느 시간에서건 연기가 있으면 불이 있어야 한다는 것을 지각할 수 없다. 추론 역시 마찬가지로 지각할 수 있는 범위에 한계가 있어서 일반적으로 모든 장소와 시간에 불이 있으면 연기가 있어야 한다는 편충은 결코 지각할 수 없다는 것이다. 그러므로 편충은 바른지각에 의해 성립할 수 없으므로 자립논증이란 존재하지 않는다는 주장이다.

들어야 한다.

그와 같이 '소리는 무상하다. 유위법이기 때문에. 예를 들면 항아리처럼.'라고 논증하는 경우에도 편충의 성립방식이 어찌 '항아리의 유위법이면 항아리의 무상함이어야 한다.'가 되겠는가?

어떤 특정한 장소나 시간의 연기와 유위법 따위로 장소와 시간의 한정 없이 단지 연기가 있으면 불이 있고 유위법이면 무상해야 한다는 편충을 지각하는 것이 모든 장소와 시간에 어김이 없음을 확정하는 방법이므로 이 점에 대해 오해해선 안 된다.

그러므로 이러한 잘못된 논리를 따라서 마찬가지로 배격되어야 할 주장으로 또 다른 주장을 배격하려는 것은 물에 휩쓸려 내려가는 뿌리 뽑힌 풀무더기를 붙드는 것과 같다.

또 어떤 이는 사세량事勢量 또는 취하는 대상에 착란되지 않은 바른지각을 부정한 후 고찰하지 않은 세간 상식의 바른지각을 인정하고, 부정의 논리가 자신에게는 적용되지 않는 이유로 "나의 견해에선 논리에 의한 고찰을 견뎌내는 것을 인정하지 않지만 상대방은 그것을 인정하기 때문이다."라고 말한다. 그러나 이러한 주장에는 일반적 사실에서의 성립 유무에 대한 고찰과, 승의에서의 성립 유무에 대한 고찰의 차이와, 두 중관파의 승의에서의 성립 유무에 대한 고찰의 차이에 대한 구별조차 보이지 않고, 앞서 설명한 바와 같이 가립된 언어가 가리키는 실체를 규명하면 얻을 수 없는, 단지 이름 붙여진 것에 불과한 것들에 인과 등을 설정할 줄 모르는 것으로 보이므로 "일반적 사실에서조차 자상이 없다."고 자주 말하더라도 그저 말에 불과할 뿐 그 내용을 제대로 이해하고 있지 못한 것으로 보인다.

또 일부는 "바른지각에 의해 성립하는 대상은 모든 면에서 존재하지 않으므로 상대방의 승인 또는 승인으로부터 도출된 결론에 의거한 귀류논법에 의해 그릇된 분별을 배격하며, 실재를 배격할 뿐 비실재를 논증할 수는 없다는 것이 자립논증과 주장이 없다는 의미다."라고 주장한다.

또 다른 이들은 "세속과 승의를 바탕으로 한 일체 교리가 타인의 입장에서 말한 것이지 자신의 견해가 아니다. 이렇게 말한 것 역시 내 입장에서가 아니고 타인의 입장에 그렇게 나타나는 것일 뿐이다."라고 하는데, 이러한 견해들은 초기에 자립논증을 부정한 이들 중에는 없고 후기의 사람들에게만 있다.

이들 중의 일부는 귀류파의 특수한 부정대상인 자상을 부정하지 않고 인정하며, 대부분은 연기緣起가 바른지각에 의해 성립한다는 것조차 부정하니, 귀류파가 논파해야 할 주요 대상이 된다.

상술한 여러 다른 견해들에 대한 논파와 자종의 정립은 『보리도차제론』에서 자세히 설명하였으므로 여기선 생략한다.

ⅱ. 자종의 소립을 논증하는 논거가 있고 자립논증은 없는 이치
ⅰ) 논거에 의한 소립의 논증 유무
『해심밀경』에 설하신 것처럼 자상에 의한 성립을 인정하면 반드시 자립논증을 인정해야 하니, 불교 내의 실재론의 교파들과 청변 논사 등의 경우와 같다.

일반적 사실에서조차 자상을 인정하지 않으면 자립논증을 당연히 인정할 수 없으니, 이 또한 자상이라는 미세한 이 부정대상의 배격

여부에 달려 있는 것이다.

그러나 일반적 사실에서조차 자상이 없다면 자종의 소립과, 그것을 논증하는 논거와, 바른지각과, 지각대상 등을 설정할 수 없다고 보면서 자립논증을 부정하는 것이 아니니, 『입중론본석』에서 원인이 결과를 접촉하고서 발생시키는지 접촉하지 않고서 발생시키는지 고찰한 후 양쪽을 모두 부정하고 그러한 모순이 상대방에게 발생하는 이유로 '타종의 견해에 따르면 자상이 발생시키고 자상이 발생하므로 그러한 입장에서는 이러한 고찰의 모순이 발생한다.'라고 자상에 의해 성립하는 원인과 결과를 인정하면 두 가지 경우의 고찰을 하여 모순으로 귀결되며, 허깨비와 같은 무자성을 주장하는 입장에는 그러한 모순이 없다고 설하셨다.

두 가지 경우를 고찰한 이러한 논박을 응용한 상대방의 반론에는 『입중론』에서 양쪽의 경우가 다른 이유로 다음과 같이 답변하셨다.

논박이 논박대상을 접촉하지 않고서 논박하는가?
아니면 접촉하고서 논박하는가? 라는 말이 나타낸 오류는
반드시 종(宗: 주장)이 있는 입장에 해당되며 나에게는 이러한 종宗이
없으므로 이러한 오류에 귀착될 일이 없다.

이 부분의 주석에선 다음과 같이 설하셨다.

논박과 논박대상 두 가지 모두 자성에 의해 성립하지 않기 때문이다.

'종宗이 없다'는 것은 자상 또는 자성에 의한 성립을 주장하지 않는다는 뜻이니, 원인과 결과가 접촉하고 안 하고의 고찰을 한 부분에서 타종에는 모순이 발생하고 자종에는 발생하지 않는 차이가 있는 이유를 설명한 부분과 같은 뜻이기 때문이다.

이 부분에 『입중론석』에서 "사리자가 수보리에게 '발생한 법에 의해 발생하지 않은 성취를 성취합니까? 아니면 발생한 성취를 성취합니까?' 하고 고찰하여 질문하자 대답하되 '그 두 가지 모두 인정하지 않는다.'라고 하시자 '성취와 현증現證이란 없습니까?' 하고 질문하자 '그 두 가지가 비록 있지만 그대가 고찰한 두 가지 방식의 하나로 있는 것은 아니다. 그러나 그 두 가지와 예류(수다원) 등도 역시 세간의 언어관습에서일 뿐 승의에서는 성취도 없고 현증도 없다."라고 설하신 경전을 인용하시고 또 주석에서 다음과 같이 설하셨다.

두 가지 경우의 오류로 귀결되기 때문에 발생하고 발생하지 않은 법의 성취를 성취함을 부정하고, 두 가지 경우의 고찰 또한 무자성(을 주장하는 입장)에는 합당하지 않으므로 고찰 없이 세간의 언어관습에 따라 성취를 성취하는 것으로 인정한 것과 같이 논박대상과 논박 역시 접촉하고 접촉하지 않는 따위의 방식은 비록 아니지만 언어관습적 차원에서 논박이 논박대상을 논박하는 것으로 알도록 한다.

또한 "자성이 공한 논박이 논박대상을 논박하고, 자성이 공하고 자성의 타당함을 여읜 논거에 의해 소립을 논증하는 것이며"라고 일체 논증과 논박 역시 사리자와 수보리 두 장로의 문답과 같이 본다고 설하셨다.

여기서 '성취'란 성취되는 대상을 의미한다.

고찰하여 어떤 성취를 성취하는 것인지 질문했을 때 두 가지 모두를 인정하지 않는다면 성취란 없는 것이냐고 질문한 것은 고찰한 심식에 의해 발견되지 않으면 그 심식에 의해 대상이 부정된 것으로 생각한 것이다.

'비록 있지만'이라는 것은 이지理智에 의해 발견되지 않은 것이지 배격한 것이 아니므로 존재한다는 것이다.

'두 가지 방식의 하나로 있는 것은 아니다.'라는 것은 발생한 성취와 발생하지 않은 성취 중 어느 것을 성취하는지 따위로 고찰한 두 가지 중 어느 것도 아니라는 뜻이다.

그 이하는 두 가지 경우로 고찰하여 발견되지 않으면 승의에서 존재하지 않고, 고찰 없이 존재로 설정한 것은 언어관습적 차원의 존재라는 의미라는 설명이다.

의미는 매우 선명하지만 고찰하고 안 하고의 경계를 알기 어려우니 여기서 전에 설명했던 네 가지 고찰 방식[208]을 이해해야만 한다.

'두 가지 경우의 고찰 또한 무자성을 주장하는 입장에는 합당하지 않으므로'라는 것은 자상에 의한 존재 또는 언어관습에 의해 설정된 것일 뿐이 아닌 존재 등을 인정하면 두 가지 경우의 고찰을 하는 것이

---

208 전에 설명했던 네 가지 고찰 방식이란 '변계증익과 구생증익이 보는 방식과 그것의 배격' 단락에서 설명한 자립파가 보는 승의의 고찰과 일반적 사실에서의 고찰, 귀류파가 보는 승의의 고찰과 일반적 사실에서의 고찰 등 이 네 가지를 가리키는 것으로 보인다.

합당하지만 자성이 없다고 주장하는 쪽에는 그러한 고찰이 합당하지 않다는 의미다.

그러므로 『현구론』에서 바른지각과 지각대상들이 자성에 의해 성립하는 것을 부정하고 상호의존적으로 설정된 것으로 설하셨으며, 『회쟁론』의 자주自註에서도 자성이 없더라도 소립을 논증할 수 있음을 비유와 함께 설하셨다.

일반적으로 『중론』의 다음과 같은 구절은 자상에 의해 성립하는 자성이 공하다는 입장에서 윤회와 열반의 일체 교리가 타당하다는 것을 보여준다.

무엇에 공성이 타당하면
거기에 일체가 타당하게 되고

이러한 이치를 반복적으로 설하셨음에도 불구하고 자상을 인정하지 않으면 논거에 의한 소립의 논증과, 심식이 대상을 지각하는 등의 작용을 인정할 수 없다고 보는 것은 자신의 지혜가 얕음을 드러낼 뿐이다.

그렇다면 『회쟁론』에서 다음과 같이 설하신 의미는 무엇인가?

만약 나에게 종宗이 있다면
나에게 그 오류가 있겠지만
나에겐 종宗이 없으므로
나에겐 오류가 없다.

여기서 첫 번째 두 행은 주장이 있는 쪽에 오류가 있다고 하였고, 이하 두 행은 자신에겐 주장이 없으므로 오류로 귀결되지 않는다고 하였는데, 여기서 주장 또는 종宗이 없다는 의미는 『입중론석』에서 자상이 존재한다는 주장이 없다는 뜻으로 설명하신 바와 같다.

『사백론』에서 다음과 같이 종宗이 없으므로 오류가 있을 수 없다고 하신 의미도 이와 마찬가지다.

유有와 무無와 유무有無 등
어느 것에도 종宗이 없는
그에게는 아무리 오랫동안 애써도
과실을 말할 수 없다.

이것을 『입중론석』에서 다음과 같이 설명하셨다.

가립된 존재에는 이러한 이변론二邊論이 합당하지 않기 때문에 이변론에 의지해서 논박하고 대답하는 것으로써는 중관파로부터 어떤 면에서도 허점을 찾을 수 없다.

이와 같이 언어관습에 의해 설정된 가유假有가 고찰하지 않고 설정된 이치에는 발생한 것과 발생하지 않은 것 중의 어떤 것을 성취하는지 따위의 고찰을 통해 논박하는 것이 합당하지 않기 때문에 두 가지 경우로 고찰한 논박으로는 결코 허점을 찾을 수 없다고 설명하셨으므로 고찰하지 않은 언어관습적 차원에서 소립과 논거를 인정하지 않는다는 전거가 될 수 없다.

『현구론』에서 중관파가 자립논증을 인정하는 것은 불합리하다는 이유로 "다른 종宗을 승인함이 없기 때문이다."라고 하시며 위의 구절들을 인용하신 것 역시 중관파는 승의에서의 성립을 인정하지 않는다는, 즉 자상에 의한 성립을 인정할 수 없다는 근거로서 인용하신 것이며, 그러므로 '자상을 인정하지 않는다면 자립논증은 불가하다'라는 뜻으로 자립논증을 배격한 것이지, 일반적으로 소립을 논증하는 논거를 모두 부정한 것이 아니다.

'이변론'이라는 것은 일반적으로는 세 가지가 설해졌는데, 첫째, 실재를 인정하거나 아니면 실재를 배격한 공성을 실재로 인정해야 한다고 말하는 것, 둘째, 자상에 의한 존재를 인정하거나 아니면 아예 없음을 인정해야 한다고 말하는 것, 셋째, 앞서 설명한 두 가지 경우로 말하는 것[209] 따위 등이다.

ii) 자립논증을 인정하지 않는 이유

자상에 의해 성립하는 소립과 논거, 보기 등은 존재하지 않으므로 자립논증은 성립하지 않으며, 뿐만 아니라 자상에 의해 성립한다고 보면 일체법이 모두 성립하지 않는다.

그렇다면 자상을 배격한 후 소립을 논증하는 논거 등 일체법이 타당하다고 보는 입장에서 자립의 논거와 소립 등을 인정할 수 없는 이유는

---

209 원인이 결과를 접촉하고서 발생시키는가, 아니면 접촉하지 않고서 발생시키는가, 또는 발생한 것을 성취하는가, 아니면 발생하지 않은 것을 성취하는가로 따위로 말하는 것.

무엇인가?

이에 대해 『현구론』에서는 자립논증을 배격하는 논리와, 그러한 논리를 상대방 또한 내용적으로 인정하고 있는 이치, 자립논증을 배격한 논리가 자종이 인정하는 논증식에는 해가 되지 않는 이유 등 세 가지 단락을 통해 설명하셨다.

먼저, 청변께서 『반야등론』에서 "승의에서 내처內處들은 자신으로부터 생겨나지 않는다. 있기 때문에. 심식이 있는 것처럼."라고 논증함에 월칭 논사의 비판은 다음과 같다.

'승의에서'라는 것을 소립에 포함된 한정어로 본다면[210] 논증자 자신은 자신으로부터의 발생을 세속적 차원에서조차 인정하지 않으므로 자신을 위해서는 불필요한 한정어이며, 논증상대를 위해서라면 2제諦 양면에서 어긋난 외도 등은 2제諦 양쪽 모두에서 논파할 수 있으므로 한정어 없이 논파하는 것이 낫다.

"세간의 언어관습에서 자신으로부터의 발생을 인정하는 것을 논파할 수 없으므로 한정어를 붙인다."는 대답도 불가하다. 왜냐하면 세간적 측면에서는 원인으로부터 결과가 생겨나는 것 정도를 인정할 뿐 자신으로부터의 발생인지 다른 것으로부터의 발생인지를 고찰하지 않기 때문이다.

또 만약 한정어를 유법에만 포함시켜서 논증상대가 승의의 존재로 인정하는 안근眼根 등이 세속적 차원에서(일반적 사실에서) 자생自生이 아니라고 논증하는 것이라면,[211] 이 경우엔 유법이 성립하지 않는 논거

---

210 '승의에서'라는 한정어를 이 논증식의 소립에 포함된 것으로 본다면, 논증식은 '내처들은 승의에서 자신으로부터 생겨나지 않는다. 있기 때문에'가 된다.

의 오류가 되니, 논증자가 승의의 안근 등을 인정하지 않기 때문이다.

만약 '승의의 안근 등은 성립하지 않지만 안근 등은 세속적 차원에서는 존재하므로 오류가 없다.'고 한다면, 그렇다면 '승의에서'라는 것은 어느 것의 한정어인가? '세속유(世俗有: 세속적 차원에서 존재)인 안근 등이 승의에서 자생自生임을 부정하는 한정어이다.'[212]라고 한다면 이 역시 타당하지 않다. 왜냐하면 논증식을 그와 같이 진술하지 않았기 때문이며, 진술한 것으로 치더라도 실재론자들은 안근 등이 세속적 차원에서 존재한다는 것을 인정하지 않으므로 논증상대에게 유법이 성립하지 않는 오류가 되기 때문이다.

이러한 비판에 청변께서 다음과 같이 답변하신다.

"불교도가 승론파(勝論派: 와이셰시까)[213]를 상대로 소리가 무상함을 논증할 때 소리의 일반적 의미를 유법으로 취할 뿐 어떤 구체적 특성으로 한정해서 취하는 것이 아니니, 그렇지 않다면 소립을 논증하는 논거가 존재할 수 없다. 왜냐하면 예를 들어 만약 기본요소로 이루어진 소리를 유법으로 취하면 승론파에게 성립하지 않고, 허공의 특질로서

---

211 '승의에서'라는 한정어가 소립이 아닌 유법에만 포함시켜 말한 것이라면 '승의의 내처들은 자신으로부터 생겨나지 않는다. 있기 때문에'가 되며, 일반적으로 '이것은 무엇이다.'라고 말하는 것은 모두 세속적 차원에서(일반적 사실에서) 말하는 것이기 때문에 'A는 B다.'라는 진술은 'A는 세속적 차원에서 B다.'라는 진술과 같으므로 이 경우의 논증식은 '승의의 내처들은 세속적 차원에서 자신으로부터 발생하지 않는다. 있기 때문에'와 같다.

212 이 경우의 논증식은 '세속유世俗有인 내처들은 승의에서 자신으로부터 발생하지 않는다. 있기 때문에'가 된다.

213 승론파: 고대 인도의 외도의 한 교파.

232

의 소리를 유법으로 취하면 불교도에게 성립하지 않기 때문이다. 그러
므로 구체적 특성으로 한정하지 않고 소리의 일반적인 의미를 유법으로
취하는 것과 같이 승의와 세속으로 한정하지 않고 안근 등을 유법으로
취하기 때문에 유법이 성립하지 않는 오류는 없다."

이러한 답변에 대해서 월칭께선 유법인 안근 등의 본질이 착란식錯亂
識에 의해서만 얻어지는 것이 아니라는 것은 청변 논사 자신이 인정하는
바이며, 착란과 비착란은 배중적 모순[214]이라는 등의 논리를 통해 논박
하셨다.

그 내용은 "안근 등이 자신으로부터 생겨나지 않음을 논승하는 유법
으로 2제諦의 한정 없이 그저 안근 등만을 취하는 것은 불가능하다.
왜냐하면 유법을 지각하는 심식이 안근 등의 자성에 착란되지 않은
심식이며(청변 논사의 견해에 따르면), 자성에 착란되지 않은 심식에
의해 얻어진 대상에 전도된 지각대상, 즉 자상에 의해 성립하지 않으면
서도 자상에 의해 성립하는 것으로 나타나는 거짓 현현顯現은 없기
때문이다."라는 것이다.

여기서 첫 번째 논거(유법을 지각하는 심식이 자성에 착란되지 않은
심식임)를 청변 논사께서 인정해야 하는 이유는, 존재하는 모든 것은
자성이 있어야 한다고 주장하는 견해에서는 자상이 나타나는 면에서
착란된 심식에 의해 그것의 지각대상을 얻는 것으로 설정할 수 없으므로
바른지각이기 위해선 분별식의 경우엔 집착대상에 착란되지 않은 것이
어야 하고, 무분별식의 경우엔 나타나는 대상에 착란되지 않은 것이어

214 배중적 모순: 두 가지 중에서 한쪽이 아니면 반드시 다른 한쪽이 되며, 이것도
저것도 아닌 경우는 없는 모순.

야 한다. 그러할 때 언어관습적 차원에서 가립되었을 뿐이 아닌, 대상 자신의 존재방식의 자성을 대상으로 바른지각이 되어야 함은 청변 논사 자신이 인정하는 바이기도 하다. 이러한 바른지각에 의해 얻어지는 대상이 전도된 지각대상이라면 그것은 모순이므로 두 번째 논거(자성에 착란되지 않은 심식에 의해 얻어진 대상에 전도된 지각대상 즉, 자상에 의해 성립하지 않으면서도 자상에 의해 성립하는 것으로 나타나는 거짓 현현은 없음)가 성립한다. 마찬가지로, 착란된 심식에 의해 얻어진 대상이 전도되지 않은 지각대상이라면 이 역시 모순이다. 그러므로 유법이 성립하지 않는다는 오류는 해소되지 않는다.

만약 "소리를 대상으로 한 바른지각이 변하든지 불변하든지 둘 중의 하나로 결정되지만 변하는 바른지각이나 불변하는 바른지각 둘 중의 하나로 한정시킨 바른지각이 유법인 소리를 대상으로 한 바른지각이라고 말할 필요가 없듯이, 심식이 착란되거나 착란되지 않은 둘 중의 하나로 결정되지만 유법을 대상으로 한 바른지각을 말할 때 그 두 가지 중의 하나로 한정시켜서 말할 필요가 없다. 이와 같이 소리가 변하거나 불변하거나 둘 중의 하나로 결정되고 소리를 대상으로 한 바른지각이 소리가 변하는지 불변하는지 둘 중 어느 쪽으로도 지각하지 못하더라도 소리를 지각하는 것에 모순이 없는 것과 마찬가지로 안근 등이 전도되거나 전도되지 않은 둘 중의 하나로 결정되고 안근 등을 대상으로 한 바른지각이 안근 등이 전도된 지각대상인지 전도되지 않은 지각대상인지 둘 중 어느 쪽으로도 지각하지 못하더라도 안근 등을 지각함에 모순이 없으니 승의와 세속 둘 중 어느 쪽으로도 한정하지 않고 그저 안근 등을 유법으로 놓을 수 없다는 논리는 타당하지 않다."라고 한다면, 이러한 의심은 청변 논사 등과 실재론 교파들의 학자들에게 일어날 리 없으므로 월칭께서도 이에 대한 해명은 하지 않으셨다. 그러나 근래의 잘 알지 못하는 반론자들에게 의심이 일어나므로 이에 대해 설명하면, 청변 논사의 견해에서는 어떤 대상이 바른지각에 의해 성립하는지 성립하지 않는지 고찰할 때 바른지각에 의해 성립한다고 하면 상대는 만약 그 바른지각이 무분별식이라면 그 대상이 심식에 나타나는 그대로 성립하는 것으로, 또 만약 그 바른지각이 분별식이라면 그 대상을 심식이 확정하거나 집착하는 그대로 성립하는 것으로 알아들어야 한다. 그것은 비착란의 의미이니, 무분별식의 경우 그 심식에 나타나는 그대로 성립하는 것을 그 심식이 나타나는 대상에 착란되지 않은 것으로 설정하고, 분별식의 경우엔 그 심식이 확정하는 그대로 성립하는 것을 집착대상 또는 확정대상에 착란되지 않은 것으로 설정하기 때문이다. 그렇다면 "대상만이 이것과 저것 중의 하나로 결정될 뿐 심식에 의해 이것과 저것 중의 하나로 결정되지 않는다."는 따위는 있을 수 없다. 그러므로 자상의 나타남에 대해서 착란되지 않은 심식에 의해 얻어지는 대상을 진실한 지각대상으로 설정하기 때문에 전도되거나 진실된 지각대상 또한 대상만이 이것과 저것 중의 하나로 결정될 뿐 심식에 그와 같이 결정되지 않는다는 따위는 있을 수 없는 것이다.

이러한 것들은 존재들에 자성이 있다고 주장하는 자들의 견해에서 바른지각에 의해 성립하는 방식일 뿐 귀류파의 견해는 아니다. 그러므로 자립파에 따르면 진실한 지각대상인 안근 등의 유법이 비착란의 심식에 의해 얻어지더라도 2제諦의 명칭과 내용 어느 것으로도 한정해서 성립할 필요가 없이 그저 일반적인 의미의 안근 등을 유법으로 놓고서 그것이 승의에서 있는지 없는지 고찰할 수 있으므로 일반적인 의미의 유법을 취함에 2제諦의 한정어를 분별하여 비판하는 것은 합당하지 않다는 생각이다.

이에 대해 월칭께서는 '자상이 나타남을 대상으로 착란되지 않은 바른지각에 의해 성립하는 유법이라면 그것은 이미 자성이 있는 것으로 취해졌으며, 자성이 있다는 바로 그것이 승의에서 존재한다는 의미이므로, 이미 승의에서 존재한다는 한정어를 취한 그것을 승의와 세속의 한정 없이 일반적인 의미의 유법으로 취한다는 것이 어찌 말이 되겠는가?'라고 생각하시고 한정어를 버리고 일반적인 의미의 유법을 취한다는 주장을 논파하신 것이다.

이러한 내용을 이해하면 자립파가

나타나는 면에선 같더라도 작용을
할 수 있고 없는 차이 때문에
참과 참이 아닌 것으로
세속을 분류한다.

라고 설명하고, 바른지각은 참과 전도 두 가지로 분류하지 않는 이유와, 귀류파가 세간의 입장에서 참과 전도를 대상과 바른지각 양자 모두에 설정하며, 귀류파 자신의 입장에서는 설정하지 않는 이유들을 이해할 수 있다.

만약 분별식과 무분별식에 자상이 나타나는 바와 같이 존재하지

않는 착란식에 의해 유법이 성립한다고 설정한다면 소립인 무자성의
의미를 이미 지각하였기 때문에 그것을 논증하기 위한 유효 논증상대가
될 수 없으므로 유법이 성립하지 않는 오류는 여전하다.

만약 "착란된 심식에 의해 얻어지는 대상과 전도되지 않은 지각대상
두 가지가 모순이라면 이지理智의 추론에 의해 얻어진 대상과 승의제
두 가지 역시 모순이 되며, 착란된 심식에 의해서만 얻어진 대상이
아닌 것은 자성에 착란되지 않은 심식에 의해 얻어져야 하므로 일체
세속제가 자성에 착란되지 않은 심식에 의해 얻어진 것이 된다. 왜냐하
면 일체 세속제를 부처님의 진소유지盡所有智[215]가 지각하기 때문이며,
여기서 '만'이라는 말은 착란되지 않은 심식에 의해 얻어지는 것을
배격하는 의미이기 때문이다."라고 한다면, 첫 번째 반론이 타당하지
않은 이유는 이지理智의 추론은 자신의 현현경(나타나는 대상)에 착란된
심식이긴 하지만 그것에 의해 얻어진 것은 착란된 심식에 의해 얻어진
것이 아니라는 점에 모순이 없기 때문이니, 비유하면 소리이기도 하고
허망한 것이기도 한 고둥소리를 지각했더라도 소리가 허망하다는 것을
지각하지 못한 것에 모순이 없는 것과 같다.[216]

---

215 진소유지: 존재하는 모든 것을 여실히 직관하는 부처의 지혜.

216 승의제, 이를테면 '개아가 실재가 아님' 따위를 지각하는 추론은 모든 분별식이
그렇듯 착란된 심식이다. 왜냐하면 자신이 지각하는 대상이 실재처럼 나타나기
때문이다. 즉, 추론을 통해서 개아가 실재가 아님을 올바로 지각하더라도 자신이
지각하는 그 대상인 '개아가 실재가 아님'의 상相은 실재처럼 나타난다. 그러므로
자신에게 나타나는 대상에 착란되어 있다. 그러나 그것이 개아가 실재가 아니라
고 지각한 그대로 개아는 실재가 아니므로 지각하는 면에 있어서는 착란되지
않았다. 이와 같이 추론은 착란된 면과 착란되지 않은 두 가지 면이 있지만

두 번째 반론에 대해서는, '만'이라는 말이 붙은 곳을 보면 그러한 의심이 들 수 있지만, 말하는 사람이 의미하고자 한 바는 '존재 방식이 어떠한가를 고찰하는 심식에 의해 얻어지는 것'을 배격하는 의미로 '만'을 말한 것이지 착란되지 않은 심식에 의해 얻어지는 것을 배격한 의미가 아니니, 『현구론』에서 다음과 같이 설하셨기 때문이다.

'(가립된 언어가 가리키는 실체가 무엇인지 규명하는) 세밀한 고찰로 세간의 언어관습을 파고드는 이것이 무슨 소용인가?' 하고 우리들도 그와 같이 말하니, 세속은 착란에 의해서만 자신의 본질이 있다고 얻어지는

유법이 진여에서 성립하지 않는다고 청변 논사께서 승인한다는 점을 바탕으로 논파한 다른 곳의 설명과 여기서의 설명 방식 두 가지가 같지 않지만 자립논증을 부정하는 교리가 다른 것은 아니다.

이상으로 승의와 세속의 한정 없이 일반적인 의미의 유법을 취한다는 내용을 논파하였고, 이제 비유를 논파하도록 하겠다.

불교도가 승론파에게 소리가 무상함을 논증할 때 유법을 대상으로 한 논증자와 논증상대 양자의 바른지각에 의해 기본요소로 이루어진 소리라든지 허공의 특질인 소리 따위로는 성립하지 않더라도, 양자의 바른지각이 그것을 대상으로 바른지각이 되는 단지 소리의 의미를 나타낼 수 있지만,[217] 안근 등이 자신으로부터 생겨나지 않음을 논증하

승의제는 착란되지 않은 면에서 얻어졌으므로 착란되지 않은 심식에 의해 얻어졌다고 말해도 모순이 없다는 것이다.

238

는 논증자인 무자성론자와 논증상대인 유자성론자 사이엔 양자에게
자성에 의해 성립하거나 성립하지 않는 둘 중의 어느 쪽으로도 지각하지
않더라도 유법의 일반적인 어떤 의미를 양자 모두 지각한다고 하는
것이 불가능하기 때문에 비유와 비유대상이 경우가 다르다.

여기서 청변 논사 등의 자립파들이 '자성에 의해 성립하거나 성립하
지 않는다는 한정 없이 일반적인 의미의 유법을 양자에게 나타낼 수는
없지만 승의에서나 실재로서의 유무로 한정하지 않은 일반적인 의미의
유법을 취할 수는 있다.'라고 논증할 수는 없다. 왜냐하면 자성에 의해
존재하면 그것이 실재로서 존재한다는 의미이기 때문이다.

그러므로 승의제의 부정대상에 대한 인식 차이로 인해 이와 같은
차이가 생긴 것이니, 불교도가 승론파에게 소리가 무상함을 논증하는
경우에도 양자의 견해에서 기본요소로 이루어진 것과 허공의 특질
두 가지 중의 하나로 한정한 유법은 성립하지 않지만 일반적인 의미의
소리는 성립한다고 한 것이며, 소리를 대상으로 한 불교도와 승론파
양자의 바른지각이 어느 것으로 한정한 의미의 소리를 대상으로 바른지
각이 되는 것은 아니다.

이상은 논증자가 자성을 인정하는 경우를 바탕으로 설명한 것이며,
귀류파가 논증자인 경우에도 자성을 인정하는 논증상대에게 자성에

---

217 불교도가 승론파에게 소리가 무상함을 논증하는 경우엔 유법을 대상으로 하는
양자의 바른지각이 기본요소로 이루어진 소리라든지 허공의 특질인 소리 따위를
대상으로 바른지각이 되는 것이 아니라 단지 소리의 일반적인 의미를 대상으로
바른지각이 되는 것이므로 양자에게 공통적 바른지각에 의해 성립하는 유법이
존재한다는 얘기다.

의한 유무 어느 쪽으로도 한정하지 않은 유법을 대상으로 한 바른지각이 성립하는 방식은 있을 수 없다.

이상의 논리들로써 논증자와 논증상대 양자에게 공통적 바른지각에 의해 성립하는 논거가 성립할 수 없는 이치 또한 이해하도록 한다.

청변 논사 역시 실재론자들이 "내처內處들은 발생시키는 인연이 있다. 그와 같이 부처님께서 설하셨기 때문에."라고 논증한 데 대해 다음과 같이 비판하셨다.

"논거의 '설하셨다'는 의미가 만약 세속에서라면 그대에게 성립하지 않고 승의에서라면 나에게 성립하지 않는다."

이와 같이 청변 논사 자신이 2제諦의 분별을 통해 비판하였기 때문에 마찬가지로 귀류파가 청변 논사에게 유법이 착란과 비착란의 어떤 심식에 의해 얻어지는가 하는 분별을 통해 비판한 것은 합당하다.

이것이 합당한 이유는 『입중론』의 다음과 같은 구절처럼 진실한 지각대상을 보는 심식과 거짓된 지각대상, 즉 전도된 것을 보는 심식에 의해 얻어진 두 가지를 2제諦의 의미로 부처님께서 설하셨기 때문이다.

진실과 거짓의 모든 존재를 봄으로써
존재를 얻는 두 가지 본질을 취하게 되니
진실을 본 대상은 진여이고
거짓을 본 것은 세속제라고 설하셨다.

논거를 2제諦의 두 가지 구분 없이 제시한 경우엔 논거의 의미가 무엇인가 하고 질문해야 하며, 2제諦 중 어느 것으로도 한정하지 않은 일반적 의미를 포함해 세 가지 경우의 분별을 할 경우엔 그 세 가지 중 어떤 것을 논거로 제시하는가 하고 질문해야 한다.

이러한 비판들이 귀류파의 논증식의 경우엔 해당되지 않는 이유로 자립논증을 인정하지 않기 때문이라고 하신 후 "자종의 소립을 논증하는 논증식들은 논증상대에게 성립하면 충분하니, 바로 그것으로써 그릇된 분별을 단지 배격하기 위해서이기 때문이다."라고 하셨으며, '양자 중 어느 한 쪽에 성립하는 것으로 충분치 않은가?' 하는 의심에 세간의 쟁론을 비유로 들어서 한 쪽에 성립하는 것으로 충분함과, "논증과 논박 양쪽에 양자에 의한 성립이 필요하다고 주장하는 진나 논사 역시 앞의 견해를 인정해야 하니, 전거의 모순과 위자비량爲自比量[218]의 경우 자신에게 성립하는 것으로 충분하기 때문이다."라고 설명 하셨다.

그렇다면 청변께서 『반야등론』에서 타종을 비판하는 부분에 "자립으로 말한 것인가, 논박으로 말한 것인가?"라고 하신 부분에 '자립으로'라고 한 이것이 자립논증의 의미이므로 '논증상대의 승인과 관계없이 대상의 존재방식으로부터 자립으로 유법과 보기와 논거 등의 성립방식을 바른지각에 의해 확정한 후 소립을 지각하는 추론을 발생시키는 것'이 자립논증의 의미다.

귀류파는 자성을 인정하는 논증상대가 소립을 지각하기 전에 자성의 유무 둘 중 어느 것으로도 한정하지 않은 바른지각에 의해 '이것은 무엇이다'라고 지각대상이 성립하는 방식을 확정할 수 없기 때문에

---

218 위자비량: 자신이 이해하기 위한 추론. 자비량이라고도 한다.

일반적으로 논거와 소립은 인정하지만 자립의 논거와 소립은 인정하지 않는다.

귀류파가 '새싹은 자성이 없다. 연기緣起이기 때문에. 예를 들면 영상처럼.' 따위로 논증할 때 이것이 자립논증이 아니라 타종상식논증이고, 양자의 바른지각에 의해 성립하지 않는다고 주장하는 것은 논증자 자신이 새싹이 연기라는 것과 연기이면 무자성이어야 한다는 등을 인정하지 않는다는 뜻이 아니라, 앞서 설명한 바와 같은 자립의 논증이 논증상대의 바른지각에 의해 성립하지 않기 때문에 논증자와 논증상대 양자에게 성립하지 않는다는 의미다.

새싹과, 새싹이 연기緣起라는 것 등을 지각하는 구생俱生의 일반적인 바른지각은 비록 논증자와 논증상대 양자에게 있지만 그러한 바른지각과, 자성에 의한 존재를 지각하는 바른지각 두 가지가 논증상대의 의식상에 섞여 있어서 무자성의 견해를 얻기 전까지는 구분하지 못하므로 논증자가 그 두 가지를 구분하더라도 이러한 동안에는 논증상대에게 보여줄 수가 없다.

귀류파 양자 간에 논증하는 경우에도 상대의 승인에 관계없이 바른지각에 의해 성립하는 방식은 나타낼 수 있지만 그것은 언어관습에 의해 대상을 설정하는 바른지각일 뿐 존재 자신의 자성에 의해 설정하는 바른지각이 아니므로 자립논증은 있을 수 없다.

새싹 따위를 대상으로 그것이 자성에 의해 존재한다고 보는 방식과, 자성에 의해 존재하지 않는다고 보는 방식과, 그 두 가지 중 어느 것으로도 한정하지 않고 보는 방식 등 세 가지가 있는데, 무자성의 견해를 얻은 사람에게는 이 세 가지 모두 일어날 수 있지만 무자성의 견해를 얻지 못한 사람에게는 첫 번째와 세 번째밖에 일어날 수 없다는 차이를 이해하면 분별식이 취하는 모든 것을 논리에 의해 부정하지 않으며, 무자성의 견해를 얻기 전의 보리심의 수행 등 일체를 실집實執 또는 상집相執으로 보아 무자성의 견해를 얻었다고 생각한 이후부터 일체 행위 방면의 것들을 무시하는 전도견을 올바로 배격할 수 있다.

이상과 같이 타종상식논거에 의해서 소립을 논증하는 경우 논증상대의 승인만으로는 충분치 않고 유법과 보기와 논거 등이 논증자 자신의 바른지각으로도 성립하고 논증상대 역시 반드시 인정해야 하는 것이거나 또는 인정하고 있는 것이어야 한다. 왜냐하면 그러한 것이 없이 집착대상에 착란되었다면 그가 진여를 지각하는 견해를 얻을 수 없기 때문이다.

언어관습적 차원에서 대상을 설정하는 바른지각이 승의를 지각하기 위한 선행 조건으로 반드시 필요하다는 것은 『중론』의 다음과 같은 구절의 의미이기도 하다.

언어관습(세속제)에 의지하지 않고
승의는 지각될 수 없다.

만약 '귀류파의 견해에 따르면 청변 논사 등의 자립파들은 승의에서 성립하는 또는 실재의 내용을 받아들이므로 중관파라고 인정할 수 없는가?'라고 한다면, '배가 볼록한 물 담는 기구'를 지각했더라도 그것이 항아리라는 것을 지각하지 못한 자는 '그가 그것을 항아리라고 주장한다'라고 말할 수 없고, 승론파가 항아리가 그것의 부분들과 별개의 실체가 아님을 지각하지 못하더라도 부분과 전체가 별개의 실체라고 주장하는 교파가 아니라고는 말하지 못하는 것과 마찬가지로 청변 논사를 비롯한 자립파들도 존재가 실재라는 주장을 여러 논리들을 통해 배격하고 비실재를 인정하므로 중관파라고 말할 수 있다.

중관파라면 자립논증을 인정하는 것이 불합리하다는 『현구론』의 말씀과도 모순이 없으니, 계율을 제정한 후의 비구가 계율을 범해서는 안 되지만 계율을 범했다는 이유만으로 비구가 아닐 필요는 없는 것과 마찬가지다.

ⓒ 그러한 해설방식이 경전들과 모순되지 않는 이치
ⓐ 『해심밀경』과의 모순 해소
『해심밀경』에서 3성性을 통해 자성의 유무를 구분한 것과, 요의와 불요의를 설정한 방식에 대한 다른 논사들의 견해가 앞서 설명한 바와 같다면, 그렇다면 이번엔 월칭 논사의 견해는 어떠한가 하면, 먼저 이에 대해 성인 사제 두 분의 논서에는 분명한 설명이 없고, 불호께서도 분명하게 설명하지 않으셨다.

월칭께서는 『입중론』에서 다음과 같이 설하셨다.

그러한 종류의 다른 경장도
불요의로 이 경전이 명확히 한다.

이것을 『입중론석』에선 다음과 같이 해설하셨다.

그러한 종류의 경장이 무엇인가 하면, 『해심밀경』에서 가립과, 의타기와, 원성실이라는 삼성三性을 설하신 부분에서 가립은 없고 의타기는 있다고 하신 말씀과, 다음과 같은 말씀 등이다.

심오하고 미세한 집지식執持識[219]
일체종자一切種子[220]는 강처럼 흘러
자아라고 분별하면 안 된다고 생각하여
이것은 범부들에게 내가 설하지 않았다.

이러한 말씀들은 불요의임을 다음과 같은 경전 말씀이 명확히 보여주신다.

환자가 아플 때
의사가 약을 처방하는 것처럼
부처도 이와 같이 유정에게
유심唯心으로도 설하였다.

이것은 변계소집과 의타기에 자상의 유무와, 장식(알라야식)을 설하신 것과, '말씀 등'에 포함되는 것으로는 외경의 부재와, 구경종성결정究竟種性決定을 설하신 것 등의 네 가지가 불요의라는 설명이다.

네 번째가 불요의임은 『집경론』의 구경일승究竟一乘[221] 논증에 의해

---

219 집지식: 장식(알라야식)의 다른 이름.
220 일체종자: 장식(알라야식)의 다른 이름.

서 이해할 수 있다고 생각하시고 언급하지 않으셨으며, 앞의 세 가지는
『입중론본석』에서 전거와 논리 양면으로 불요의로 논증하셨으며, 여
기서는 전거만을 인용하였다.

유심唯心을 설하신 경전에 외경을 배격한 것과 배격하지 않은 두
가지 중에서 "외경이 나타난 것은 있는 것이 아니니" 등으로 외경을
배격한 말씀은, 환자 각각에게 약을 처방하는 것은 의사의 임의가
아니라 환자의 병에 맞춰서 주는 것과 같이 유심을 설하신 것 역시
부처님 자신의 견해가 아니라 교화대상의 마음에 맞춰서 설하신 것이라
는 『능가경』의 말씀에 의해 불요의임을 명확히 알 수 있다.

이어서 『입중론석』에서

그와 같이 세존께서 설하신 경전 중에서 여래장을 설하신 것은

등으로 경전들을 인용한 끝에 다음과 같이 설하셨다.

---

221 구경일승: 궁극의 경지는 오직 대승열반 하나라는 것. 구경삼승을 주장하는
비바사파, 경부파, 수교행유식파 등은 개아의 흐름이 무여열반의 성취와 동시에
완전히 끊어져 사라진다고 보기 때문에 성문의 열반, 독각의 열반, 대승의 열반
이 세 가지가 모두 구경이 된다. 그러나 수리행유식파와 중관파들은 개아의
흐름이 끊어지는 것을 인정하지 않기 때문에 소승의 무여열반을 성취했더라도
여전히 개아는 존재한다고 본다. 그렇다면 성불로 인도하는 부처님들이 계시고,
소지장은 영원히 지속될 수 없는 것이기 때문에 여러 인연들에 의해 결국엔
대승의 길로 들어가 성불하게 될 것이므로 구경은 성불, 즉 대승열반 한 가지밖에
없는 것이다. 참고로, 대승이라는 용어를 인정하지 않는 이들은 성문승, 독각승,
보살승을 삼승으로 꼽는다.

그러므로 유식파가 요의로 인정하는 그러한 종류의 일체 경장은 불요의
임을 이 경전 말씀이 명확히 나타낸다.

여기서 『입중론소해疏解』에서는 여래장을 불요의로 설하신 것을
예로 들어서 유심唯心을 설하신 것 역시 불요의로 나타내고, '이 경전
말씀'이라는 것이 『십지경』에서 연기緣起를 설명하는 부분의 창조주를
배격한 구절을 가리키는 것으로 설명하였다.

그러나 이것은 타당하지 않다. 왜냐하면 『입중론』의 자주自註에서
유심唯心의 설법이 불요의임을 예로 들고, 여래장이 불요의라고 설하셨
다는 이유로 유식파가 요의로 인정하는 그러한 종류의 경장들이 불요의
라고 논증하셨으므로 '이 경전 말씀'이라는 것에 두 가지 중에 하나는
여기서 『능가경』에서 여래장을 불요의로 설하시고 무자성의 설법이
일체 경장의 안에 들어 있다고 설하신 부분을 인용한 것이다.

마음 이외의 창조주를 배격했다는 것은 『십지경』에서 '3계界가 마음
뿐[유심]'이라고 설하신 '뿐'이란 말이 외경外境을 배격한 것이 아니라
는 설명이므로, 외경을 배격한 것이 불요의라는 설명이 될 수 없다.

'그러한 종류의 경장'이란 앞서 『해심밀경』이라 설명한 바와 같고,
여래장을 불요의로 나타낸 경전을 유식파가 요의로 인정한다고 설하신
것이 아니며, 이에 대해선 양자에게 이견이 없다.

월칭 논사의 견해는 여래장이 불요의라고 설하신 것을 인용함으로써
『해심밀경』에서 장식(알라야식)을 설하신 것이 문자 그대로가 아님을
논증하셨다는 것이다.

그렇다면 먼저 여래장을 설하신 것이 문자 그대로가 아님을 알아야

하므로 『능가경』을 보면 다음과 같이 설하셨다.

유정의 뜻에 따라 설한 경장은 사실과 달라서 여실한 말이 아니다. 비유하면 신기루에는 물이 없지만 물이라고 집착한 짐승들이 속는 것과 같이 설법 또한 어리석은 이들을 만족시키려는 것이지 성인의 지혜를 기술한 말이 아니다. 그러므로 그대는 의미를 따를 것이지 말에 집착해서는 안 된다.

또 이렇게도 설하셨다.

대혜大慧가 여쭈기를 '경장에서 여래장을 설하시되 자성광명, 본래청정, 삼십이상을 갖추고, 일체 유정의 몸 안에 있다고 하시니, 보배가 더러운 옷에 싸인 것처럼 온蘊, 계界, 처處의 옷에 싸여 더러운 것이 된 상주하고 견고하고 불변하는 것이라 하시면, 이러한 여래장의 설법은 외도의 자아론과 어떻게 다릅니까? 외도 역시 상주하고, 행위가 없고, 특성이 없고, 편재하고, 파괴되지 않는 자아를 말합니다.'라고 하였다.

이에 대한 답변으로 "부처님들은 어리석은 이의 무아에 대한 두려움을 없애고, 자아론에 집착하는 외도들을 인도하기 위해 공성空性, 무상無相, 무원無願 등의 의미, 착란 없는 심식의 대상인 법무아를 여래장이라 하였으므로 외도의 자아론과는 다르니, 이에 대해 현재와 미래의 보살들은 자아로 집착해선 안 된다. 자아론에 떨어진 이들이 세 가지 해탈문의 지각대상에 머무는 사유를 갖추어 신속하게 성불하게 되기를 바라서 이를 위해 여래장을 설했으니 외도의 견해를 여의기 위해 여래장, 무아를 따라 들어가도록 하라."라고 설하셨으니, 번다함을 피해 간략하게 인용하였다.

이것은 법무아의 공성에 착안해서, 무아에 대한 두려움을 없애고, 자아론에 집착하는 이들을 서서히 무아로 인도하기 위한 목적으로 설하셨다는 이유로 여래장과 자아론 두 가지가 다르다고 논증하신 것이며, 그렇게 본다면 자아론자들이 주장하는 바는 그들이 생각하고 있는 그대로인 반면, 부처님께서 무엇을 염두에 두고 여래장을 설하셨다는 의중과, 문자 그대로의 의미 두 가지는 크게 다르며, 자아론자들이 자아가 상주한다는 등을 주장하는 것은 문자 그대로의 의미를 언제까지나 견고하게 확신하도록 하기 위함인 반면, 부처님께서 설하신 것은 일시적으로 문자적 의미를 설하신 후 나중에 무엇을 염두에 두고서 설하셨는지 그 의미로 이끌어가기 위해서이므로 이 두 가지가 같지 않다고 구분해야 하며, 그렇다면 여래장의 설법을 문자 그대로 받아들이면 자아론과 같다는 것을 명확히 보여주신 것이니, 문자 그대로 받아들였을 경우의 오류 역시 바로 이것이다.

문자 그대로 받아들일 수 없음은 신기루의 비유와 '의미를 따를 것이지 말에 집착해서는 안 된다.'라는 등의 말씀에서 지극히 분명하므로 『능가경』이 다른 경전에서 그와 같은 여래장을 설한 것에 대해 착안점과 목적, 문자 그대로 받아들였을 경우의 오류 등을 나타냄으로써 불요의라고 논증했다는 점에 지혜가 있는 이라면 어느 누가 반론하겠는가? 그러나 『능가경』의 해설을 인정할 수 없다면 그 경전의 문자 그대로를 받아들였을 경우의 오류 등을 보이고서 불요의라고 설명해야 한다는 것이 인도 학자들의 구전口傳의 가르침이므로 그와 같이 해야 하며, 그렇지 않고 그저 『능가경』이 그와 같이 설한 것이 아니라고 말하는 따위는 단지 자신의 취향을 나타내는 것에 불과하다.

　『집경론』에서도 "여래께서 교화를 위해 대승의 갖가지 문을 보이심으로써 이 심오한 법성을 보이셨으니"라고 하시고, 이어서 앞서 인용했던 경전들을 인용하셨으며, '이 심오한 법성'이 가리키는 것은 그 앞에서 반야경을 비롯한 많은 경전들을 인용하며 법무아의 공성을 설한 것들이다.

　'교화를 위해'라는 것은 '교화대상의 마음에 맞춰서'라는 것이니, 앞서 "어리석은 이들을 만족시키려는 것이지, 진여의 말이 아니다."라고 하셨던 의미다.

　문자 그대로 받아들였을 경우 자아론과 같아지는 이치는, 자상과 승의의 발생과 법아의 희론의 단지 부정일 뿐인 공성과 무생과 무아 등의 의미를 염두에 두고서 여래장을 설하신 것이 아니라 문자적 의미가 나타내는 그대로라고 본다면 상주常住하는 여래장의 상주 또한 부정대상인 붕괴를 단지 배격했을 뿐인 무멸無滅이 아니므로 부정대상의 배격을 통해 설정할 필요 없이 파랑색, 노랑색 등과 같이 긍정존재로 심식에 나타나는 상주인 것이 된다. 그렇다면 외도들이 자아가 상주한다고 말하는 상주의 방식과 차이가 없으므로 상주하는 유위법을 인정하는 셈이 된다. 이에 대해 오류를 드러내는 것은 외도들이 주장하는 자아의 상주를 배격하는 논리이며, 이것은 불교 내의 상하 모든 교파들이 설명하는 것이므로 불교의 모든 교파들이 자아의 상주는 인정하지 않는다.

상주의 의미를 붕괴를 단지 배격했을 뿐인 부정이 아닌 긍정으로 받아들이는 한, 두 가지 아我를 단지 배격했을 뿐인 두 가지 무아 역시 설명할 근기根器가 안 되기 때문에 여래장을 설한 경장들이 무아에 대한 두려움을 없애고 자아론에 집착하는 이들을 유도하기 위해 그러한 법을 설한 것이다.

여기에도 불요의에 두 가지가 있는데, 먼저, 공통의 인무아[222]와 거친 법무아를 설명할 근기가 되는 불교도들을 진여로 서서히 이끌어가기 위해 설하신 불요의의 설법은 문자 그대로 받아들였을 경우의 오류를 보여주기가 지극히 어렵다.

앞서 설명한 바와 같은 외도의 자아론자들과, 그러한 견해에 전생에 많이 영향 받은 자들은 당분간 공통의 인무아 정도조차도 완전히 설명할 수 없는 부류이므로 이들을 유도하기 위해 설하신 불요의의 설법은 문자 그대로 받아들였을 경우의 오류를 보여주기가 상대적으로 쉽다.

이와 같이 상주하는 특성 등을 가진 여래장의 설법이 불요의라는 이유 때문에 장식(알라야식)의 설법 역시 불요의라는 것이 어떻게 성립하는가 하면, 『후엄경』에 다음과 같이 설하셨다.

갖가지 지地들은 장식藏識.

---

[222] 공통의 인무아: 대소승의 모든 교파들이 인무아의 내용이라고 공통적으로 인정하는 것. 즉, '개아에 독립적인 실체의 자아가 없음'을 가리키며, 이것을 귀류파 이외의 교파들은 미세한 인무아로 보고, 귀류파는 거친 인무아로 보며, 귀류파가 미세한 인무아로 인정하는 것은 '개아가 실재가 아님'이다.

선여래장善如來藏 또한 그것.

여래장을 장식이란 말로

여래들께서 설하셨으니

여래장이 장식으로 불린 것도

우둔한 이들은 알지 못하네.

『능가경』에서도 다음과 같이 설하셨다.

여래장은 장식藏識이라 불리고 7식識을 가진

이러한 말씀들은 여래장과 장식(알라야식)이 같은 것의 다른 이름임을 보여준다. 그러나 두 가지 중 하나는 상주하는 것으로, 다른 한 가지는 무상한 것으로 설하셨으므로 문자적 의미에서 같은 뜻으로 설하셨다는 얘기는 아니고, 무엇을 염두에 두고 여래장을 설하셨다는 바로 그것을 염두에 두고 또 장식을 설하셨으므로 부처님의 의중에 있는 것이 같은 것이란 얘기다.

그러므로 여래장을 불요의로 나타냈다면 장식 또한 불요의가 된다. 『입중론석』에서도 다음과 같이 설하셨으므로 월칭 논사의 견해 또한 이와 같다.

일체 존재의 본질에 따르기 때문에 오직 공성만을 장식藏識이란 말로 나타냈음을 식별해야 한다.

설명한 바와 같이 여래장과 장식(알라야식)의 착안점은 같지만, 그것들을 설한 대상은 같지 않다.

그렇다면 이번엔 장식은 어떤 대상을 위해 설하셨는가 하면, 공통의 인무아와, 이취공二取空의 법무아를 설할 근기는 되고, 개아와 일체법에 자성이 없음을 지각할 능력은 되지 않는 교화대상들을 위해 설하신 것이니, 『입중론』에서 다음과 같이 설하셨기 때문이다.

장식藏識이 있고 개아가 있으며
이 온蘊들만이 있다고
설하신 이것은 지극히 심오한 뜻을
식별할 수 없는 이들을 위해서다.

이 구절이 이취공의 법무아를 설할 근기를 어떻게 나타내는가 하면, 장식(알라야식)을 인정할 때엔 외경의 부재 역시 받아들여야 하기 때문이다.

『입중론석』에서 앞서 본 바와 같이 여래장을 불요의로 나타낸 경전을 인용한 바로 아래에서 다음과 같은 『능가경』의 말씀을 인용하셨다.

대혜여, 공성과 무생無生과 불이不二와 무자성상無自性相 등 일체 부처의 경장 안에 들어가는 이것은

이는 변계소집과 의타기에 자상의 유무를 구별한 경전을 불요의로 나타내는 전거이다. 왜냐하면 『능가경』에서 위에 인용한 말씀에 이어

서 다음과 같이 설하셨기 때문이다.

이것은 어느 경장에서건 그와 같이 바로 그 의미로 이해하도록 하라.

그러면 이제, 중관귀류파는 세 가지 법륜의 요의와 불요의를 어떻게
설정하는가 하면, 첫 번째 법륜에서 개아와 법에 자성이 없다고 설하신
것들은 요의이며, 개아에 온蘊과 다른 상相의 독립적인 실체 정도만을
배격하고 자상은 배격하지 않으신 것과, 온蘊 등의 법들이 자상에
의해 성립한다고 설하신 것들은 불요의이다.

그러한 불요의 경전들의 착안점은 '일반적 사실에서 있음'이다.

목적은 개아와 법에 자상이 공함을 설하면 단견이 일어날 자들에게
단견이 일어나는 것을 방지하기 위해서와, 거친 무아를 설해서 마음을
정화시킨 후 차츰 미세한 무아로 향하게 하기 위해서다.

문자 그대로 받아들였을 경우의 오류를 드러내는 것은 자상을 배격하
는 논리들이다.

두 번째 법륜에선 개아와 법들이 승의에서나 자상에 의해 존재하는
것은 아니지만 세간의 일반적 사실에서 있다고 설하신 것은, 자상에
의해 성립하는 것은 속박과 해탈 등이 결코 불가능함을 이해하고,
속박과 해탈 등의 연기를 인정하는 바탕 위에서 그것들의 자상을 부정하
는, 이와 같이 연기의 의미를 무자성의 의미로 이해할 수 있는 대승인大
乘人들에게 설하신 것이므로 궁극의 요의이다.

『반야심경』 등 부정대상에 '승의에서'라는 한정어를 명시적으로 붙
이지 않은 것들 역시 '오온들 역시 자성이 공함을 올바로 따라서 보아야

한다.'라고 오온에 일괄적으로 자상이 공하다고 하신 말씀을 당연히 색, 수, 상, 행, 식 등에 각각으로 풀어서 설하신 부분에도 적용해야 하는 것이므로 의미적으로는 한정어가 이미 붙어 있는 것이기 때문에 요의로 보아야 하며, 그렇지 않더라도『반야십만송』등에서 '승의에서' 라는 한정어가 붙어 있다면 그와 같은 종류의 일체 경장에서도 그와 같이 알아들어야 하는 것이므로 역시 의미적으로 한정어가 붙어 있는 것이니, 비유하면 현대의 동일 저자가 지은 논서들이 내용이 같다면 한쪽에서 말한 것을 말하지 않은 다른 쪽에도 적용해야 하는 것과 마찬가지다.

그렇다면 대승의 종성種性을 가지고 있지만 자상이 공한 무자성을 받아들이면 속박과 해탈 등의 일체 교리를 인정할 수 없는 이들에게는 두 번째 법륜과 같이 설할 경우 심각한 단견이 일어나므로 그것을 방지하기 위한 목적과, 거친 법무아를 설해서 마음을 정화시킨 후 차츰 미세한 법무아로 향하게 하기 위한 목적으로,『해심밀경』등의 세 번째 법륜에서 변계소집과 나머지 2성性에 일반적 사실에서 유식파 가 주장하는 의미에서의 명칭과 기호에 의해 설정되고 설정되지 않는 차이가 있음에 착안하여 자상의 유무로 설하신 것이다.[223]

이것을 문자 그대로 받아들였을 경우의 오류를 드러내는 것은, 개아

---

[223] 유식파의 견해에서 변계소집은 명칭과 기호에 의해 설정된 것이고 의타기와 원성실은 그렇지 않다는 차이는 없다. 그러면 여기서 어떻게 보아야 하는가 하면, 유식파의 견해에서 변계소집은 명칭과 기호에 의해서 설정된 것에 불과하 고, 의타기와 원성실은 그러한 것에 불과하지 않다는 차이가 있다는 것이다. 그러나 귀류파의 견해에서는 3성이 모두 명칭과 기호에 의해 설정된 것에 불과하 다는 점에 차이가 없으므로 '유식파가 주장하는 의미에서의'라고 하였다.

와 법들이 승의에서 성립하지 않는다고 하면 아무런 논리적 모순이 없는 반면, 승의에서나 자상에 의해 성립한다고 보면 인과 등의 일체 교리가 불가능하게 된다는 『중론』의 논리들이다.

이러한 요의와 불요의의 규정 방식은 『해심밀경』에서의 규정 방식과 일치하지 않지만 『삼마지왕경三摩地王經』 및 『무진혜경無盡慧經』과 일치한다.

『다라니자재왕청문경陀羅尼自在王請問經』에서 보석 세공인이 세 번 씻고 세 번 닦아서 보석을 차츰 정화시킨다는 비유를 들어서 "부처님 또한 청정하지 않은 유정계를 아시고 무상無常, 고苦, 무아無我, 부정不淨, 염리厭離 등의 이야기로 윤회계에 집착해 있는 이들이 염리심을 일으키고 율법에 안착케 하신다. 이후 공성空性, 무상無相, 무원無願 등의 이야기로 여래의 말씀의 이치를 이해하게 하신다. 이후 불퇴전륜不退轉輪[224]의 이야기와 삼륜청정三輪淸淨[225]의 이야기로 유정들을 부처의 경계에 들게 하신다. 갖가지 종류와 품성의 유정들이 함께 들어가서 여래의 법을 증득하게 하시므로 위없는 복전이라 한다."라고 설하신 내용은 법륜을 세 번 굴리신 것과는 다른 의미이다. 왜냐하면 이것은 한 개아를 먼저 소승으로 이끌고 이후 부처의 경계인 대승으로 들어가게 하여 마지막으로 성불하도록 하는 차제지만, 세 가지 법륜은 대소승의 각각 다른 개아들을 대상으로 한 것이기 때문이다.

이와 같이 『집경론』에서도 소승들 또한 결국 대승으로 들어가서 성불하게 된다는 구경일승究竟—乘의 논거로 『다라니자재왕청문경』을

---

224 불퇴전륜: 자비와 보리심 등의 방편.

225 삼륜청정: 주체와 행위와 대상 등 세 가지가 모두 자성이 공함.

인용하셨다.

그렇다면 앞의 두 단계는 모두 소승으로 인도한 것이므로, 첫 번째 단계의 무아는 『사백론』에서 공성의 견해를 보이기 전에 마음을 정화시키기 위해 무상無常 등의 네 가지를 설할 때의 무아와 같으니, ('개아에 독립적인 실체의 자아가 없음'과) '나의 것들에 자재하는 자아가 없음'이다.

불퇴전이란 대승에 들어간 후 다른 승으로 가지 않는다는 의미다.

만약 '유식파가 해설하는 방식이 경전의 뜻이라면 그와 일치하지 않는 중관파의 해설 또한 경전의 뜻이므로 경전을 설한 자에게 모순이 있게 되며 경전의 의미 또한 부정된다.'라고 한다면, 그렇다면 '조건에 따라서 살생이 허락되지 않는다는 것이 성문聲聞의 경장의 뜻인가, 뜻이 아닌가? 뜻이 아니라면 대소승의 경장에 살생의 허락 여부에 차이가 없게 된다. 뜻이라면 어떤 목적에 따라서 살생이 허락된다는 것이 대승의 경장의 뜻이므로 설한 자에게 모순이 있게 된다.'라고 하면 뭐라고 대답하겠는가? '소승의 교화대상들의 경우엔 살생이 결코 허락되지 않고 대승의 특별한 몇몇의 경우엔 허락된다는 것이 설한 자의 뜻이니 모순이 없다.'고 한다면, 대승의 종성 중에서 당분간 심오한 의미를 완전히 설명할 근기가 안 되는 교화대상들의 마음에 맞춰서 자상을 설하시고, 심오한 의미를 완전히 이해할 근기가 되는 교화대상들에 맞게 일체법이 자상에 의해 성립하지 않음을 설하신 데에 무슨 모순이 있겠는가?

경전에서 '아버지와 어머니는 죽이고'라고 설하신 문자적 의미는 말하고자 한 의미가 아니고, 말하고자 한 의미는 12연기의 유有와

애愛를 없애야 한다는 의미인 것처럼, 문자적 의미와 말하고자 한 의미가 다른 경우는 여기에는(의타기와 원성실이 자상에 의해 성립한다고 설한 경전과, 일체법이 자상에 의해 성립하지 않는다고 설한 경전 중에는) 없다. 왜냐하면 부처님께서 그 경전들의 교화대상들에게 명시적으로 나타내는 의미를 그대로 취하도록 하신 것이기 때문이다.

그렇다면 여기서 경전의 내용을 말할 때 문자적 의미 외의 다른 내용이 없으므로 경전의 문자적 의미들을 그대로 경전의 내용으로 인정해야 하며, 그러므로 불요의 경전의 경우 문자적 의미를 받아들였을 경우의 오류를 보이고서 그 경전이 불요의임을 논증한다.

그러므로 불경의 내용이기도 하고 부처님의 의중이기도 한 것과, 부처님의 의중은 아니지만 불경의 뜻으로 인정해야 하는 두 가지 경우가 있다.

ⓑ『해심밀경』의 3성과 「미륵청문품」의 3성의 차이
「미륵청문품」에서 다음과 같이 설하셨다.

> 미륵이여, 모든 변계소집된 색은 실유實有가 아니라고 보아야 한다. 모든 가립된 색은 분별이 실유이기 때문에 실유라고 보아야 하며, 자기 힘으로 존재하는 것이기 때문이 아니다. 모든 법성의 색은 실유도 아니고 비실유도 아니며 오직 승의에 의해서만 구별되는 것으로 보아야 한다.

만약 "『해심밀경』의 3성性의 교리를 유식파의 교리대로 설명한다면,

「미륵청문품」에서 3성性을 설하신 것 역시 유식파의 교리와 같이 인정하는가, 인정하지 않는가? 인정한다면 반야경들이 문자 그대로라고 주장할 수 없다. 왜냐하면 『해심밀경』이 문자 그대로가 아닌 것과 마찬가지이기 때문이다. 인정하지 않는다면 경장에서 위에 인용한 바와 같이 의타기가 실유라 하셨고, 색에서부터 부처에 이르기까지의 법들이 명칭에 불과하다고 하셨으므로 『섭대승론』에서 '명칭의 이전에 지각이 없기 때문에' 등의 세 가지 논리로 논증한 것과 같기 때문에 『해심밀경』과 같다."라고 한다면, 이에 대해 설명하도록 하겠다.

미륵께서 "반야바라밀의 행과 보살의 행을 배우고자 하는 이가 색으로부터 부처에 이르기까지 어떻게 배워야 합니까?" 하고 질문하자 부처님께서 "그것들은 명칭에 불과하다고 배워야 한다."라고 대답하셨으며, 이에 "색 등의 명칭들에 가립기반인 실법實法이 있다면 색 등이 명칭에 불과하다고 할 수 없으니, 색 등이 명칭에 불과하다고 어떻게 배웁니까? 실법이 없다면 명칭 또한 명칭에 불과하다고 할 수 없습니다."라고 질문하였으니, 이것은 내용인 실법이 있다면 '불과'라는 말이 실법을 배격할 수 없고, 없다면 명칭이 가립될 기반이 없으므로 명칭 역시 없다는 말이다. 이에 대한 대답으로 "색에서부터 부처에 이르기까지 실법에 돌연히 명칭이 가립된 것이다."라고, 명칭의 가립은 돌연한 것이라고 하셨다. 여기서 돌연한 것이란 조작되었다는 의미이므로 자성을 배격한 것이다.

이것이 만약 유식파처럼 색 등이 실재임을 부정하지 않고, 색 등이 색 등의 명칭으로 가립된 본질로 실재함을 부정하는 것이라면, 앞서 색에서부터 부처에 이르기까지 명칭에 불과하다고 설하신 의미가 '이것은 색이다'라는 등으로 가립된 본질은 명칭으로 가립된 것에 불과하며, 가립의 기반인 색 등은 단지 명칭으로 가립된 것에 불과한 것이 아니라고 설한 것이 되며, 그렇다면 아래에서 "색 등이 모든 면에서 없는 것입니까?"라는 질문에 "그와 같이 나는 말하지 않는다."라고 대답하셨으며, 다시 "그러면 어떻게 존재합니까?"라는 질문에 "세간의 기호와 언어관습에 의해 존재하는 것이지 승의에서 존재하는 것은 아니다."라고, 색에서부터 부처에 이르기까지의 일체가 승의에서 마찬가지로 존재하지 않고 일반적 사실에서는 마찬가지로 존재하는 것이라는 대답과 모순된다.

그러므로 "반야경에서 일체법이 승의에서 존재하지 않고 일반적 사실에서 존재한다고 설한 의중을 「미륵청문품」이 드러내어 반야경을 불요의로 해설하였다."라는 주장은 타당하지 않다.

그렇다면 명칭으로 가립된 존재들은 언어관습에 의해 설정된 조작된 것이기 때문에 언어관습에 의해 존재로 설정된 것에 불과한 것이 아닌, 명칭의 가립 기반은 없지만, 일반적으로 명칭의 가립 기반이 없는 것은 아니므로, 어떤 것이 존재하면서 또 그것이 명칭으로 가립된 것에 불과하다는 말씀엔 모순이 없다.

이에 "색이라고 하는 명칭이 없이는 색을 보아도 '이것은 색이다.'라는 생각이 일어나지 않고, 명칭에 의해서 그러한 생각이 일어나는 것이므로, 색이라고 하는 것은 돌연히 명칭으로 가립된 것임이 어떻게 타당합니까?"라고 질문하였으니, 이것은 색이 언어관습에 의해 설정된 것이라면, 명칭이 가립되기 전에도 색은 언어관습에 의해 설정된 것이므로 '이것은 색이다.'라는 생각이 일어난다는 모순이라는 말이다. 이에 대해 부처님께서 미륵에게 "명칭에 의지하지 않고 대상에 '이것은 색이다.'라는 생각이 일어나는가?"라고 질문하시니 "일어나지 않습니다."라고 대답하자, "바로 그러한 이유 때문에 색이라고 하는 것 등은 돌연히 명칭으로 가립된 것이다."라고 하셨다.

이것은 색이라고 이름 붙이기 전에는 '이것은 색이다.'라는 생각이 일어나지 않는다는 사실이 색 등이 언어관습에 의해 설정되었음을 입증하는 이유가 되는 것이지, 그 반대의 이유가 될 수 없음을 나타낸 것이며, 색 등이 자상에 의해 성립한다면 '이것은 색이다.'라는 생각은 명칭의 가립에 의존하지 않고 일어나야 한다는 것이니, 비유하면 새싹이 만약 자상에 의해 성립한다면 씨앗에 의존하지 않는 것이 된다는 논리와 같다.

하나의 대상에 여러 명칭이 가립되기도 하고, 여러 대상에 하나의 명칭이 가립되기도 한다는 이유 때문에도 색 등의 가립은 돌연한 것이라는 말씀 또한 색 등이 만약 언어관습에 의해 설정된 돌연한 것이 아니라면 명칭들은 자상에 의해 가립되어야 하며, 그렇다면 그것들은 모순이 된다는 의미다.

이러한 논리들로 논증한다고 해서 『섭대승론』과 똑같이 논증해야 할 필요는 전혀 없으니, 『세연마론細研磨論』에서 다음과 같이 세 가지 논리 중의 뒤의 두 가지에 의해 승의에서의 성립을 배격한 바와 같다.

그 또한 승의에서 성립하지 않는 것도 왜냐하면 말과 말의 대상들 여러 가지가 혼합되는 오류가 보이는 까닭과 불확정 때문에 성립하지 않는 것이다.

이후 "그렇다면 색에서부터 부처에 이르기까지 어떤 것을 취해서 명칭과 언어를 가립하는 색 등의 자성이 반드시 있는 것이 아닙니까?"라고 질문한 의미는, 명칭이 가립되는 기반이 있으니까 색 등에 자성이 있는 것이 아니냐는 말이다. 이에 대해 부처님께서 "색 등의 명칭과 언어가 가립되는 그 대상은 색 등의 자성인가, 단지 가립에 불과한가?"라고 질문하시고, "단지 가립에 불과합니다."라고 대답하자 "그럼 앞의 질문처럼 생각한 것은 어찌된 영문인가?"라고 하셨다.

이것은 자성이 없더라도 명칭의 기반이 되는 것이 있고, 그 기반 역시 명칭으로 가립된 것에 불과하다는 말씀에도 모순이 없음을 나타낸다.

이후 "색 등이 명칭으로 가립된 것에 불과하다면 색 등의 자성이 있는 것이 아닙니까?"라고 질문한 의미는, 바로 앞에서 단지 가립에 불과하다면 "자성이 있는 것이 아닙니까?"라고 질문한 것이 모순임을 부처님께서 나타내시자, 가립에 불과하다고 말하더라도 가립의 기반과 가립하는 말을 인정해야 하기 때문에 그렇다면 색 등의 자성이 있어야 하므로 모순이 아니라고 한 것이다. 이에 대해 부처님께서 "가립에 불과한 것에 발생과 소멸, 번뇌와 정화가 있는가?"라고 질문하시고 "없습니다."라고 대답하자 "그렇다면 '명칭으로 가립된 것에 불과하다면 자성이 있는 것이 아닙니까?'라는 질문이 어찌 타당한가?"라고 하셨다.

이후 앞서 설명한 바와 같이 '색 등이 모든 면에서 없는 것입니까?'라는 문답을 통해 자성과 생멸과 번뇌와 정화 등을 부정한 것은 승의에서이며 일반적 사실에서는 색 등이 존재한다고 설하셨기 때문에, 명칭으로 가립된 것에 불과한 것 역시 일반적 사실에서이므로 『해심밀경』과는 설명 방식이 전혀 다르다.

무착과 세친 형제 논사들께서도 「미륵청문품」을 통해 반야경을 불요의로 해설하지 않고 『해심밀경』을 통해 해설하신 이유 또한 「미륵청문품」 역시 일체법이 승의에서 존재하지 않고 일반적 사실에서만 존재함을 나타내므로 유식파가 문자 그대로 받아들일 수 없다고 생각하신 것이다.

「미륵청문품」에서 의타기가 실유라고 하신 말씀과 모순이 없는 이유는 먼저 「미륵청문품」에서 3성性을 설하신 이치를 이해해야 하므로 이제 그에 대해 설명하도록 하겠다.

「미륵청문품」에서 다음과 같이 설하셨다.

> 미륵이여, 행상行相의 존재 이것, 저것에 색이라는 명칭과 생각과 가립과 언어에 의지해서 색의 자성으로 철저히 분별한 이것이 변계소집된 색이며, 내지 변계소집된 불법佛法에 이르기까지 모두 그와 같다.

이것은 변계소집의 의미를 확인해주신 말씀이다.

'의지해서'라는 것은 '명칭으로 가립된 색을 대상으로'라는 말이다.

'색의 자성으로 분별한 이것'이라는 것은 분별식을 가리키는 것이 아니라 어떠한 자성으로 분별된 그것이 변계소집이라는 말이다.

가립의 의미에 대해 확인해주신 말씀은 다음과 같다.

> 분별에 불과한 법에 머무는 분별에 의지해서 행상行相의 존재를 언표하

여, 어떤 것에 '이것은 색이다'라고 하는 것과 '수受다'라고 하는 것과, '상想이다'라고 하는 것과, '행行이다'라고 하는 것과, '식識이다'라고 하는 것에서부터 '불법佛法이다'라고 하는 것에 이르기까지의 명칭과 생각과 가립과 언어 이 모든 것이 가립이며, '색이다'라는 것에서부터 가립된 불법에 이르기까지 모두 그와 같다.

여기서 '행상의 존재'라는 것은 말해지는 대상이다.
분별에 의지해서 언표하는 방식은 '이것은 색이다' 등이다.
그와 같이 말하는 명칭 등을 가립이라 설명하셨으므로 앞에서 나타낸 말해지는 대상과 분별 역시 가립으로 설명하신 것으로 보며, 무엇에 의해 가립한다는 무엇과, 무엇을 가립한다는 무엇, 이 두 가지다.
법성의 의미에 대해 확인해주신 말씀은 다음과 같다.

변계소집된 색에 의해 가립된 색이 항상하고 항상한 때와 불변하고 불변하는 때에 오직 무자성, 법무아, 진여, 진실의 궁극이 법성의 색이며, 내지 불법佛法의 법성에 이르기까지 모두 그와 같다.

설하신 바와 같이 가립된 색의 무자성과 법무아 등이 법성의 색이다.
그것은 또한 가립된 색이 변계소집된 색의 자성과 아我로 존재하지 않는 것이므로 없다는 그 자성 또는 아我가 바로 변계소집이다.
'항상하고 항상한' 등은 언제나 법에 아我가 공함을 나타낸다.
이러한 이치는『입중론석』에서 "뱀이 밧줄에 없는 것은 변계소집과 같고, 실제 뱀은 원성실과 같으니, 그것이 밧줄에 변계소집되지 않았기

264

때문이다. 그와 같이 자성 또한 의타기의 연기緣起 유위법에서는 변계
소집이니, 자성은 조작이 아니고 다른 것에 의존하지 않는다고 설하셨
기 때문이다. 부처의 지각대상에서는 참이니, 변계소집되지 않았기
때문이다. 유위의 존재에 접촉하지 않고 오직 자성만을 직관하시므로
부처라고 말한다. 이러한 3성性의 설정 방식으로 경전의 뜻을 설명하도
록 한다."라고 하신 바와 일치하므로 중관파의 3성性의 설정 방식은
반야경의 뜻을 입중론석에서 설명한 이와 같다.

여기서 가립이란 색에서부터 부처에 이르기까지의 연기緣起의 의타
기를 가리키는 것이며, 주요한 일부로써 전체를 대표한 것이다.

색에서부터 부처에 이르기까지를 자성으로 가립한 것을 변계소집이
라 설명한 부분에서의 자성이란 본성을 가리키는 것으로 보며, 의타기
가 그것으로 존재한다는 것은 변계소집이지만 부처의 여소유지如所有
智[226]의 대상에 그것이 존재함은 원성실이다.[227]

또한 '의타기가 실상으로 존재한다는 변계소집의 공함'이 의타기의
실상이며, 바로 그것은 부처의 승의지勝義智의 대상에 있으므로 한 가지
실상이 각각의 측면에 따라 변계소집과 원성실 두 가지로 설정된다.

그러므로 자상에 의해 성립하는 자성으로는 승의와 세속의 어떤
법으로도 성립하지 않지만, 법성의 의미로서의 자성은 세속제는 아니
지만 승의제이므로 이와 같은 자성의 유무를 세밀히 이해해야 한다.

---

226 여소유지: 존재의 궁극적 실상을 여실히 직관하는 부처의 지혜.
227 월칭은 자성이란 말을 두 가지 다른 뜻으로 사용한다. 하나는 자상, 실체 등의
뜻이며, 이러한 뜻으로 사용할 때에는 부정하고, 또 하나는 법성, 공성, 궁극적
실상 등의 뜻이며, 이러한 뜻으로 사용할 때에는 긍정한다.

"유위의 존재에 접촉하지 않고 오직 자성만을 직관"한다고 설하신 것은 승의제를 직관으로 지각하는 관점에서는 유법이 배격되기 때문이며, 그러한 점에 모순이 없음은 앞서 설명하였다.

『입중론석』에서 다음과 같이 설하셨다.

의타기를 제외한 주객이 없으므로 의타기가 주객 두 가지로 변계소집되었음을 생각해야 한다.

이것은 외경과 심식에 유무의 차이가 없으므로 주체와 객체 양자가 모두 의타기가 되며, 그렇다면 그 두 가지가 변계소집이 가립되는 기반이지, 유식파의 주장처럼 그 두 가지가 주체와 객체로 변계소집된 것이라는 주장은 타당하지 않다는 의미다.

그러므로 「미륵청문품」에서 의타기가 실유라고 설하신 실유란, 다른 논서들에서 실유와 가유 두 가지로 설명할 때의 실유도 아니고, 중관파가 자상에 의한 성립을 실유라고 말할 때의 실유도 아니며, 단지 존재를 의미한 것일 뿐이다.

그렇다면 「미륵청문품」에서 변계소집이 비실유라고 하신 의미는, 의타기가 실상으로 존재한다는 변계소집이 비존재라는 것이지, 명칭과 기호의 대상인 존재하는 변계소집들을 의미한 것이 아니다.

가립이 실유라는 말씀은 「미륵청문품」에서 분별이 실유이기 때문에 실유로 설정한 것이지 자기 힘으로 존재한다는 의미로 실유라고 한 것이 아니라고 설하셨으며, 자기 힘으로 존재한다는 것은 용수, 성천 논사의 논서들에서 자상에 의해 성립한다는 의미로 설명하셨으므로

『해심밀경』에서 의타기가 자상에 의해 성립한다고 설하신 바와 다르다.

　분별이 실유이기 때문에 실유로 설정한다는 의미 또한 분별에 의해 설정된 존재를 존재로 인정하는 것이지, 자상에 의해 성립하는 존재가 아니라는 의미다.

　분별에 의해 설정된 것에는 일반적 사실에서 있는 것과 없는 것의 차이가 있으므로, 분별에 의해 밧줄을 뱀이라고 설정한 따위와는 다르다.

　법성이 실유도 아니고 비실유도 아니라는 말씀의 의미는 앞서 설명한 변계소집의 본질로는 존재하지 않고, 그러한 변계소집을 배격한 자성으로는 존재한다는 의미다.

　이상과 같이 본다면 「미륵청문품」이 반야경의 다른 부분들에서 일체법이 명칭으로 가립된 것에 불과하다고 설하신 것에 대해 오해할 수 있는 부분들을 문답을 통해 확립하고, 3성性의 유무의 차이 또한 올바로 구분하여 앞서 설명한 바와 같은 교리를 확립한 것으로 이해해야 한다.

　과거, 현재, 미래의 모든 부처님들의 한 가지 길인 반야바라밀의 경전들 가운데서 『해심밀경』의 내용과 비슷한 불요의의 설법이 있다고 학식 있는 자들이 오해할 가능성이 큰 부분이 「미륵청문품」인 것으로 보임에도 불구하고, 이에 대한 중관파의 대논사들의 자세한 설명이 없는 듯하여 여기에 이와 같이 자세히 해설하였다.

ㄴ) 실재를 배격하는 주요 논리
㉠실재를 배격하는 주요 논리 확인
『입중론』에서 다음과 같이 설하셨다.

논서에서의 고찰들은 논쟁에 탐착해서가 아니라
해탈을 위해서 설하신 것이다.

귀류파가 존재들이 승의에서 성립함을 부정하는 주요 논리가 무엇인가 하면, 위에 인용한 말씀과 같이 중관의 논서들에서 설하신 논리에 의한 모든 고찰은 오직 유정들의 해탈을 위해서이며, 유정들이 윤회에 속박되는 이유는 또한 인아人我와 법아法我에 집착해 있기 때문이다. 그것은 또한 무엇을 대상으로 '나'라는 생각이 일어나는 대상인 개아와 그 개아에 속하는 몸 따위의 온蘊 이 두 가지에 각각 인아와 법아로 집착하는 것이 주요한 속박 요인이므로, 논리에 의해 아我를 배격하는 그 주요 기반 역시 이 두 가지이다.

그러므로 실재를 배격하는 논리들도 모두 이 두 가지 아我를 배격하는 것으로 모아지는데,『입중론』에서 설하신 진여를 확립하는 논리들을 그 주석에서 두 가지 무아의 확립으로 수렴하는 부분에서 네 가지 발생을 배격하는 논리들로써 법무아를 확립한다고 하셨고,『십지경』에서 열 가지 평등성에 의해 보살 6지에 들어간다고 설하신 열 가지 중에서 세 번째인, 일체법이 무생이라는 점에 있어서 평등함을 논리로 설하셨으며, 그밖의 다른 평등성들은 나타내기 쉽다고 용수 논사께서 생각하시고『중론』의 첫 부분에 "자신으로부터도 아니고 다른 것으로부터도 아니다." 등으로 설하신 것이라고 월칭 논사께서 설명하셨으므로, 법무아를 논증하는 주요 논리는 네 가지 발생을 배격하는 논리다.

이것은『입중론』에서 다음과 같이 설하셨다.

원인이 없거나 자재천自在天이라는
원인 등과 자타 두 가지 모두로부터
존재들이 발생하지 않기 때문에
의지해서 생겨나는 것이 된다.
존재들이 의지해서 생겨나기 때문에
그러한 분별들이 불가하기 때문에
이 연기緣起라는 논리에 의해서
일체 악견의 그물을 끊도록 한다.

새싹은 씨앗에 의지해서 생겨나고, 행行은 무명에 의지해서 생겨난
다는 바로 이러한 이유 때문에 그것들의 발생 등은 자상에 의해 성립하
는 자성이 공하고, 자신으로부터나 다른 것으로부터 발생하는 것도
아니고, 원인 없이 발생하는 것도 아니라고 부정되므로 일체 악견의
그물은 논리의 왕인 연기緣起의 논리에 의해서 끊어진다.
　　인아人我를 배격하는 주요 논리는 『입중론』에서 다음과 같이 설하셨다.

그것은 진여에서나 세간에서
일곱 가지에 의해 성립하는 것은 비록 아니지만
고찰 없이 세간으로부터
자신의 부분에 의지해서 가립되는 것이다.

이것은 마차가 자신의 부분과 하나(동일)인지, 별개인지, 부분을
가진 것인지, 마차가 부분에 의지해 있는지, 부분이 마차에 의지해

있는지, 부분의 취합일 뿐인지, 취합된 모양인지 등의 일곱 가지로 규명하면 얻을 수 없지만 자신의 부분에 의지해서 가립된 가유假有로 존재하는 것처럼 개아 역시 그와 같이 존재한다는 말씀이며, 바로 이것이 심오한 견해를 용이하게 얻을 수 있는 방편이라 하셨으므로, 이 논리가 바로 인아人我를 배격하는 주요 논리다.

『입중론』에 다음과 같이 설하셨다.

일곱 가지로 존재하지 않는 무엇을 어떠하게
존재하는지 명상자가 그 존재를 얻을 수 없으니
그에 의해 진여에도 용이하게 들어갈 수 있으므로
여기서 그것의 성립을 그와 같이 승인하도록 한다.

먼저 개아를 대상으로 일곱 가지로 규명할 때 발견하지 못하고(못하고 나면) 자신의 온蘊에 의지해서 가립한다는 것을 이해하기 쉬우므로 이끌어가는 순서 또한 그와 같다.[228]

---

228 이에 대한 당예중옥과 쎄르슐을 비롯한 일반적 해석은 '개아를 대상으로 일곱 가지로 규명할 때 발견하지 못하고 자신의 온에 의지해서 가립한다는 것'이 법무아에 비해서 상대적으로 이해하기 쉬우므로 가르치는 순서 역시 인무아를 먼저 가르치고 그 다음에 법무아를 가르친다는 의미로 해석한다. 그러나 귀류파의 견해에서 인무아와 법무아 두 가지는 이해하기 더 쉽고 어려운 차이가 없기 때문에 여기서 쉽다는 말에 또 다시 해석을 가한다. 즉, 인무아와 법무아가 내용상으로는 이해하기 쉽고 어려운 차이가 없지만 개아를 유법으로 놓느냐, 개아 이외의 다른 존재를 유법으로 놓느냐의 차이에 따라서 이해하기 쉽고 어려운 차이가 생겨난다는 것이다. 왜냐하면 자기 자신을 놓고 사유하는 것이 다른 것을 놓고 사유하는 것보다 더 강렬한 느낌을 줄 것이기 때문이다. 그러나

270

또한 온蘊에 의지해서 가립되었기 때문에 일곱 가지 중의 하나로 개아를 얻을 수 없다는 것이 인무아의 내용이므로 이 역시 연기의 논리에 의거하고 있다.

그러므로 의지해서 생겨남과 의지해서 가립되었다는 논거에 의해 자신으로부터의 발생 등 네 가지 발생과, 동일한 자성과 별개의 자성 등의 일곱 가지를 법과 개아에서 배격하는 이 논리를 논리들 중의 핵심으로 보아야 한다.

역자가 보기에 이 문장의 의미는 일곱 가지의 규명을 거치지 않고 바로 개아가 온에 의지해서 가립되었다는 것을 이해하는 것보다 일곱 가지의 규명을 거쳐서 그 어느 경우로도 개아가 발견되지 않는다는 것을 보고 나면 개아가 온에 의지해서 가립된 것이라는 사실을 이해하기가 쉽다는 의미로 보인다. 그래서 '못하고(못하고 나면)'라고 번역한 것인데, 왜냐하면 일반적 해석을 따르면 '못하고 나면'이 문맥상 맞지 않고, 역자의 해석을 따르면 '못하고'가 맞지 않은데, 이 부분의 티베트어 조사인 '당dang'은 '~고'라는 의미로도 해석될 수 있고 '~고 나면'라는 의미로도 해석될 수 있기 때문이다. 그런데 월칭의 『입중론』과, 그에 대한 쫑카빠의 주석서인 『우마공빠랍쎌dbu ma dgongs pa rab gsa』에서는 인무아를 지각하기 전에 반드시 법무아의 지각이 선행돼야 한다고 말한다. 왜냐하면 개아가 실재인지 비실재인지 알아보기 위해선 육체나 마음 따위의 개아의 부분들, 즉 온蘊을 가지고 고찰을 시작해야 하고, 온蘊이 비실재라는 법무아를 먼저 지각하고, 그러고 나야 그것들로 이루어진 개아 역시 비실재라는 인무아를 지각할 수 있다는 논리로 보인다. 그러므로 이 문장에 대한 일반적 해석은 모순이라고 생각되며, 문맥상 아무리 보아도 법무아와 비교해서 하신 말씀으로는 보이지 않는다. '법무아에 비해서'라는 말이 생략된 것임이 주변의 문맥상 명확한 것도 아니므로, 만약 그러한 의미로 하신 말씀이라면 '법무아에 비해서'라는 단지 그 짧은 두 마디 말을 생략할 리도 없다고 생각된다.

ⓛ 자상을 배격하는 논리

연기緣起의 논거에 의해서 자상을 세속적 차원에서조차 배격하는 것이
귀류파가 성인(용수)의 의중을 해설하는 특수한 방식이라면 여기서
특별한 부정의 논리는 무엇인가 하면, 이것은 지극히 중요한 내용이므
로 이제 그에 대해 설명하도록 하겠다.

이에 대해서는 『입중론』에서 세 가지 논리와, 그 주석에서 한 가지를
더해 네 가지 논리가 있다.

그중 첫 번째는, 만약 자상이 존재한다면 성인의 근본정根本定이
존재를 소멸시키는 원인이 된다는 귀류다.

만약 존재들에 자상에 의해 성립하는 자성이 있다면 명상수행자가
일체법에 자성이 없음을 직관으로 지각할 때 근본정지根本定智에 의해
색과 느낌 등이 감지되어야 함에도 감지되지 않으므로 그것들이 없는
것이 된다. 어떤 존재가 이전에 있다가 이후 없다는 것은 소멸된 것이며
그것이 소멸된 원인은 근본정지根本定智가 되는 것인데 그것은 불합리
하므로 자상의 발생은 모든 면에서 인정할 수 없다.

이에 대해 『입중론』에서 다음과 같이 설하셨다.

> 만약 자상自相이 기반이 된다면
> 그것을 손감함으로써 존재가 소멸되기 때문에
> 공성空性이 존재가 소멸하는 원인이 된다면
> 그것은 불합리하므로 실유實有가 아니다.

만약 "단지 자상의 존재만으로는 근본정지根本定智에 의해 감지될

필요가 없지만 그것이 승의에서 존재한다면 감지되어야 하며 그것은 인정하지 않으니, 자상에 의한 성립은 일반적 사실에서이기 때문이다." 라고 한다면, 이것은 모순에 대한 주요 답변이지만 모순에서 벗어날 수 없으며, 그 이유는 이후 설명하도록 하겠다.

자상을 배격하는 두 번째 논리는, 만약 자상이 존재한다면 세속제가 논리의 고찰을 견뎌내는 것이 된다는 귀류다.

존재들이 자상에 의해 성립한다면, 예를 들어 '발생'이라는 언어가 가립된 대상을 두고 '이 새싹은 씨앗과 별개의 자성으로 발생한 것인가, 아니면 동일한 자성으로 발생한 것인가?'라고 고찰하면 고찰하는 그 심식에 의해 얻어져야 한다. 왜냐하면, 그렇지 않다면 단지 언어관습에 의해 설정된 것에 불과한 것이 되므로 자상에 의해 성립한다는 의미는 없어지기 때문이다.

그와 같이 규명하고 고찰하면 진여의 자성으로 발생하지 않고 소멸하지 않는 도리 외에 발생 등은 얻을 수 없으므로 세속제의 존재들은 그와 같은 고찰에 의해 얻어지는 대상으로 볼 수 없다.

이에 대해 『입중론』에서 다음과 같이 설하셨다.

이 존재들을 고찰하면
진여자성의 존재로부터 이쪽으로
발견되지 않으므로 세간의
언어관습적 진리(세속제)에 고찰을 행하지 않는다.

이에 대해 앞서 설명한 바와 같이 고찰이 어느 정도에서부터 승의에서의 성립 유무의 고찰이 되는 것인지의 경계가 자립파와 귀류파 간에 일치하지 않기 때문에 자립파의 견해에서는 세속제의 존재들이 여기서 말하는 바와 같은 고찰방식은 견뎌내더라도 승의에서의 성립 유무를 고찰하는 논리의 고찰을 견뎌내지 못하는 것으로 인정하므로 모순이 없다고 주장하는 것이 모순에 대한 주요 답변이며, 이는 먼젓번의 모순에 대한 답변과 같은 내용이다.

이러한 답변으로는 모순을 해결할 수 없는 이유는 앞서 여러 차례 설명한 바와 같이 월칭께서 이 부분과 다른 여러 곳에서 "세속적 차원에서 존재한다는 것은 세간의 언어관습적 차원에서 존재한다는 것"이라 설하신 바이며, 세간의 언어관습에 의해 개아와 법 등이 존재한다고 설정한 것은 언어가 가리키는 실체가 무엇인지를 고찰하지 않고 설정한 것이므로 그와 반대로 고찰하여 있는 것으로 설정한다면 그것이 바로 승의에서 존재하는 것이라고 설하셨기 때문이다.

그러므로 자상에 의해 존재한다면 이지理智의 고찰에 견뎌내야 하고, 승의를 직관으로 지각하는 지혜에 의해 감지되어야 하는 것이다.

만약 "근식根識 등의 오류 없는 심식에 나타난다는 점에 의해 설정된 것이 아닌 존재 자신의 존재방식에 의해 존재한다는 것이 승의에서 존재한다는 의미다. 그러므로 존재 자신의 존재방식에 의해 존재하는 것이 아니라 오류 없는 심식에 나타난다는 점에 의해 존재하는 것은 세간의 언어관습적 차원에서의 존재이며, 명칭의 언어에 의해 설정된 것은 아니다."라고 한다면, 그렇다면 일체법이 명칭과 기호와 가립에 불과하다는 부처님의 말씀과, "그 또한 세간의 기호와 언어관습에 의해 존재하는 것이지 승의에서는 아니다."라는 말씀과 위배된다.

가립된 언어가 가리키는 실체가 무엇인지 고찰하여 얻어진 대상이 있다면 '불과'하다는 말은 무엇을 배격하는 것이며, 또 세간의 기호에 의해 존재한다고도 어떻게 말할 수 있는가?

그러므로 세간에서 언어가 가립되는 대상을 받아들이는 방식과 크게 다른 것을 두고서 '세간의 언어관습적 차원에서 존재한다.'라고 말해봤자 그 의미를 올바로 받아들이고 있지 않으므로 그저 말에 불과하다.

개아라는 명칭이 가리키는 실체를 규명하고 고찰해서 얻어진 대상을 개아로 설정할 수 없음은 일곱 가지 경우의 고찰과, 발생 등의 법의 명칭이 가리키는 실체를 고찰해서 얻어진 대상을 발생 등으로 설정할 수 없음은 일반적 사실에서조차 타생他生을 배격하는 등의 논리로써 다른 곳에서 자세히 확립해 놓았으므로 그와 같이 이해하도록 한다.

그렇다면 '새싹이 생겨난다'라는 따위와 '내가 본다' 따위로 법과 개아로 가립된 언어와, '새싹이 별개의 실체인 씨앗으로부터 생겨난다' 따위와 '실체의 자아가 본다' 따위로 가립된 언어들은 그것들이 가리키는 실체를 찾으면 발견되지 않는다는 점에선 차이가 없지만, 가립된 바대로의 의미가 있다면 다른 바른지각과 모순되는지 모순되지 않는지의 차이가 있으므로 앞의 두 가지는 일반적 사실에서 존재하며 뒤의 두 가지는 일반적 사실에서도 존재하지 않는다.

이는 또한 '이지理智와의 모순'과 '이지理智의 고찰에 견뎌내지 못함'의 차이와 '이지에 의해 발견되지 않음'과 '이지에 의해 없는 것으로 보임'의 대단히 커다란 차이를 잘 구별함에 달려 있으니, 다른 곳에서 자세히 설명하였다.

이러한 차이를 자세히 구별하는 고찰의 완성 없이 사이비 논리를 통해 승의에서의 성립을 배격하고 '세속적 차원에서 존재하는 것들은 각각의 착란식에 의해 존재하는 것으로 보이면 그 심식의 관점에서 존재하는 것으로 설정할 수 있으니, 세속적 차원에서 존재한다는 의미는 착란식의 관점에서의 존재에 불과하다는 것이기 때문이다.'라고 생각한다면 자재천과 근본물질[229] 등으로부터 고락이 생겨난다는 주장과 선악의 업으로부터 고락이 생겨난다는 주장 두 가지가 타당하면 똑같이 타당하고 타당하지 않으면 똑같이 타당하지 않다는 오류가 된다. 왜냐하면 이지理智의 고찰에 의해 발견되지 않기로는 후자 역시 마찬가지이고, 착란식의 관점에서 존재하기로는 전자 역시 마찬가지이기 때문이다. 그렇다면 『입중론』의 다음과 같은 구절들과 모순된다.

이것은 아집의 기반으로도 타당하지 않고
이것은 세속적 차원에서도 존재로 인정하지 않는다.

무지의 혼침에 이끌린 외도들이
자성을 가립한 것과
허깨비와 신기루 등에 가립된
그것들은 세간에서조차 존재하지 않는다.

이러한 말씀들은 내외의 타 교파들의 특수한 교리에 의해 가립된 것들과, 환술로 만든 허깨비를 말과 소 등으로 보고 신기루를 물로 보는 등의 대상들은 세속적 차원에서조차 존재하지 않는다고 설하신

---

229 근본물질: 범어로 쁘라끄리띠. 인도의 상캬 학파가 주장하는 모든 물질의 근원.

것이다. 그런데 만약 앞서의 상대의 주장이 옳다면 이러한 말씀들은 잘못된 것이 된다. 왜냐하면 상대의 주장에 따르자면 그와 같이 착란된 심식이 존재하지 않든지, 아니면 착란식의 관점에서 있는 것들이 모두 언어관습적 차원에서 존재한다는 결론이 되기 때문이며, 또 자타로부터의 발생 등은 언어관습적 차원에서도 성립하지 않는다는 논리들에 의해서도 그것들을 부정할 수 없게 될 것이다.

"그러한 착란들은 무시이래로부터 전해 내려온 평범한 유정들의 착란이 아니며, 고찰하지 않은 무시이래로부터 전해 내려온 착란의 관점에서 있는 것만을 세속적 차원에서 있는 것으로 설정하므로 오류가 없다."라고도 말할 수 없다. 왜냐하면 만약 그와 같다면 전의 것과 후의 것을 하나로 보는 상집常執과, 개아와 법이 자상에 의해 성립한다고 보는 구생아집의 집착 대상 역시 언어관습적 차원에서 존재한다는 결론이 되기 때문이다.

그러므로 언어관습적 차원에서의 존재라면 이지理智에 의한 규명에 의해 발견된다는 것은 비록 모순이지만, 이지에 위배되지 않을 필요는 반드시 있으며, 다른 어떤 언어관습적 바른지각과도 위배되지 않아야 하니, 언어관습적 차원의 존재는 바른지각에 의해 성립하는 것이어야 하기 때문이다.

"그렇다면 언어관습적 차원의 존재들은 단지 언어관습에 의해 설정된 것에 불과하다는 말과 모순된다."라고 한다면, 그렇지 않다. 왜냐하면 예를 들어 개아 따위가 세속적 차원에서 존재한다는 것은 단지 언어관습에 의해 설정된 것에 불과하다고 말할 때의 '불과'란 말은 언어관습에 의해 설정되지 않은 개아를 배격하는 것이지, 개아가 바른

지각에 의해 성립한다는 것을 부정하는 것도 아니고, 언어관습에 의해
설정된 모든 것이 세속적 차원에서 존재한다는 의미를 나타내는 것도
아니기 때문이다.

그렇다면 언어관습에 의해 설정되지 않은 어떠한 것을 배격하는가
하면, 개아라는 언어가 가립된 대상이 만약 자상에 의해 성립한다면
그 대상 자신의 자성에 의해 존재가 되는 것이지, 언어관습에 의해
존재가 되는 것일 수 없으므로 바로 자상을 배격하는 것이다.

이지理智에 의해 자상이 배격되더라도 '아무개가 본다'라는 언어의
대상이 없다면 언어관습의 바른지각과 모순되므로 있는 것으로 성립하
며, 대상과 언어 두 가지 중에서 대상이 자신의 자성에 의해 존재가
되는 것이 아니라면 언어에 의해 존재하는 것이 될 수밖에 다른 도리가
없는 것이다.

그러므로 승의제의 존재방식 또한 고찰하면 오직 그와 마찬가지에
불과하므로 승의제 역시 언어관습에 의해 설정된 것이라 말하지만,
승의제가 언어관습의 바른지각에 의해 성립한다고 말하는 것은 아니다.

승의제가 존재함을 언어관습의 심식의 관점에서 설정한다고 말하는
것 역시 승의제가 존재한다고 보는 것은 궁극을 고찰하는 이지理智가
취하는 대상이 아니라는 이유 때문이지, 승의제가 언어관습의 심식에
의해 성립한다는 것이 아니다.

불호 논사 역시 부처님께서 언어관습에 의한 발생 등을 설하신 것을
발생 등이 단지 말에 의해 성립한다는 것으로 설명하셨다.

자립파들은 언어관습적 차원에서의 존재를 설정하는 오류 없는 심식
은 나타나는 대상이나 집착대상인 자상에 의해 성립하는 대상에 착란되

지 않은 것이라 주장하며, 귀류파의 견해에서는 나타나는 대상에 착란된 심식에 의해서 대상을 설정할 수 있는 경우가 많기 때문에 자립파와 귀류파 간에는 오류 없는 심식에 위배되고 위배되지 않는 차이 역시 크다.

귀류파는 이와 같이 언어관습에 의해 존재하는 것을 가유假有라고 하며, 어떤 존재가 정말로 그것이 아니면서 그것으로 가립된 것을 가유라 하는 것이 결코 아니므로, 여기에는 진정한 의미에서의 부처와 유정, 속박과 해탈 등의 일체가 타당하며, 타 교파의 교리를 바탕으로는 전혀 타당하지 않다. 바로 이러한 이치가 성인 사제의 궁극적 견해라고 불호와 월칭 두 논사께서 해설하셨으며, 무자상의 바탕 위에서 진정한 의미에서의 교리를 설정할 줄 모르면 진정한 의미에서의 인과 등의 일체를 자상에 의해 성립하는 바탕 위로 가져오는 강한 습관에 의해 과실이 생기고, 더욱이 연기緣起의 의미를 자성공의 의미로 보지 못하므로 귀류파가 보기에 이것은 커다란 악견에 머무는 것임을 알아야 한다.

자상을 배격하는 세 번째 논리는, 만약 자상이 존재한다면 승의에서의 발생을 부정할 수 없게 된다는 귀류다.

존재들이 일반적 사실에서 자상에 의해 성립한다는 주장에 대해 자타 어느 것으로부터 발생하는지 고찰하여 부정하지 않는다면 승의에서 성립한다는 주장에 대해서도 그와 같이 고찰하여 부정할 수 없게 되는데 그것은 타당하지 않기 때문에 일반적 사실에서 자상에 의한 성립 역시 부정된다. 자상에 의해 성립한다면 승의에서 성립해야 하기 때문에 승의의 발생을 배격하는 논리에 의해 일반적 사실에서 자상에 의한 성립 역시 배격되는 것이다. 그러므로 자상에 의한 발생은 2제諦 양면에서 존재하지 않는다.

『입중론』에서 다음과 같이 설하셨다.

진여 부분에서 고찰한 논리인
자생自生과 타생他生이 불합리하다는
그 논리에 의해 언어관습적 차원에서도 불합리하다면
그대의 발생은 어떤 측면에서의 것이 되는가?

자상을 배격하는 네 번째 논리는, 만약 자상이 존재한다면 법들에 자성이 공하다는 부처님 말씀이 옳지 않게 된다는 귀류다.

첫 번째 논리를 설하신 『입중론』의 구절에 대한 주석에서 다음과 같이 「가섭문품」을 인용하셨다.

가섭이여, 또한 법들에 각각으로 중도를 올바로 분별하면 (다른) 무엇의 공함이 법들을 공하게 하는 것이 아니고 법들 자신이 공하며

그와 같이 다른 무엇의 무상無相, 무원無願, 무작無作, 무생無生, 무기無起 등이 법들을 무상無相 내지 무기無起이게 하는 것이 아니며, 법들 자신이 무상無相 내지 무기無起라고 설하신 「가섭문품」을 인용하여 자상의 공함을 논증하시고, 이러한 경전 말씀이 유식파가 주장하는 공空 역시 타당하지 않음을 나타낸다고 설명하셨다.

법들에 자상에 의해 성립하는 자성이 있다면 그 법들은 자신의 방면으

로부터 공空한 것이 되지 않으므로 "법들 자신이 공하며"라는 말씀과 모순되며, 자신의 방면으로부터 자성에 의한 존재를 배격하지 않고 다른 것의 공함을 통해서 공성을 설명해야 하므로 "무엇의 공함이 법들을 공하게 하는 것이 아니고"라는 말씀과도 모순되니, 요약하면 그러한 견해는 자성이 공한 자공自空의 의미가 아니다. 그러므로 법들에 자상에 의해 성립하는 자성이 공함을 인정하지 않으면 비록 자공自空의 이름을 취하더라도 내용적으로는 타공他空에서 벗어나지 않으며, 그렇다면 유식파가 의타기에 별개의 실체로서의 주객이 공하다고 하는 것 역시 의타기의 무자성의 의미라고 말하더라도 논파할 수 없게 될 것이다.

부정의 기반이 부정대상의 본질로 존재하지 않고, 부정의 기반에 부정대상이 공하다는 이러한 면에선 비슷하지만, 오직 법들이 자상에 의해 성립하지 않는다는 것이 자성공의 의미이며, 그 외의 공한 방식들은 자성공이 아닌 이유는, 전자는 바른지각에 의해 지각한 후 그 영향이 퇴락하기 전까진 교리에 의해 어떤 대상을 실재 또는 실재의 내용으로 취하는 증익이 일어날 수 없지만, 후자의 경우엔 그 의미를 바른지각에 의해 지각하고 그 영향이 퇴락하지 않았더라도 교리에 의해 어떤 대상을 실재 또는 실재의 내용으로 증익할 수가 있기 때문이다.

ⓒ 자성의 배격이 무자성의 논증인지의 여부

"논거에 의해 개아와 법에서 자성을 단지 배격만 할 뿐 논증하지는 않는다고 말하는가, 아니면 무자성을 논거에 의해 논증한다고 말하는가?"라고 한다면, 이에 먼저 두 가지 부정존재의 의미를 알아야 하므로 그에 대해 설명하도록 하겠다.

부정존재란 어떤 것을 말로 나타낼 때 문자적으로 부정대상을 배격하거나 어떤 것의 상相이 마음에 떠오를 때 부정대상을 배격한 상相으로 직접 떠오른 채로 지각되는 것이다. 여기서 전자는 무아 따위이고, 후자는 법성 따위이다.

법성은 문자적으로는 부정대상의 배격이 없지만 그 의미가 마음에 떠오를 때 희론을 끊은 상相으로 나타난다.

이와 같이 부정대상을 직접 배격함으로써 지각되는 대상에는 부분부정존재와 전체부정존재 두 가지가 있는데, 첫째로, 부분부정존재란 부정대상을 직접 배격하고서 다른 법을 나타내는 것이니, 『분별치연론』에 다음과 같이 설하셨다.

부분부정존재란 존재의 자성을 부정함으로써 그와 비슷한 그 외의 다른 존재의 자성을 성립시키는 것이니, 예를 들면 '이 사람은 바라문이 아니다.'라고 부정함으로써 바라문과 비슷한 그 외의 다른 바라문이 아닌 고행자와, 듣는 등에 의해 수드라[230]로 성립되는 따위다.

둘째, 전체부정존재란 부정대상을 직접 배격하고서 다른 법을 나타내지 않는 것이니, 『분별치연론』에 다음과 같이 설하셨다.

전체부정존재란 존재의 자성을 배격만 할 뿐 그와 비슷한 그 외의 다른 존재를 성립시키지 않는 것이니, 예를 들면 '바라문은 술을 마시면

---

230 수드라: 인도의 4성姓 중 최하 계급.

안 된다.'라는 말이 오직 부정만 할 뿐 그 외의 다른 음료를 마신다거나 마시지 않는다거나 말하지 않는 것 따위다.

여기서 '성립시킨다'는 말은 나타낸다는 말과 같은 의미이고, '그 외의 다른'이란 부정대상을 단지 배격만 한 것이 아님을 의미한다. '아니다'라는 말과 '없다'라는 부정어의 차이로 비차(非遮: 부분부정존재)와 무차(無遮: 전체부정존재)를 구분하는 것이 아니니, '자신으로부터가 아니다'라는 것은 무차(전체부정존재)라고 청변과 월칭 두 논사께서 설명하셨기 때문이며, '무량수無量壽'라는 것은 비차(부분부정존재)로 인정해야 하기 때문이다.

또한 모든 존재가 자신이 아닌 것을 배격하므로 부정존재이기 위해서는 실제에 있어서 부정대상을 배격하는 것만으로는 충분치 않고 자신을 말하는 소리로써 배격하거나 자신을 지각하는 마음에 직접 부정대상을 배격하는 상相으로 떠오르거나 둘 중의 하나여야만 한다.

어떤 이는 무아 따위는 전체부정존재이지만 '개아에 아我가 없다' 따위와 같이 존재하는 것과 결합된 것은 전체부정존재가 아니라고 보고, 다른 존재와 결합된 것은 다른 법을 나타내고 있으므로 전체부정존재가 아니라고 주장하지만, 이는 타당하지 않다. 두 가지 부정존재의 차이는 다른 논서들에서도 앞서 설명한 바와 마찬가지이고, 그러할 때 '바라문은 술을 마시면 안 된다'라는 따위에는 바라문이라는 존재와 결합되어 있지만 전체부정존재의 의미에 부합하기 때문이며, 여기서 바라문은 부정대상을 배격하고서 다른 법을 나타내는지 나타내지 않는지를 따질 밑바탕이지 나타낸 다른 법이 아니기 때문이다.

그렇다면 다른 법을 나타내는 방식은 어떠한 것인가 하면, 여기에는 간접적으로 나타내는 방식과 직접적으로 나타내는 방식, 양자 모두인 것, 상황에 따른 것 등 네 가지가 있으니, 『반야등론석』에 인용된 다음 구절과 같다.

부정하고 간접적으로 나타내는 것과
한 가지 말로 성립시키는 것과
그 양자를 갖춘 것, 자신의 말로 나타내지 않는 것 등이
부분부정존재이며 그 외의 것은 다른 것이다.

여기서 간접적으로 나타내는 것은 '뚱뚱한 아무개가 낮에는 먹지 않는다.'라는 따위다.

한 가지 말로 성립시키는 것은 '자신으로부터 생겨나지 않는 것은 있다.'라는 따위로 부정대상의 배격과 다른 법을 직접 나타내는 두 가지를 한 가지 말로 표현한 것이다.

양자를 갖춘 것은 '낮에는 먹지 않는 뚱뚱한 아무개라는 허약하지 않은 자가 있다.'라는 따위다.

자신의 말로 나타내지 않는 것은 어떤 사람이 왕족이나 바라문 둘 중의 하나임에 틀림없고 아직 그중 어느 쪽인지 모를 때 '이 사람은 바라문이 아니다.'라고 말하는 따위다.

이상과 같이 다른 법을 나타내는 네 가지 방식 중의 하나를 갖추면 부분부정존재이고, 그 외에 이 네 가지 중의 어느 방식으로도 다른 법을 나타내지 않는 부정존재는 전체부정존재이다.

이제 질문에 대한 답을 하자면, 이전의 학자들 일부가 "중관파에게는 자성을 배격하는 논거와 추론은 있지만 무자성을 논증하는 논거와 추론은 없다."고 주장한 것은 타당하지 않다. 왜냐하면 소립이 없는 유효논거와 지각대상이 없는 바른 추론이란 있을 수 없기 때문이다.

또 어떤 이들은 "자립파에게는 무아를 논증하는 논거와 추론이 있지만 귀류파에게는 없다."라고 주장하며 그 근거로 『현구론』의 다음과 같은 구절을 인용한다.

우리들은 이것이 없음을 논증하는 것이 아니다. 그럼 무엇인가 하면, 이것을 다른 이들이 있음을 철저히 분별한 것을 배격하는 것이다. 이와 같이 우리들은 이것이 있음을 논증하는 것이 아니다. 그럼 무엇인가 하면, 이것을 다른 이들이 없음을 분별한 것을 제거하기 위함이니, 양변을 제거하여 중도를 이루고자 하기 때문이다.

이와 같이 귀류라는 것은 상대의 주장을 단지 부정만 하기 위한 것이라 설명하며 『입중론』의 다음과 같은 구절을 인용한다.

분별들이 배격되는 것이
고찰의 결과라고 지자智者들께서 설하셨다.

"그러므로 상대의 견해를 단지 배격할 뿐 무자성을 논증하는 것이 아니다."라고 이들은 주장한다.

이에 먼저, 부정대상을 단지 배격할 뿐이라고 말하는 것은 귀류파만의 특성이 아니다. 왜냐하면 『분별치연론』에서도 다음과 같이 설하셨기 때문이다.

> 지대地大 등이 승의에서 대종(大種: 기본요소)의 자성이 아니라고 단지 배격만 할 뿐 다른 자성이라거나 비실재의 자성이라고 논증하는 것이 아니다.

그러므로 법들이 자상에 의해 성립함을 부정할 때 부정대상을 단지 배격할 뿐임과 상대의 전도견을 물리칠 뿐이라고 말할 때의 '뿐'이란 말은 논리의 대상인 소립에 부정대상을 단지 배격만 한 것이 아닌 다른 법을 나타냄을 부정한 말이니, 이것은 소립이 부분부정존재임을 부정하고 전체부정존재임을 나타낸 것이다. 이는 "자신의 부정대상을 단지 배격할 뿐 다른 법을 성립시키지 않는다."라고 앞서 설명한 바와 같다. 예를 들면 '호수에 연기가 없다'는 말은 호수에서 연기를 단지 배격만 했을 뿐 그밖의 다른 법을 나타내지 않았지만, 그 말이 호수에 연기가 없음을 나타내고, 그 말에 따라서 일어나는 마음 또한 호수에 연기가 없음을 확정하는 것과 같이 '새싹에 자성이 없다.'라고 말할 때에도 새싹에서 자성을 단지 배격만 했을 뿐이지만 그 말이 새싹이 무자성임을 나타내고, 또 그에 따라 일어나는 마음이 새싹이 무자성임을 확정한다는 점에 무슨 모순이 있는가?

그러므로 호수에서 연기를 말로 배격한 그 자체가 호수에 연기가 없음을 말한 것이고, 마음 또한 연기를 배격한 그 자체로 연기가 없음을 확정한 것이니, 부정대상 배격과, 배격의 긍정 이 두 가지는 어느 한쪽이 없으면 불가능하기 때문이다.

그와 같이 무자성을 나타낸 경론들이 자성을 배격한 그 자체로 무자성을 말한 것이고, 자성을 배격하는 이지理智가 자성을 배격하는 그 자체로 무자성을 아는 것이며, 자성을 배격하는 논거가 자성을 배격한 그 자체로 무자성을 논증한 것으로 인정해야지, 경론에 말하는 내용이 없고, 심식에 지각대상이 없고, 논거에 소립이 없다고 말해선 안 된다.

그러므로 "논리에 의해 자성을 단지 배격만 했을 뿐 무자성을 논증한 것이 아니다."라고 말하는 것은 중관의 논리도 인명학因明學의 논리도 아니다.

『분별치연론』에서 "지대地大가 승의에서 기본요소의 자성이 아니다."라는 말이 승의에서 기본요소의 자성임을 단지 배격만 한다고 하신 의미는 소립이 전체부정존재라는 의미이므로, 『분별치연론』에서 "비실재의 자성이라고 논증하는 것이 아니다."라고 하신 의미는 승의에서 기본요소의 자성이 아님을 논증하지 않는다는 말이 아니라 배격한 것 이외의 다른 비실재의 자성으로 논증하지 않는다는 의미이다.

그러므로 '부정대상을 단지 배격한 이외에 다른 것을 성립시키는가, 성립시키지 않는가?' 하는 질문은 비록 진실하지만, 한편으론 부정대상을 배격한 것으로 인정하면서 또 한편으론 '그 배격을 논거와 말과 마음의 대상으로 보아야 하는가, 보지 않아야 하는가?'라고 따지는 것은 전혀 불합리하다.

만약 자성을 논거에 의해 배격함으로써 무자성을 논거에 의해 논증한 것이라면, 성인(용수)께서 다음과 같이 설하신 것은 어떻게 해석해야 하는가?

이것은 있음을 배격한 것이고
없음을 취한 것이 아니다.
검은 색이 아니라는 말이
하얀색이라고 말한 것이 아니듯이.

이것은 예를 들어 단지 검은색이 아님을 나타내고자 '이것은 검은색
이 아니다'라고 말했을 때 이것은 검은색임을 부정했을 뿐이지 그
외에 하얀색이라는 따위로 나타내지 않은 것과 같이, 새싹 따위에
승의에서의 자성이 없다고 말했을 때 역시 승의에서의 자성이 있음을
단지 배격한 것을 논증한 것이지 그 외에 다른 비실재가 있음을 논증한
것이 아니라는 의미이며, 『반야등론』과 그 주석에서도 역시 이 구절에
대해 공성을 논증하는 논거의 소립은 부분부정존재가 아니라 전체부정
존재라는 의미로 설명하셨다.

그것은 예를 든 방식에서도 알 수 있다. 왜냐하면 "검은색이 아니라는
말이 검은색이 아님을 나타내지 않는다."라고 하지 않고 "하얀색이라고
말한 것이 아니다."라고 하셨기 때문이다.

참고로, 여기서 인용한 구절은 「관세간품觀世間品」에 있다고 관음금
께서 말씀하셨다.

이러한 의심이 일어나는 방식은 다음과 같다.

"새싹이 승의에서 생겨나지 않음이 존재임은 이지理智에 의해 성립해
야 하는데, 그렇다면 새싹이 승의에서 생겨나지 않음을 논증할 때
승의에서 생겨나지 않음이 존재한다는 것이 소립이 된다. 왜냐하면
추론에 의해 그것이 성립해야 하기 때문이다."

이에 대해 무자성이 존재임이 이지理智에 의해 성립하는 것이 아님은 『중론』의 주석에서 설명하도록 하고, 소립이 전체부정존재라면 그것을 지각할 때 승의의 발생의 배격만을 논증할 뿐 그 외에 승의에서 생겨나지 않음이 존재한다는 것을 논증하는 것이 아니다. 바로 그러한 의미로 『현구론』에서도 "다른 이들이 있음을 분별한 것을 배격할 뿐 없음을 논증하는 것이 아니다."라고 설하셨으며, "없음을 분별한 것을 배격한다."는 말은 승의에서의 무생을 실재라고 보는 것을 배격한다는 의미다.

"있음을 논증하는 것이 아니다."라는 말은 승의에서 발생이 있음을 논증하지 않는다는 의미다.

그렇다면 '새싹이 실재임'과 '새싹이 비실재임이 실재임'은 두 가지 모두 배격될 수 있으므로 둘 중 한 가지를 배격하고 다른 한 가지를 긍정해야 할 이유가 없지만, '새싹이 실재임'과 '새싹이 비실재임', 이 두 가지는 둘 중 한 가지를 배격하면 다른 한 가지는 반드시 긍정해야 하므로 두 가지가 모두 배격되는 것은 불가능하니, 『회쟁론』에 다음과 같이 설하신 바와 같다.

만약 무자성으로써
무자성을 배격한다면
무자성의 배격이
자성을 성립시킬 것이다.

이와 같이 만약 무자성이라는 말에 의해 존재들의 무자성이 배격된다면 존재들에 자성이 있다는 결론이 된다고 선명하게 설하셨다.

승의에서의 유무 두 가지 역시 이와 같이 두 가지를 모두 배격할 수는 없지만, 승의에서 존재함과, '승의에서 존재하지 않음이 승의에서 존재함', 이 두 가지는 모두 배격할 수가 있다.

여기서 실재론자들은 부정대상이 비실재라면 부정은 실재여야 하고, 부정이 비실재라면 부정대상이 실재여야 한다고 보기 때문에 부정대상과 부정 두 가지 모두에서 실재를 배격하지 못한다.

중관파들은 그 양변을 모두 여읜 심오한 중도, 비실재, 요의를 전거와 논리를 통해 올바로 논증하고서 불경의 핵심을 모든 방향으로 퍼뜨리신다.

이제 이러한 질문을 던져야 할 것이다. '두 가지 큰 전통에 의해 불경의 요의와 불요의가 구분되고, 그러한 뜻을 또 대학자들께서 각각으로 해설하신 종류가 이처럼 다양하다면, 그대는 그 두 가지 전통을 해설한 어느 논사를 따라서, 요의로 규정한 어떤 것을 구경의 의미로 받아들이는지 말하라.'고 한다면 이르노니

남섬부주의 지혜의 장식이 되는 이분들의
훌륭한 설법 모두에 가슴으로부터 존경하지만
윤회와 열반의 연기緣起가 속임 없다는 논거로써
상집相執의 일체 대상을 제거하는
월칭으로부터 전해진 선설善說의 빛으로
혜안의 백련이 활짝 피어날 때
불호께서 보이신 길을 보고서

용수의 바른 견해를 주로 취하지 않을 자 누구인가?

이상 설명한 바와 같이 불경의 요의와 불요의를 구분하여 진여를 확립한 두 가지 전통은 바라밀승(대승)의 논서들에서 자세히 설해졌지만, 밀승密乘의 경론들을 해설한 대학자와 성취자들 역시 그 두 가지 중의 하나와 일치되게 진여의 의미를 확립하였을 뿐 그밖에 제3의 것은 없으니, 이러한 이치를 현교와 밀교의 일체 불경의 진여를 확립하는 길로 알아야 한다. 그러므로 두 가지 큰 전통에 의지하지 않고 진여를 찾는 것은 장님이 인도자 없이 낭떠러지로 달려가는 것과 같으며, 의지하고자 하더라도 이러한 논서들에 오래도록 숙련되지 않거나 특별히 세밀하고 중요한 이치들을 이해하지 못하고서 불경의 요의와 불요의를 구분하는 몇 마디 말에 의지해서 그저 전거만을 신봉하는 이들이 진여의 이야기를 이미 해 놓았더라도 속빈 말 정도에 불과함을 보고서 대략적인 내용에 만족하지 않고, 큰 전통의 개조들께서 불경을 보는 눈으로 마련하신 논리의 거칠고 미세한 내용들을 잘 숙련하여 불경의 광대한 방편의 길과 심오하고도 지극히 심오한 지혜의 길들을 확립하기 위해 흐르는 강과 같이 끊임없이 정진하고, 이해한 만큼 실천하는 것을 중요하게 여겨서 부처님의 가르침에 오래도록 머물고자 하는 지혜로운 이들을 위해 이 『선설장론』을 저술하였다.

승리자(부처님)의 깊은 뜻 경전에 설하신 핵심을 취하고
능인의 가풍 수승한 두 전통의 방대한 논서를 많이 듣고
그 의미를 고찰하여 미묘한 논리를 여실하게 사유하고

묘음(妙音: 문수)이란 이름으로 명성을 드날리는 변주遍主의 발

굳세고 끊임없는 신심으로

가슴 연꽃의 중심에 공경으로 모시고

불경의 진여를 본 이치의 말로써

희유한 이 저술이 이루어졌네.

선설善說의 보고寶庫인 불경의 뜻을

최상의 설법자 용수, 무착께서

여실히 해설하신 두 가지 전통에 대한

여실한 설명 또한 이 외에 달리 무엇인가?

광대행(廣大行: 보살행)에 오래 머무르는

모든 학문에 능통한 보살들도

헤아리기 어려운 깊고 넓은 뜻을

여실히 얻어 숙련함으로써

정定과 지혜, 청정한 계율의

커다란 환희로 마음은 흡족해지고

때때로 부처님께 신심의 희열이 증장하며

때때로 개조들의 은혜를 기억하고

다른 때엔 선지식을 숭상하며

가련한 중생에겐 자애와

보배로운 불교는 오래 머무르길 원하는

이러한 마음들이 서로 앞 다퉈 증장되기를.

그러할 때 오랫동안 쇠퇴했던 난해한 내용들을

찾아서 얻은 논리의 길

그 갖가지 변화가 신통하여
홀로 있어도 기쁨의 웃음이 흘러나오네.
그러한 이에게 달과 같은 설법자(부처님)께서
수승한 지혜의 명상자
청정계율에 머무는 자
요의를 얻은 부처의 계승자라고
거듭 거듭 찬탄하시네.
그와 같은 부처님의 찬탄을 구하는
마음이 있는 이는 이 논서를 배워
마음의 눈을 논리의 길로써 정화하라.
두 가지 전통의 분별에 힘써
이 몸이 지은 모든 복덕으로
용수, 무착과 같이 부처님의
모든 정법을 오래도록 호지하기를.
그로 인해 부처님을 기쁘게 해드리고
원력제일 보현과 지혜제일 문수보살께서
행하신 바와 같이 이 몸 또한
광대행에 전심으로 정진하리다.

부록

『보리도차제광론』으로 보는
중관자립파와 중관귀류파의 차이

(와라나시판 티베트어본 람림첸모 672~719쪽)

불호(佛護: 붓다빨리따) 논사의 주석에는 귀류파와 자립파 둘로 나누어 귀류파의 입장임을 명확히 한 점은 없다. 그러나 "자신으로부터도 아니요, 다른 것으로부터도 아니다. 그 두 가지로부터도 아니요, 원인이 없는 것도 아니다. 어떠한 존재도 생겨남이란 전혀 없다."라는 구절에 주석을 달 때, 타종他宗의 견해를 논박하는 방식으로 '네 가지 발생'을 부정하였다. 이에 대해 청변(淸辨: 바와위외까) 논사는 그러한 논법에는 자신의 견해를 논증하거나 반대편의 견해를 논박하는 그 어떤 효력도 없다는 비판으로 논박하였다. 그러한 비판이 불호의 견해에 유효한 논박이 되지 못하는 이유를 자세히 설명하기 위해 월칭(月稱: 짠드라끼르띠) 논사가 "중관파가 논쟁 상대에게서 중관의 견해를 일으키게 하는 방법으로 귀류논법을 써야지, 자립논증은 합당하지 않다."라고 반박하며 귀류파의 입장을 분명하게 밝혔다.

이와 같은 귀류, 자립 양 학파의 견해를 정립함에 두 단락, '타종
배격'과 '자종 정립'이 있다.

1. 타종 배격

1) 타학설의 주장

귀류와 자립 양 학파의 견해를 정립하는 방식에 여러 가지가 있다.
그러나 그 모든 견해들을 어떻게 다 언급할 수 있겠는가? 그러므로
그중에 몇 가지만을 언급하기로 한다.

(1) 자야아난따의 학설

자야아난따는 『입중론소』에서 이렇게 말한다.

"어떤 사람들이 말하기를 '만약 귀류를 논거로 인정한다면 그 논거는
바른지각[1]에 의해 성립되는가, 아니면 성립되지 않는가? 만약 전자라
면, 그러한 때 논증자와 논증상대 양자에게 성립하므로 상대의 주장이
라고 어떻게 말할 수 있겠는가? 후자라면, 논증상대가 승인할 수 있는
바가 아니므로 상대의 주장이라고 어떻게 말할 수 있겠는가?'라고
하면, 이에 대한 대답은, 바른지각에 의해 성립하는 것이 모두 양자에게
성립해야 한다는 것은 내가 아는 바가 아니니, 왜냐하면 논증자가

---

1 바른지각: 범어 쁘라마나의 번역어. 한역으로는 양量. 분류하면 바른직관(현량)과
  바른추론(비량)이 있다. 앞의 본문 각주에서 밝힌 것처럼, 일반적으로 바른 지각이
  의미하는 바와 쁘라마나의 의미가 정확히 일치하지는 않기 때문에 띄어쓰기를
  없애 차별화와 용어화를 동시에 꾀하였다.

논거를 제시할 때 논거로 제시하는 것이 바른지각에 의해 성립하더라
도, 논증상대에게 바른지각에 의해 성립하는지는(논증상대가 바르게
지각하는지) 그가 알 수 없는 것이니, 논증상대의 마음의 구체적 상태는
직관으로도 추론으로도 알 수 없기 때문이다. 논증자 자신에게 또한
바른지각에 의해 성립하는지 알 수 없으니, 착란의 원인에 의해 오랜
기간 영향 받아 속을 수 있기 때문이다. 그러므로 대론 양자가 바른지각
(에 의해 성립한 것)이라고 승인함으로써 제법의 자성을 승인하는 것이
다. 그러므로 논증상대의 승인에 의거해서 반대 견해를 배격하는 것이
라고 말하는 것이며, 논증상대에게 논거가 바른지각에 의해 성립하는
지 않는지 논증자는 알지 못하니, 논증상대의 생각은 논증자의 두
가지 바른지각 중 어느 것에 의해서도 알려지지 않기 때문이다. 논증자
자신 또한 논거가 바른지각에 의해 성립하는지 알지 못하니, 자신이
바른지각에 의해 성립한다고 확신하더라도 속임이 있을 수 있기 때문이
다. 그러므로 양자에게 바른지각에 의해 성립한 논거가 없으므로 '바른
지각(에 의해 성립한 것)으로 승인함'에 달려 있으며, 바른지각에 의해
성립하진 않더라도 승인에 의해서 반대 견해가 배격된다는 것이 타당하
다."라고 설명한다.

또 같은 논에서 말하기를, "또한, 자립의 논거 쪽에 대해서는, 만약
논거와 소립법所立法[2] 사이의 편충遍充[3]이 바른지각에 의해 성립한다

---

2 소립법 : 논증식에서 'A는 B다.'라고 말하는 경우는 B가 소립법이며, 'A는 B가
 아니다.'라고 말하는 경우는 'B가 아님'이 소립법이다.
3 편충: 'A는 B다. C이기 때문에.'라고 논증하는 경우 C이면 반드시 B여야만 하는
 당위성을 편충이라 한다. 만약 '철이는 여자다. 사람이기 때문에.'라고 논증한다면

면, 그러한 때 자립의 논거가 되지만, 그러나 편충이 성립하지 못한다. 편충을 성립시키는 바른지각은 직관이나 추론인데, 이에 먼저, 직관에 의해서는 편충이 성립되지 못하니, 이를테면 부엌 따위의 보기(사례)를 통해서는 직관과 '보지 못함' 등에 의해서 불과 연기를 대상으로 '이것이 있으면 이것이 있고, 이것이 없으면 이것이 없다.'라고 '한 쪽이 없이는 생기지 않는 관계'를 지각하지만, 다른 모든 곳에서는 (이것이 없으면 이것이 생기지 않는 관계를 직관으로 지각하는 것이) 아니다. 추론에 의해서도 (편충이 성립되는 것이) 아니니, 추론 또한 범위가 한정되어 있기 때문이다. 이와 같이 추론의 범위는 전체가 아니니, 왜냐하면 소립법과 관련되는 논거가 있는 오직 거기에서만 무상無常 따위를 알게 되는 것이지, 모든 장소와 시간에서가 아니다. 그러므로 세간인의 승인 정도로 편충이 성립되는 것이지, 바른지각에 의해서가 아니므로, 귀류의 논거로써 타종을 논박함이 어째서 불합리한가? 연기가 있으면 불이 있음과, 유위법이면 무상無常해야 한다는 편충이 바른지각에 의해 성립한다면 자립이 합당하지만 그렇지 않으니, 만약 바른지각에 의해 성립한다면 모든 장소와 시간에서 연기가 있으면 불이 있어야 하고, 유위법이면 무상無常해야 한다는 편충이 성립해야 하지만, 편충을 성립시키는 직관과 추론이 겨우 부엌과 항아리 따위의 몇 몇 경우 정도에서만 성립시키므로 단편에 불과하기 때문이다. 그러므로 편충 또한 승인에 의해서만 성립하는 것이다."라고 설하니, 이 견해는 삼상三相을 바른지각에 의해서 성립하는 것으로 보면 자립과, 삼상이 궁극적

사람이면 여자여야 하는 당위성이 없기 때문에 이런 경우 편충이 성립되지 않는다고 한다.

으로 승인에 의존하고 있을 뿐으로 보면 귀류파인 것으로 주장하는
것으로 보인다.

(2) 자야아난따의 제자 역경사들의 학설

이 학자의 제자인 역경사들은 다음과 같이 말한다.

"중관파에게는 타종의 주장을 배격하는 정도 외에 자신의 주장이
없고, 유법有法[5] 등이 대론 양자가 승인하는 공통된 것이 없으므로
자립논증은 합당하지 않다. 논리로 고찰한 결과 또한 타종을 배격하는
정도뿐이며, 그 외 자신의 주장은 없으므로 자립의 논거들은 어느
면으로도 진술할 수가 없는 것이다. 그러므로 오직 귀류뿐이며, 여기에
도 또한 능립能立의 귀류는 자립으로 귀결되므로 오직 논파의 귀류뿐이
다. 이 또한 논거와 편충이 상대의 승인 또는 승인으로부터 도출된
결론에 의거한 귀류이므로 온전한 바른지각에 의해 성립하는 것이
아니다.

이에 의지해서 타종의 주장 또는 희론을 분쇄하는 것은 네 가지를

---

4 삼상: 종법, 순편충, 역편충 등 유효논거의 세 가지 조건. 7세기의 역경사 현장은
변시종법성遍是宗法性, 동품정유성同品定有性, 이품변무성異品遍無性으로 번역하
였다. 논증식을 보기로 설명하면, '소리는 무상한 존재다. 유위법이기 때문에.'라고
논증할 때, 소리가 유위법임을 논증상대가 정확히 이해하면 종법이 성립되고,
유위법이면 반드시 무상한 존재여야 한다는 당위성을 논증상대가 정확히 이해하면
순편충이 성립되며, 무상한 존재가 아니면 유위법이 아니어야 한다는 당위성을
논증상대가 정확히 이해하면 역편충이 성립된다. 이와 같이 삼상이 성립될 때
'유위법'이라는 논거는 소리가 무상한 존재임을 논증하는 유효논거가 된다.

5 유법 : 논증식에서 'A는 B다.'라고 말할 때 A를 유법이라 한다.

통해서이니, 첫째, 모순을 진술하는 귀류는, "논증상대가 생겨남에
의미와 한정이 있음을 승인하고, 자신으로부터 생겨남 역시 승인할
때, 자신으로부터 생겨나면 이미 있는 것이 생겨나므로 생겨남에 의미
가 없고 한정도 없게 되므로(무한히 생겨나는 것이 되므로) 의미와 한정이
있다는 주장과 모순되며, 생겨남에 의미와 한정이 있음을 승인하면
자신으로부터 생겨난다는 주장과 모순된다."라고 모순을 진술함에
상대가 그것을 이해하고 자신의 주장을 버리게 하는 정도의 결과를
갖는 것이다.

둘째, 타종의 승인에 의거한 추론이라는 것은, "그대가 자신으로부터
생겨난다고 주장하는 새싹은 자신으로부터 생겨남이 없으니, 자체적
으로 존재하기 때문이다."라고, 타종에서 승인하는 유법과 논거 등을
이용하여 상대를 논파하는 것이다. '자신으로부터 생겨남이 없으니'라
고 진술했지만, 상대가 주장하는 '자신으로부터 생겨남'을 논파할 뿐,
자신이 '자신으로부터 생겨남이 없음'을 세우는 것이 아니므로 자종은
없다.

셋째, 능립(논거)이 소립(명제)과 마찬가지란, 상대방이 자신의 주장
을 논증하기 위해 보기와 논거를 제시한 그 모두가 전자(주장 즉,
소립)와 마찬가지로 성립하지 않음이다.[6]

넷째, 동일한 이유로 평등화란, "저것을 승인하면 이것 역시 승인해야

---

6 능립이 소립과 마찬가지로 성립하지 않음: 예를 들어 어떤 사람이 '세계는 창조주가
만든 것이다. 시작이 있기 때문에.'라고 논증하는 경우 세계에 시작이 있다는
논거는 세계는 창조주가 만들었다는 소립과 마찬가지로 아직 입증되지 않은 것이기
때문에 무효논거가 된다.

한다."라고 이유에 차이가 없을 경우 동일한 결론을 내리는 것이다.

"그러면, 당신에게 상대방의 주장을 논파하고자 하는 욕구가 있는가, 없는가? 있다면 바로 그것이 주장이므로 그것을 논증하는 자립의 논거가 있어야 한다. 논파하고자 하는 욕구가 없다면 상대방의 주장을 논파하는 논리를 진술함이 불합리하다."라고 한다면, 승의를 분석하는 분상에서 무자성 또는 무생 등의 명제를 주장한다면 자립의 주장과 논거를 승인해야 하지만, 그렇게 주장하지 않으므로 허물이 없다. 상대의 주장을 논파하고자 하는 욕구가 있다는 것만으로 주장이 있는 것이라면 모두에게 주장이 있는 것이 될 것이다.

이 학설은 자신이 논증하고자 하는 종宗이 없이 타종의 주장을 논파할 뿐임과, 상대의 주장을 논파하고자 하는 욕구는 있지만 주장이 없음과, 자신에게 종宗이 없다는 의미 또한 승의를 분석하는 분상에서 무자성 등의 주장을 세우지 않는다는 의미일 뿐 어떠한 것도 승인하지 않는다고 주장하는 것은 아니므로, 승의를 분석하는 분상에서 무자성의 명제를 승인하여 그것을 자종으로 세우는 것을 자립파, 그와 같이 승인하지 않고 타종의 주장을 배격만 하는 것은 귀류파로 생각하는 것으로 보인다.

(3) 현재 중관귀류파라고 주장하는 이들의 학설

현재 중관귀류파라고 주장하는 이들은 이렇게 말한다.

"승의에서건 일반적으로건 어느 측면에서 이루어졌건, 주장이란 일반적으로조차도 자종에는 없으니, 만약 주장이 있다면 그것을 논증하는 보기와 논거 또한 인정해야 하며, 그렇다면 자립파가 되기 때문이다. 그러므로 귀류파에겐 자종이 전혀 없으니, 『회쟁론』에 '만약 나에게 주장이 있다면 나에게 그 오류가 있겠지만 나에게 주장이 없으므로 나에게는 오류가 없다. 만약 직관 등이 실제로 무언가를 대상한다면 입증하거나 배격할 수 있겠지만, 그것이 없으므로 나에게 오류가 없다.' 라고 하였고, 『육십정리론』에서도 '대덕들에겐 종宗이 없고 논쟁이 없다. 어느 것에도 종宗이 없으니 그에게 타종이 어디 있겠는가.'라고 하였고, 『사백론』에서도 '유와 무와 유무 등 어느 것에도 종宗이 없는 자에겐 아무리 오랫동안 애써도 논박할 수 없다.'라고 중관파에게는 종宗과 주장이 없다고 설했기 때문이다. 『현구론』에서 '중관파라면 자립논증이 불합리하니, 타종을 승인함이 없기 때문이다.'라고 하였고, '귀류를 뒤집은 내용은 상대방과 관련된 것[7]이지 나의 것이 아니니, 나에겐 주장이 없기 때문이다.'라고 하였으며, 『입중론』에서도 '논박이 논박대상을 접촉하지 않고서 논박하는 것인가, 아니면 접촉하고서 논박하는 것인가?라고 오류를 말한 이것은 반드시 종宗이 있는 쪽에 해당되지, 나에겐 종宗이 없으므로 오류에 귀착될 수 없다.'라고 자신에 겐 종宗이 없으므로 오류가 없다고 설하셨기 때문이다. 그러므로 모든 교리는 중관파가 타인의 입장에서 세운 것일 뿐이니, 『입중론』에 '그대 가 의타기성을 실재라고 주장하는 것처럼 속제 또한 나는 승인하지 않는다. 결과를 위해서 이것들이 없음에도 있다고 세간적 차원에서

---

7 귀류를 뒤집은 내용은 상대방과 관련된 것: 예를 들어 소리가 항상하다고 주장하는 상대에게 '소리가 항상하다면 무위법이 된다.'라는 귀류를 행할 때 이 귀류논식이 보여주고 있는 잘못된 결론인 '소리는 무위법'을 뒤집은 내용, 즉 '소리는 유위법'이 라는 것은 상대방이 승인하는 내용이라는 얘기다. 소리가 유위법이라는 것과, 항상한 것은 무위법이어야 한다는 당위성을 인정하면 이제 소리가 항상하다는 주장은 버릴 수밖에 없게 된다.

내가 말하는 것이다.'라고 하셨고, 『회쟁론』에서도 '배격할 대상이 아무것도 없으므로 나는 아무것도 배격하지 않는다. 그러므로 배격한다고 말하는 것은 그대가 비방하는 것이다.'라고 타종을 배격함조차도 없다고 설하셨기 때문이다."

(4) 초기 중관파인 티베트의 일부 학자들의 학설

월칭을 따르는 초기의 중관파인 티베트의 일부 학자들은 그와 같이 중관파에게 자종의 주장 및 그것을 성립시키는 바른지각이 없다고 주장하는 학설들을 완전히 배격하고 다음과 같이 주장한다.

"논리에 의해 고찰한 자상自相에 의해 성립하는 바른지각과 지각대상 所量의 교리에 바탕한 사세事勢의 직관과 추론 두 가지를 모두 부정하고, 일반적으로, 분석하지 않은, 세간 상식의 바른지각과 지각대상을 승인하여 중관파가 상대에게 구사하는 논증식을 통해 바른 논거로써 비실재 非實在의 의미를 논증한다. 그렇지만 자립파가 되지 않는 것은, 고찰하지 않은 세간 상식의 바른지각을 통해 정립하기 때문이다."

2) 타학설 배격

(1) 자야아난따의 학설 배격

『입중론소』의 견해인, 논거와 편충이 바른지각에 의해 성립하지 않는다는 이유는 불합리하다. 왜냐하면 논거가 대론 양자의 바른지각에 의해 성립한 것이어야 한다고 주장하는 입장에서도 상대자에게 성립했는지 논증자가 알지 못한다고 해서 바른 논거로 인정하지 않는 것이 아니므로, 그러한 이유로는 논증상대의 바른지각에 의해 성립해야 한다는 당위성을 부정하지 못하기 때문이며, 상대의 마음을 알지 못하므로 상대의 바른지각에 의해 성립하는지 알지 못한다고 한다면, 마찬가지로 상대가 어떤 것을 승인하는지 또한 알지 못하므로, 상대의 승인에 의거해 논박한다는 등의 주장 또한 불합리하기 때문이니, 상대가 '나는 이와 같이 주장한다.'라고 겉으로 말하더라도 말한 바와 같이 승인하는지 확신할 수 없기 때문이며, 상대의 마음을 알 수 없기 때문이다.

편충이 바른지각에 의해 성립하지 못한다는 이유 또한 불합리하다. 부엌을 보기로 놓고서 '연기가 있으면 반드시 불이 있어야 함'이 바른지각에 의해 성립할 때 이해할 내용의 바탕은 부엌이며, 그 바탕 위에서 이해할 내용은 연기가 있으면 반드시 불이 있어야 한다는 것일 뿐이지, 부엌의 연기가 있으면 반드시 부엌의 불이 있다는 것이 결코 아니니, 일부 장소나 시간상에서만 편충을 지각하는 것이 아니다. 그렇지 않다면 그러한 편충을 이해할 보기가 부엌이 될 수 없으니, 어떤 보기를 통해 내용을 이해해야 한다는 그 보기를 (부엌 외에 또 다시) 제시해야 할 것이다. 예를 들어, 소리를 유법으로 놓고 확정하고자 하는 소립법인 '무상無常'은 소리와 항아리 모두에게 해당되는 것이어야 하지, '소리의 일면으로서의 무상無常'을 소립법으로 취할 수 없는 것과 같다. 이러한 이치로 편충을 성립시키는 추론에는 바른지각이 없다는 주장 또한 불합리하다는 것을 알 수가 있다.

이와 같이, 바른지각에 의해 성립하지 않기 때문에 논증자와 논증상대의 승인 정도에 의거해서 논증한다고 말하는 것 또한 불합리한 것이니, 단지 승인만을 이유로 해서는 상대를 배격할 수 없으니, 승인에 의해서는 사실이 확정되지 않고, 바른지각은 자타 양쪽에 없기 때문이다. 아니면, 승인에 차별을 두어 이 승인은 성립하고 저 승인은 성립하지 않는다고 구별한다면, 그러한 구별 또한 만약 승인을 이유로 한 것이라면 먼저의 주장과 마찬가지가 되며, 바른지각의 유무로써 구별한다면 바른지각이 없다는 주장이 무너진다.

(2) 자야아난따의 제자 역경사들의 학설 배격

진여를 분석하는 분상에서 무자성의 종宗을 승인하지 않는 것을 자립의 종宗을 세우지 않는 의미로 주장하는 것은, 자성의 유무를 분석하는 이지량理知量에 의해 그 종이 성립하지 않기 때문에 승인하지 않는 것인가? 아니면, '진여를 분석하는 분상이기 때문이다.'라는 논거를 들어서 종을 승인하지 않는 것인가? 전자라면, 종의 내용인 무자성이 이지량에 의해 성립하지 않는다면 자성이 있다는 종의 내용 또한 이지량에 의해 배격될 수 없으니, 마찬가지 이유이기 때문이다.

만약 진여를 분석하는 분상에서 자성이 있다는 주장이 배격되지 않는다고 한다면, 그것은 지극히 불합리하다. 왜냐하면, 앞서 '논리에 의해 고찰하는 것은 타종을 배격하기 위함이다.'라고 주장했기 때문이며, 고찰하지 않은 식識에 의해서는 타종을 배격할 수 없기 때문이며, 또한 자종을 세우지 않는다고 세밀히 분별한 것도 의미가 없어지니, 타종을 배격하는 귀류조차 인정하지 않기 때문이다.

타종을 논박하는 귀류를 행한다면, 자성이 있음을 배격하는 그 자체가 무자성을 입증한 것임은 앞서 『회쟁론본석』에서 설한 바와 같이 여기에 제3의 경우[8]는 없다. 그렇지 않다면, '무자성을 논증한 것일 뿐, 자성을 배격한 것이 아니다.'라고 뒤집어 말한다면 뭐라고 답하겠는

가? '무자성을 긍정하면 자성은 자동으로 부정되는 것이다.'라고 한다
면, 그렇다면 자성이 있다는 것을 부정하면 자동으로 무자성을 긍정하
는 것이 된다는 것 또한 마찬가지다.

만약, '진여를 고찰하는 분상이기 때문이다.'라는 논거라면, 어째서
무자성 등의 종宗을 세울 수 없는지 이유를 제시해 보라. '진여를 고찰하
는 분상에서 성립한다면 승의로 성립해야 하기 때문에 승인할 수가
없다.'고 한다면, 그것은 타당하지 않다. 왜냐하면 만약 진여를 고찰하
는 분상 자체를 부정한다면 중관파가 논리에 의해 고찰하는 경우가
전혀 없다는 결론이 되므로 말이 안 되고, 진여를 고찰하는 경우를
설정한다면, 고찰하는 자와, 고찰하는 이치, 고찰 주제, 함께 고찰하는
상대 등도 인정해야 하는데 이 경우에 성립하는 그 모든 것들이 승의로
성립할 필요가 어디에 있는가?

귀류는 상대의 승인 또는 상대의 승인에서 도출되는 결론에 의거한
것이므로 바른지각이 없더라도 귀류가 가능하다고 말하는 것 또한
만족스러운 답이 아니니, 앞서 첫 번째 설을 배격한 바와 같은 방식으로
배격하도록 한다.

또한, 진여를 분석하는 분상에서는 승인하는 바가 없고 일반적으로
는 승인하는 바가 있다는 이론 또한 불합리한 것이니, '진여를 분석하는
분상'은 승의제가 아니므로 일반적으로 설정해야 하기 때문에 모순이
되기 때문이며, 진여를 분석하는 분상에서 없다는 것이 승으로 존재하

---

8 제 3의 경우: A를 배격하면 A가 아니라는 결론이 되고, A가 아님을 배격하면
A라는 결론이 된다. A이거나 A가 아니거나 둘 중의 하나일 수밖에 없지, 그
외 제3의 경우는 존재 불가능하다.

지 않는다는 것의 의미라면, 승의로 존재하는 것을 승인하는 중관파는 아무도 없으므로 그것(진여를 분석하는 분상에서 승인하는 바가 없음)을 귀류파만의 특성이라고 말할 수가 없기 때문이다.

(3) 현재 중관귀류파라고 주장하는 이들의 학설 배격

'중관파에게는 일반적으로조차 승인(주장)이 없다.'고 말하는 것은 앞서 설명한 바와 같이 논리에 의해 부정되는 대상을 올바로 인식하지 못함으로써, 자성을 배격하는 논리들로 타종을 배격하면 이쪽으로 똑같이 반론할 때 자종 또한 마찬가지로 배격된다고 보고서, 자종을 정립하면 반론을 물리치지 못하여 윤회와 열반의 일체 연기緣起를 자재천의 유무와 마찬가지로 만들어 버린 것이다. 그러므로 이것은 중관파를 훼손하는 것이자 지극히 하열한 견해이며 이에 대한 반론은 앞서 이미 여러 차례 행한 바 있다.

　중관파에게 승인(주장)이 있는가 없는가를 고찰하자면, 중관이라는 것은 어느 것을 갖춰야 중관파가 되는 것인가를 승인해야 하는데, 승의에서는 티끌만큼도 성립하는 것이 없음과 일반적으로는 일체법이 환幻과 같은 연기緣起적 존재라는 의미를 이해해야 중관파가 된다는 것을 주장해야 하므로 승인하는 바가 있는 것이며, 또한 그 두 가지의 반대인 '승의에서 성립함'과 '일반적으로 존재하지 않음'을 주장하는 악설을 배격하고서 자종을 정립해야 하므로, 부정과 긍정의 그 내용을 지각하는 바른지각이 존재하며, 자신이 이해한 바대로 타인에게 전도되지 않게 보여주는 중관파의 진술을 볼 수 있는 까닭과, 그러한 것들을 이론으로 정립함에 이치에 맞는 반론이 전혀 없는 까닭으로 이 종宗은

완전무결한 것이다. 그러므로 지혜로운 중관파의 무결한 교의를 자신
이 정립할 줄 모르더라도 그것이 없다고 훼손하지 말고, 연기緣起의
이치를 승인함으로써 악견의 일체 그물을 끊어버림에 지혜로운 이들은
중관파의 학설을 정립하여 일체 모순을 여읠 것이요, 왜곡된 것에
기대하지 말 것이다.

　『현구론』에서도 "이와 같이 자종은 완전무결하고 정립한 모든 주장
들과 모순이 없으며, 자신의 조잡하고 오류가 있는 그러한 견해와
상위될 때 오류와 장점을 여실히 볼 줄 모르는 지극히 어리석은 그대
자신의 과실"이라고 앞서 인용한 바와 같이, 중관파의 교리는 승의를
확립하는 바른지각과 일반적 바른지각의 길로부터 나온 오류 없는
교리이므로 윤회와 열반의 일체 교리를 정립할 수 있다는 확고한 견해를
얻도록 해야 한다.

　만약 그렇지 않고 중관파에게는 자종이 없다는 말에 오류가 없다면
'그대가 말한 것은 그럼 모두 거짓말이다.'라는 말에도 또한 전혀 반박할
수 없게 되니, 똑같은 이유 때문이다.

　'승인이 없다고 말하는 데에 대해서 승인이 있는 고찰은 적용할
수 없으므로 모순이 없으니, 아무것도 승인하지 않기 때문이다.'라고도
말할 수 없으니, 만약 그렇다면 누군가 '모든 말이 거짓이다.'라고
말했을 때도 모든 말이 거짓이라고 했으므로 그 말이 진실한 말인가
하는 고찰을 적용할 수 없으니, 그 말의 모순을 드러낼 수 없게 되기
때문이며, 『입중론』에서 "만약 자아가 실재한다면 마음처럼 존재하고,
표현할 수 없는 것일 수 없다."라고, 독자부가 온蘊과 동일하다거나
다르다거나 어느 쪽으로도 말할 수 없는 실유의 자아를 주장할 때

또한 '실유이면 온蘊과 동일하거나 다르거나 둘 중의 하나라고 말해야 하지, 그와 같이 말할 수 없다는 것은 불합리하다.'고 반박할 수 없게 되니, '내가 동일하거나 다르다고 말할 수 없는 실유의 자아를 말함에 동일하거나 다르거나 어느 한 가지로 말해야 한다는 고찰은 적용할 수 없다.'라는 대답이 허용될 것이기 때문이다.

'개아가 실유라고 한다면, 온蘊과 동일하지도 다르지도 않다는 것은 모순이기 때문에 그와 같이(온과 동일한 것으로도 다른 것으로도) 말할 수 없다는 것은 불합리하므로 그와 같은 고찰이 유효하다.'라고 말한다면, '어느 것도 승인하지 않으면 승인이 없다.'라는 말에도 마찬가지로 말할 수 있을 것이다.

'나에게 재물이 없다.'고 말할 때 '재물이 없다는 그 재물을 달라.'고 말하는 것과 '나에게 승인이 없다.'고 말할 때 '승인이 없다는 바로 그것이 승인이다.'라고 말하는 두 가지가 같다고 말하는 것은 대론자의 의중을 이해하지 못한 것이니, 내가 그와 같이 '승인 없다는 그것이 승인이다.'라고 말하고 있는 것이 아니다. 그러면 무슨 말인가 하면, '승인이 없다.'고 말함으로써 그러한 말이 '승인이 없음'을 승인하고 있음을 나타내므로 자기 말의 모순을 피할 수 없다는 것이다.

그대가 말한 그러한 것이 중관파의 견해가 아니라면 성부자(聖父子: 용수와 성천) 등의 논서를 인용하며 논증한 것이 모순이고, 월칭의 견해도 아니고, 불교 내의 다른 학파의 견해도 아니므로 외도의 견해가 되는 것이다. 중관파, 그중에서도 월칭의 견해라고 말한다면, 그들에게 종宗이 없다는 말과 모순된다.

또한, 승인으로부터 벗어나고자 하는 의도로 교의들을 타인의 관점에서만 정립한다고 말하는 것도 불합리하니, '색법色法 등의 존재는 타인의 관점에서만 승인해야 한다.'고 말할 때 색법 등의 존재는 그가 비록 승인하지 않더라도 타인의 관점에서 정립한다는 것은 반드시 승인해야 하므로 승인으로부터 벗어난 것이 아니다. 그러할 때 타인의 관점에서 정립한다는 그 타인과 정립하는 자신 등을 또한 승인해야 하므로 타인의 관점에서만 승인한다고 말하는 것은 자종이 없다는 주장에 도움이 되기는커녕 해가 되는 것이다.

만약 '자종이 없다거나 타인의 관점에서만 승인한다고 나는 말하지 않았다. 그대의 관점에서 그렇게 보이는 것이다.'라고 순세파順世派⁹조차도 부정하지 못하는 감각적 지각을 부정한다면, 그대 자신이 무엇을 말했는지도 지각하지 못하면서 나에게 어떻게 들렸는지 그대가 식별한다는 것이 참으로 놀라울 따름이다. 이런 식이라면 승인이 없다는 등의 특정한 말이 무슨 필요가 있는가? 무엇을 말하더라도 나중에 그것을 부정하면 되니까 과실을 물을 수 없을 테니 말이다.

만약 귀류 또한 타인의 관점에서 정립할 뿐, 자종에서 승인하지 않는다고 말한다면 자립파의 견해를 배격하고 귀류파의 교리를 세운 월칭의 견해에 믿음을 갖는 것은 무슨 쓸모가 있는가? 자립이 자종이 아닌 것과 마찬가지로 귀류 또한 자종이 아니며, 귀류를 타인의 관점에서 정립할 수 있듯이 자립 또한 필요에 따라 타인의 관점에서 정립할 수 있을 것이기 때문이다.

누군가가 유식을 타인의 관점에서만 승인할 뿐 자종에서 승인하지

---

9 순세파 : 고대 인도의 유물론 학파. 로까야따lokāyataḥ 또는 짜르와까cārvākaḥ.

않는다면 그를 유식파라 할 수 없는 것과 마찬가지로 중관의 내용을 귀류로써 확립하는 귀류를 자종이 아닌 타인의 관점에서만 정립한다면 그 또한 귀류파라고 할 수 없으며, 자립파 또한 아니므로 그는 중관파가 아니라는 것을 분명히 나타내고 있는 것이다.

'결과를 위해서 이것들이 없음에도 있다고 세간적 차원에서 내가 말하는 것이다.'라는 의미 또한 모든 교리를 타인의 관점에서 정립한다는 전거가 될 수 없으니, 법들에 자체적으로 성립하는 자성이 없음은 자성의 유무를 여실히 고찰하는 이지理智에 의해 정립되는 것이지 보통의 일반적 심식으로는 정립할 수 없기 때문이니, 만약 일반적 심식에 의해 무자성이 정립된다면 이지理智가 무의미한 것이 되기 때문이며, 같은 논서에서 또한 '있다고 세간적 차원에서'라고 색법 등의 존재를 정립함은 세간적 차원에서 정립한 것이라 했기 때문이다.

"속제를 승인하지 않는다."고 설한 것은 유식파가 의타기를 (실재라고) 승인하는 방식처럼 (속제가 실재라고) 승인하지 않는다는 의미이지, 속제를 자종에서 승인하지 않는다는 말이 아니니, "그대가 의타기를 실재라고 주장하는 것처럼"라고 하셨기 때문이다. 논에서 이와 같이 말씀하신 경위 또한 "그대가 이치 또는 논리에 의해 의타기를 부정한다면 그대의 논리들로 나 또한 그대의 속제를 부정한다."는 유식학파의 논박에 대한 대답이므로, '의타기를 이치에 의한 고찰을 견디어 내는 것이라고 그대가 주장하는 방식처럼 속제들을 그와 같이 나는 주장하지 않으므로 논리에 의해 부정할 수 있고 없음이 같지 않다.'라는 의미이기 때문이다.

'세간적 차원에서'라는 것은 자종이 아닌 타인의 관점을 말하는 것이 아니라 정상적인 일반적 심식을 말하는 것이니, 일체 속제의 존재를 정립하는 것은 일반적 심식의 관점에서이기 때문이며, 중관과 자신의 심식에도 속제를 정립하는 바른지각들이 있기 때문이다. 그러므로 '없음에도'라는 것은 자상自相에 의해 존재하지 않음을 의미한다. '자상에 의해 존재하지 않음에도 있다고'라고 해석해야지, '없음에도 있다고'라는 말로 볼 수 없으니, 이 구절은 일반적 존재에 대한 자종의 정립방식에 대한 것인데, 자상에 의해 존재하는 것은 일반적으로도 없기 때문이며, 이 논의 주석에서 이에 대한 이유로 "세간적 차원에서 있거나 없는 것으로 승인하는 것을 나 또한 승인한다."라는 구절을 인용했으므로 없다는 말로 해석할 수 없기 때문이다. 그렇다면, "승의에서 존재하지는 않지만 일반적으로는 존재한다."라고 수없이 듣던 말과 같으니, "없음에도 있다."는 것을 다른 의미로 해석한 것에는 아무런 오류가 없다.

  "그러면『회쟁론』에서 종과 주장이 없다고 말한 의미 또한 해석해야 할 것이다. '싹에 자체적으로 성립하는 자성이 없다.'는 종을 세운다면 '연기緣起이기 때문이다.'라는 논거와 '예를 들면 영상처럼.'이라는 보기 또한 승인해야 하며, 이와 같이 종宗과, 두 가지 편충을 갖춘 논거와, 그것을 통해 논증하고자 하는 명제와, 명제를 지각하는 추론이 논증식에 의해 논증상대에게 생겨나는 것을 승인해야 하므로, 그렇다면 자립이라는 용어를 거부하는 것일 뿐, 자립을 애써 배격한 것이 무슨 의미가 있는가?"라고 한다면, 이에 종宗과 주장이 없다는 구절은 그대가 인용한 바와 같이 있으나 승인을 해야 한다는 구절 또한 여럿 있으니 그 정도만을 인용한 것으로 종宗이 없음이 어찌 입증되겠는가? 그러나 자성이 없다는 종宗이 있으면 자립파가 될 것이라는 의심이 일어나는 것은 지극히 진실된 것이니, 이것은 지극히 세밀하고 난해한 부분이기 때문이다. 이에 대한 대답은 자종을 정립할 때 설명하도록 하겠다.

『회쟁론』에서 종宗이 없다고 설한 것은, 법에 자성이 없다는 중관파의 주장에 대해 실재론자들이 "그와 같은 주장에 자성이 있다면 법에 자성이 없다는 말과 상위되고, (법에 자성이 없다는 주장에) 자성이 없다면 자성을 배격할 수 없다."라고 논박함으로부터 파생된 것인데, 자성이 없더라도 부정과 긍정의 행위와 그 대상들을 정립함에 문제가 없다는 것은 앞서 『회쟁론본석』을 인용한 바와 같다. 그러므로 종宗의 유무는 일반적으로 있고 없음에 대해 논쟁한 것이 아니라 '법에 자성이 없다.'고 종宗을 세운 말에 자성이 있는지 없는지 논쟁한 것이므로 '이와 같이 종宗을 세운 말에 자성이 있다고 승인하면 법에 자성이 없다는 종宗과 상위되는 오류가 내게 있지만, 내가 그와 같이 주장하지 않으므로 오류가 없다.'라는 의미이기 때문에 종宗이 없음을 입증하는 전거가 될 수 없으니, '자성이 없음'과 '없음', 이 두 가지는 큰 차이가 있기 때문이다.

'만약 직관 등이' 등의 구절에서 직관 등이 아무것도 대상하는 바가 없다고 설한 것 또한 앞서 『현구론』의 구절을 인용한 바와 같이 바른지각과 그 대상에 자신의 자성에 의해 성립하는 대상과 주체가 없다고 한 것이지, 연기緣起로서의 바른지각과 그 대상이 없다는 것이 아니다.

실재론자의 생각은 '법의 자상을 직관으로 대상하고서 부정한다면 타당하지만, 중관파가 법에 자성이 공하다고 말한다면 직관과 그 대상 또한 법 안에 포함되므로 자성이 공해야 하고, 그렇다면 존재하지 않는 것이므로 그것에 의해 부정될 수 없다.'라는 것이니, 이 구절은 『회쟁론』에서 "법을 직관으로 대상하고서 부정한다면, 법을 대상하는 바로 그 직관이 존재하지 않는다."라고 언급한 실재론자들의 논박에 대한 대답이며, 『회쟁론』의 주석에서도 "만약 그대가 법을 직관으로 대상하고서 법이 공하다고 부정한다면 가능하지만 그 또한 불합리하니, 왜냐하면 법 안에 직관 또한 포함되므로 공한 것이고, 법을 대상하는 그 어떤 것도 공한 것이다. 그러므로 바른지각에 의해 대상되는 것은 없다. 대상되지 않는다면 부정할 수도 없는 것이니, 법이 공하다고 말한 것은 불합리하다."라고 (실재론자들의 반박에 대해서) 언급하셨기 때문이다.

　『사백론』에서 "유와 무와 유무 등 어느 것에도 종宗이 없는"라고 설한 것은, 그 주석에서 공성을 주장하는 이에게는 아무리 오래도록 애써도 논박할 수 없다는 뜻으로 해설했는데, 그대는 "공성 또한 인정하지 않는다."라고 말하면서 어찌 주장이 아무것도 없다는 전거로 삼을 수 있는가?

　『입중론석』에서 "가유假有론자들에게 이변론二邊論은 불합리하므로 이변론에 의지한 논박이나 대답을 통해서는 중관파에게서 어느 면으로도 오류를 발견할 수 없다. 이와 같이 성천께서 '유와 무와' 등의 네 구를 설하셨다."라고 한 것처럼 자성에 의해 성립하는 실유를 부정하는 가유론자들에게 자성을 주장하는 실유론자와, 색법 등의 일체 작용을 부정하는 실무론자 양자가 논박할 수 없는 이유로 인용하였으므로 무자종의 전거가 될 수 없으며, 유무 등의 종이라고 한 것 역시 이변론의 종을 말하는 것임이 지극히 분명하므로 앞서 네 가지 발생을 배격하고 유무론을 배격한 부분에서 설명한 바와 같다.

『육십정리론』에서 설한 것은 그 주석에서 "실법實法이 없으므로 자타의 종宗이 있을 수 없으니, 그러므로 이와 같이 보는 이들의 번뇌들이 반드시 소멸하게 된다."라고 종宗이 없는 이유로서 실법이 없음을 설하셨고, 그 또한 자상 또는 자성을 가리켜 실법이라 한 것이니, 그렇지 않고 만약 작용하는 법을 가리킨 것이라면 그것이 없음을 봄으로써 번뇌가 소멸한다는 말과 모순되기 때문이다. 그러므로 자성의 실법을 승인하는 종宗이 없음을 가리켜 종宗이 없다고 설한 것이니, 이 구절 앞부분의 『육십정리론』의 주석에서 "의지하고 관련해서 존재하는 이 법성의 깊이를 헤아리지 못하고 실법들의 자상을 분별하는 이들에게는 실법을 승인함이 있기 때문에 반드시 탐착과 성냄을 일으키는 거칠고 잘못된 견해를 취해서 그로부터 쟁론이 일어날 것이다."라고 실법에 자상을 허위로 덧붙인 것을 실법을 승인하는 것으로 설했기 때문이다. 그러므로 이러한 구절들이 중관파에게 자종이 없음을 나타낸 것이 아니니, 『회쟁론』과 『사백론』을 인용하며 "타종을 승인함이 없기 때문이다."라고 『현구론』에서 설한 의미 역시 이와 같이 이해하도록 한다.

"배격할 대상이 아무것도 없으므로 나는 어느 것도 배격하지 않는다."라고 설한 것은, 배격대상에 두 가지가 있는데, 그 중에서 객체로서의 배격대상인 자성이 있다는 허구를 가리키는 것으로 본다면 그것이 없다는 이유로 배격하지 않는다고 설한 것이 불합리하므로 주체로서의 배격대상인 허구를 날조한 의식을 가리키는 것으로 봐야 한다.[10] 그

---

10 객체로서의 배격대상, 즉 자성 따위는 그것이 없기 때문에 배격 즉 없다고 해야 하는 것이지 없기 때문에 배격하지 않는다고 말하는 것은 말이 안 된다. 반면

주석에서 배격하는 주체 또한 있는 것이 아니라고 설하셨으므로 그 두 가지가 없다는 것은 "자상에 의해 성립하는 배격대상과 배격주체가 없음에도 그와 같이 가정하고서 이것으로써 저것을 배격한다고 그대가 왜곡한다."라고 설하신 것이지, 그 두 가지가 환幻과 같이 존재함을 부정하는 것이 아니니, 『회쟁론』에서 "화현으로 화현을 배격하고, 환의 개아가 환으로 환을 배격하는 것처럼 이 배격 또한 그와 같다."라고 하셨고, "만약 그 식識에 자성이 있다면 의지해서 생긴 것이 되지 않는다. 어떤 식識이 의존해서 생겼다면 그것은 공성이 아닌가? 만약 식識에 자성이 있다면 그 식識을 누가 물리치겠는가? 나머지도 이와 같은 이치다. 그러므로 오류가 없다."라고 신기루를 물로 착각한 식識에 자성이 있으면 자신의 원인과 조건으로부터 생겨난 것일 수 없음과, 그러한 착각을 어느 누구도 물리칠 수 없게 된다고 설하셨기 때문이다.

『현구론』에서 "나에겐 주장이 없기 때문이다."라고 설하신 것도 자종이 없다는 전거가 될 수 없으니, 그것은 자립의 주장이 없다는 뜻이기 때문이다.

『입중론』에서 종宗이 없다고 설하신 것은, 자종에서는 논박과 논박대상 양자가 자성에 의해 성립하지 않는다고 주장하므로, 인과가 자성에 의해 성립한다고 주장하는 이들에게 원인이 결과를 접촉해서 일으키

주체로서의 배격대상 즉 자성이 있다고 생각하는 의식 따위는 실상을 왜곡한 의식으로서 분명히 존재하기 때문에 배격해야 하는 것이지, 만약 없다면 배격할 수도 배격할 필요도 없는 것이다. 그러므로 배격대상이 없기 때문에 배격하지 않는다는 구절에서 말하는 배격대상이란 객체로서의 배격대상을 두고 하는 말이 아니라 주체로서의 배격대상을 두고 하는 말이라는 얘기다.

는지 접촉하지 않고 일으키는지 분석을 행한 이후, 이러한 논박이 자신에게는 적용되지 않는 이유는 논리에 의한 고찰을 견디어 내는 것으로 주장하지 않기 때문이라는 의미이지, 자종이 없다는 것이 결코 아니니, 이 구절의 주석에서 "우리 쪽에서는 같은 방식으로 논박되지 않으니, 왜냐하면 우리들의 입장에서는 논박이 논박대상을 접촉하고서도 논박하는 것이 아니고 논박이 논박대상을 접촉하지 않고서도 논박하는 것이 아니니, 논박과 논박대상 양자가 자성에 의해 성립하지 않기 때문이다. 그러므로 접촉하고 안 하고의 고찰을 적용하지 않는다." 라고 실재론자들이 제기한 논리의 고찰이 적용되지 않는 이유로서 자성에 의해 성립하지 않음을 제시했지, 승인이 없음을 제시하지 않았기 때문이며, 그 이유로 반야경을 인용하였는데, 사리자가 수보리에게 "생生과 무생無生의 어느 법에 의해 무생의 법을 성취합니까?"하고 고찰하여 질문하자 그 두 가지의 성취를 부정하니 사리자가 "그러면 성취와 깨달음은 없습니까?" 하고 질문하자 앞서 인용한 바와 같이 "그 두 가지가 비록 있지만 이변二邊의 도리에서가 아니다. 그 또한 속제에서일 뿐 승의에서는 없다."라고 설한 것을 예로 들며 이와 같이 승인한다고 설하셨으니, 『입중론석』에서 "그로 인해 이변론의 오류가 되기 때문에 생이나 무생의 법에 의한 성취를 부정하고, 실체가 없다면 이변론 또한 불합리하므로 분석 없이 세간의 일반적 사실로서 성취를 승인하는 것과 같이 논박과 논박대상 또한 접촉하거나 접촉하지 않는 방식으로 논박하는 것이 비록 아니지만 일반적 사실로서 논박이 논박대상을 논박하는 것으로 이해해야 한다."라고, 접촉을 하는가 안 하는가의 논리의 고찰을 행하면 두 가지 어느 쪽으로도 논박함이 없지만 그 때문에 논박의 존재가 부정되지 않으니, 일반적 사실로서 타종에 대한 논박이 있음을 승인해야 한다고 명확히 설하셨기 때문이다. 뿐만 아니라 논거에 의해 명제를 입증함 또한 승인하시니, 앞서 인용한 구절의 바로 뒷부분에서 "그대가 태양에 있는 일식 따위의 특성들을 태양의 영상에서도 볼 수 있음에, 태양과 영상이 접촉하거나 접촉하지 않음은 비록 불합리하지만 의지해서 일반적 사실로서 발생하며, 실제가 아니지만 자신의 얼굴을 치장하기 위해 있는 것으로 다루듯이, 이에 또한 지혜의 얼굴을 깨끗이 하는데 효력이 있는 논거는 (접촉과 접촉하지 않는 고찰이) 합당하지 않더라도 명제를 지각하는데 효력이 있다고 알아야 한다."라고, 영상이라는 것은 전혀 없는 것이기 때문에 태양과 접촉하거나 접촉하지 않는 방식으로 발생한다는 분별이 전혀 합당하지 않지만, 색법色法에 근접한 인연으로 영상을 볼 때 지각하고자 하는 대상을 확실히 지각할 수 있는 것과 마찬가지로 자성이 공한 논박으로 논박대상을 논박하고, 자성이 공하고 (접촉과 접촉하지 않는 고찰이) 합당하지 않은 논거에 의해 명제를 지각하는 것이며, 이변론으로 귀결되는 것 또한 아니기 때문에 자신의 말 역시 마찬가지 오류가 되는 것이 아님을 알아야 한다고 설하신 바와 같이, 상대를 논박한 논리가 마찬가지로 자종에 적용되지 않는다는 대답으로 이와 같이 설하셨지, 자종이 없기 때문이라고 대답하지 않으셨다.

또한, 인과가 자성에 의해 성립한다고 주장하는 이들에게 원인이 결과를 접촉해서 일으키는지 접촉하지 않고 일으키는지 고찰을 행한 이후, 이와 같은 고찰에 의해 배격되는 오류가 자종에는 없는 이유 또한 무자성을 주장하기 때문이지, 자종이 없다는 이유로 반박을 물리친 것이 아니니, 『입중론석』에서 "우리가 어떻게 설명하는가 하면, 이것들 두 가지 모두 환幻과 같기 때문에 우리에겐 오류가 없고, 세간의 것들도 존재한다. 자상으로 발생하고 발생시키는 것에 (접촉해서 일으키는가, 접촉하지 않고서 일으키는가 하는) 고찰이 적용되는 것이지, 사물들이 전도된 변계遍計로 인해 발생하고 환幻과 같이 무생의 자성이며, 자성이 없어도 눈병난 이에게 눈앞에 머리카락이 흘러내린 것처럼 보이는 등과 같이 분별의 대상으로 보는 자에게는 고찰할 수 없는 것이니, 그러므로 우리에겐 앞서 설명한 바와 같은 오류가 없으며, 분석 없이 성립한 세간의 것들 또한 존재하므로 모든 것이 성립한다."라고 타종에 오류가 있는 이유로서 자상의 승인을 제시하고, 자종에 오류가 없는 이유로서 환幻과 같음을 승인하기 때문이라고 설하셨으므로 이와 같이 이해하고서 오류가 없는 중관파의 교의를 정립할 수 있도록 하라.

일반적으로 요의경전들과 중관파의 논서들에서 "이것은 이렇고 저것은 이렇지 않고 이것은 없고 저것은 있다."는 등 수없이 설하셨으므로 그것들이 설한 자의 주장임을 특별한 전거를 인용하여 입증할 필요는 없다. 만약 그렇지 않다면 '이와 같이 주장한다'거나 '승인한다'라는 말이 없는 설법들에 대해서는 그것들의 의미를 해설할 때 '이것은 설법자의 견해 또는 주장이고 저것은 그렇지 않다'는 분별을 행할 수 없을 것이기 때문이다.

만약 '주장한다'거나 '승인한다'거나 '입종立宗' 등의 특별한 말을 굳이 요구한다면, 그와 같은 말들 역시 수없이 설하셨으니, 『회쟁론』에서 "일반적 사실을 승인하지 않고서는 우리는 말하지 않는다."라고 하셨고, 『육십정리론』에서도 "사물이 생겼다 사라지는 것을 적멸로 가립하는 것처럼, 그와 같이 성인들 또한 환幻과 같이 보는 적멸을 승인한다." 라고 하셨고, "의존하는 모든 것은 물속의 달과 같이 진실도 전도도 아님을 승인하는 이들은 악견에 이끌리지 않는다."라고 하셨고, 『출세찬』에서도 "원인으로부터 생겨난 모든 것들은 이것이 없으면 저것이 있는 것이 아니므로 영상과 같은 것임이 명백한데 어찌 승인하지 않는가?"라고 하셨고, "감각의 대상이 없으면 그 또한 없으므로 감각은 무아이다. 감각 또한 자성에 의해 존재하는 것이 아님을 그대(부처)가 승인한다."라고 하셨으며, "행위자와 행위 또한 일반적 사실로서 그대가 설하였다. 서로 상대해서 성립하는 것으로 그대가 승인한다."라고 하셨으며, "멸한 원인으로부터 결과가 생겨나는 것도 불합리하고, 멸하지 않은 원인으로부터도 아니며, 꿈과 같은 것으로 그대가 승인한다."라고 하셨으며, "의존하고 관련해서 생겨난 모든 것을 그대가 공하다고 승인한다."라고 설하셨다. 『입중론석』에서도 "현자들이 이 종宗은 오류가 없고 이로운 것으로 생각하는 바이니 의심 없이 받아들여야 한다."라고 하셨고, "그러므로 의지하고 관련해서 존재하는 이 인연정도를 승인하는 것처럼 의지해서 가립함을 승인하기 때문에 우리들 쪽에서는 일반적 사실을 전부 부정할 필요가 없으며 타종에서도 이것을 승인할 수가 있다."라고 반드시 승인을 해야 하는 것으로 설하셨으며, 이와 같은 가르침은 그 밖에도 많이 있다.

또한 『입중론석』에서 "네 가지 종宗을 따라 말하고서 그것을 이치를 통해 입증하기 위해 설명한다. 그것은 그것으로부터 생겨난 것이 아니고, 다른 것으로부터는 볼 것이 무엇인가? 양자로부터도 아니며, 원인

없이 어찌 생겨나겠는가?"라고 네 가지 종宗을 말하였으며, 『현구론』에
서도 이와 비슷하게 설하셨으므로 보호주 용수와 월칭의 교리에 자신의
주장과 승인과 종宗이 있는 것이다.

(4) 초기 중관파인 티베트의 일부 학자들의 학설 배격

일반적으로는 자상이 있지만, 자상이 논리에 의한 분석을 견디어 낸다
는 것을 일반적 사실에서 부정하는 것으로 보이는 이 학설이 옳지
않다는 것은 앞서 설명하였고, 중관파가 논쟁 상대인 실재론자에게
위타비량11을 통해 논증하는, 양자의 교리 모두에서 성립하는 삼상의
논거를 월칭의 교리라고 주장하는 것은 타당치 않으니, 그러한 주장에
대해 『현구론』에서 특별히 상세하게 논박하셨기 때문이며, 그러한
것을 승인하면 사세논거라는 명칭을 붙이지 않더라도 자립의 논거가
되는 것을 부정할 수 없기 때문이다. 이에 대해서는 이후 계속 설명할
것이므로 이 정도로 논평을 마치도록 한다.

2. 자종정립

귀류파가 자립파의 견해를 논파하고 자종을 정립하는 방식을 설명하면
양자 모두를 이해하게 될 것이므로 그와 같이 논하도록 한다. 이에
『현구론』에서 자세히 설하셨지만 번잡함을 피해 요점들만 논함에 두
단락이 있으니, '자립논증 논파'와, '같은 논리로 자종이 배격되지 않는

---

11 위타비량 : 상대에게 명제를 이해시키기 위해 논증하는 것.

320

이유'이다.

1) 자립논증 논파

(1) 유법이 성립하지 않는 오류

① 청변의 주장

이 부분은 『현구론』의 내용 중에서도 지극히 난해한데, 『현구론』에서 청변의 주장을 인용하면 다음과 같다.

　"'소리는 무상하다'라고 할 때 유법과 소립법 두 가지는 일반적인 의미를 취하는 것이지, 그것들의 어떤 구체적 특성 따위를 취하는 것이 아니니, 구체적 특성을 취한다면 추론과 추론대상 등의 개념은 사라지게 될 것이다. 예를 들어, 만약 사대四大로부터 생겨난 소리를 유법으로 취하면 승론파(와이셰시까)에게 성립하지 않고, 허공의 특질로서의 소리를 취한다면 불교도에게 성립하지 않는다. 이와 같이 승론파가 '소리는 무상하다'라고 주장할 때 만들어진 소리를 취하면 수론파(상키야)에게 성립하지 않고, 잠재적 상태에서 드러난 상태로 이행한 소리를 취하면 승론파에게 성립하지 않는다. 이와 같이 소멸 또한 만약 원인이 있는 것이면 불교도에게 성립하지 않고, 원인이 없는 것이면 외도들에게 성립하지 않는다. 그러므로 유법과 소립법을 일반적인 의미를 취하는 것과 같이 이 경우에서도 구체적 특성으로 한정하지 않고 일반적인 의미에서의 유법을 취한다."

　이것의 의미는 다음과 같다.

　불교도가 승론파에게 '소리는 무상하다'라고 주장할 때 '사대로부터 생겨난 소리'를 유법으로 취하면 승론파에게 성립하지 않고, '허공의 특질로서의 소리'를 유법으로 취하면 불교도에게 성립하지 않는다. 이와 같이 승론파가 수론파에게 '소리는 무상하다'고 주장할 때 '만들어진 소리'를 유법으로 취하면 수론파에게 성립하지 않고, '이전에 있던 조건에 의해 드러난 소리'를 유법으로 취하면 승론파에게 성립하지 않는다. 그러므로 각자의 특수한 주장을 포함한 것을 유법으로 취할 수 없으니, 유법이라는 것은 대론 양자가 그것의 특성을 고찰하는 기반이므로 양자에게 공통적 인식으로 성립하는 것이어야 하기 때문이다. 유법이 공통적 인식으로 성립해야 하는 것과 마찬가지로 무상無常 따위의 소립법 또한 그것의 구체적 특성을 취하지 않고 일반적인 의미를 취해 양자에게 성립해야 하는 것이며, 보기 또한 공통적 인식으로 성립하는 것을 명제가 논증되기 이전에 제시해야 한다.

이러한 예에서 본 바와 같이 중관파가 안근眼根 등의 내처內處 또는 색법 등의 외처外處 등이 자신으로부터 생겨나지 않는다고 상대에게 논증할 때와, 다른 것으로부터 생겨나지 않는다고 불교학파 중의 실재론자에게 논증할 때 '실재로서의 안근' 따위를 유법으로 취하면 자신에게 성립하지 않고, '비실재로서의 안근' 따위를 유법으로 취하면 상대에게 성립하지 않으므로 그와 같은 구체적 특성을 버리고 일반적인 '안근' 또는 '색법'을 유법으로 취해 중관파와 실재론자 양자가 자신으로부터 생겨남의 유무 등의 특성을 고찰하는 기반으로서 양자에게 공통적 인식으로 성립하는 것이어야 한다고 생각하는 듯하다.

여기서 공통적 인식으로 성립한다는 말은, 논증상대에게 바른지각에 의해 성립한다는 그와 같은 바른지각에 의해 논증자에게도 역시 성립하는 것을 의미한다.

② 청변의 주장 논파

ㄱ) 내용의 불합리

『현구론』에서 "그것은 그렇지 않다. 발생의 부정을 소립법으로 승인한 다면, 소립법의 기반인 유법이 전도에 의해 자신의 실체를 가진 것으로 나타나지만 진여에서는 배격된다는 것을 그 자신이 이미 승인한 것이 다. 전도와 비전도는 서로 다르다. 그러므로 눈병난 자에게 머리칼이 흘러내린 것처럼 보이는 따위로 전도에 의해 있지 않은 것을 있는 것으로 취하는 그때, 있는 것으로 보이는 대상의 작은 부분이라도 어찌 지각할 수 있겠는가? 눈병이 없는 자가 머리칼이 흘러내린 것처럼 보이는 따위로 전도에 의해 진실이 아닌 것을 꾸며내지 않는 그때 역시 거짓인 존재하지 않는 대상의 작은 부분이라도 어찌 지각하겠는 가? 바로 이러한 이유로 스승(용수)께서 '만약 현량 등이 실제로 무언가 를 대상한다면 입증하거나 배격할 수 있겠지만, 그것이 없으므로 나에 게 오류가 없다.'라고 하셨다. 이와 같이 전도와 비전도는 다르기 때문에 비전도의 상태에 전도는 없으므로 유법이 되는 거짓의 안근이 어디 있겠는가? 그러므로 종법이 성립하지 않는 오류와 논거가 성립하지 않는 오류를 피할 수 없기 때문에 그것은 대답이 될 수 없다."라고 하셨다.

이것은 '색처色處는 자신으로부터 발생하지 않는다. 존재하기 때문 에. 눈앞에 분명한 항아리처럼.'이라는 논증식을 예로 들면 이해하기 쉬우므로 이것을 바탕으로 설명하도록 하겠다.

청변을 논박하는 이 구절들은 유법이 공통적 인식으로 성립하지 않음을 보인 것인데, 어떤 방식인가 하면, 어떤 논증상대와 공통적 인식으로 성립하는 유법이 존재하지 않는다는 그 논증상대란, 『현구론』의 이 부분에서는 자신으로부터의 발생을 부정할 때의 논증상대이지만, 일반적으로는 법들이 승의에서 자성이 있다고 주장하는 실재론자와 일반적 사실에서 법들에 자상에 의해 성립하는 자성이 있다고 주장하는 자립파 양자 모두 해당한다. 중관자립파 역시 무자성파라고 불리긴 하지만 여기서는 용어를 간략하게 하기 위해 무자성파라는 용어는 귀류파를 가리키는 것으로 하고, 유자성파라는 용어로써 실재론자들과 자립파 둘을 가리키는 것으로 하겠다.

유자성파의 견해에서 유법으로 설정한 색처가 성립하는 방식은, 색처를 지각하는 안식眼識의 직관에 의해 성립해야 하며, 그 또한 비착란식에 의해 성립하지 않으면 그 대상을 성립시키는 직관으로 인정될 수 없으므로 비착란식이어야만 한다. 무분별 비착란식에 성립하는 것은 유자성파의 교의에 따르면, 무엇을 대상으로 착란되지 않았다는 그 대상의 자상에 의해 성립함이 심식에 나타나고 나타난 그대로 존재한다는 기준을 반드시 충족해야 한다. 그렇다면 논증상대에게 어떠한 바른지각에 의해 유법이 성립한다는 그 바른지각은 귀류파가 인정할 수 없는 것이니, 어떠한 법에도 자상에 의해 성립하는 자성은 일반적 사실에서조차 존재하지 않으므로 그것을 성립시키는 바른지각 역시 존재하지 않기 때문이라고 월칭 논사께서 생각하여 자립논증을 부정한 것이다. 그 또한 논증상대인 유자성파에게 법들에 자성이 없음을 지각하는 견해를 최초로 일으키는 방법으로서의 자립논증을 부정한 부정방식을 설명한 것인데, 귀류파 서로 간에 속제의 어떠한 내용을 지각하는 추론을 일으키는 방법으로서 자립논증이 필요한가에 대한 고찰은 여기선 생략하도록 하겠다.

인용한 구절들과 연결해서 설명하자면, '이미 승인한 것이다.'까지의 의미는, 소립법의 기반이 되는 유법으로 설정한 안근 또는 색법 등이 진여에서 배격, 즉 성립되지 않는다고 청변 자신이 승인한다는 의미다. 유법이 어떠한가 하면, 무명에 의해 오염된 착란식에 의해 그것의 실체를 인식한 것으로서, 안식眼識 등의 일반적 심식에 의해 성립한 대상이다.

청변이 승인하는 이유는, 승의의 발생을 부정함을 그 유법들의 소립 법으로 설정할 때, 즉 설정하기 때문에 진여에서 성립한다면 그 설정(색 법 등이 승의에서 발생하지 않는다)과 모순되기 때문이다.

그러면 그 승인에 의해 어떤 결론이 되는가 하면, 진여에서 성립하지 않고 진여 그 자신도 아닌 색법 따위들은 비착란식에 의해 얻어지는 대상이 아니요, 가유假有를 인식하는 일반적 심식에 의해 얻어지는 대상이므로 그것들 또한 무명에 의한 오염으로 착란된 것이다. 비착란 식에 의해 얻어지는 대상은 착란식에 나타나지 않고, 착란식에 나타나 는 대상은 비착란식에 의해 얻어지는 대상이 아니니, 착란식과 비착란 식 두 가지는 각자의 대상이 서로 위배되는 서로 다른 심식이기 때문이 라는 것이 "전도와 비전도는 서로 다르다."라는 구절의 의미이며, 그에 대한 설명이 '그러므로 눈병난 자에게'에서부터 '어찌 지각하겠는가?' 까지이다. 여기서 착란식이란 것은 안식眼識 따위의 일반적 심식이 무명에 오염된 것이다. 그러한 심식들이 없는 것을 있다고 인식한다는 것은, 색과 소리 등에 자신의 자성에 의해 성립하는 자상이 없는데도 근식(根識: 감각적 지각)이 자상을 취한다는 것이며, 무분별식에 있어서 취한다는 것은 나타난다는 이외의 의미는 없으므로, 자상으로 색법 등이 나타난다는 의미이다.

"그때, 있는 것으로 보이는 대상의 작은 부분이라도 어찌 지각할 수 있겠는가?"라는 것은, 이와 같이 자상이 없는데도 나타나기 때문에 그러한 심식들이 자상으로 존재하는 대상을 조금이라도 어찌 성립시킬 수 있겠느냐는 의미이다.

자상에 의해 성립하는 대상이 없음에도 나타난다는 비유는 '머리칼이 흘러내린 것처럼 보이는 따위' 등의 구절이며, 그러한 비유를 통해 색과 소리 등이 나타나는 근식根識들은 착란된 것이기 때문에 그 대상의 자상을 성립시키는 근거가 되지 못함을 설하셨다.

비착란식이 색과 소리 등을 전혀 취하지 않음을 설한 것은, '눈병이 없는 자가' 등의 구절이다. 여기서 비전도란 비착란식을 의미한다. 그것은 진여를 직관으로 지각하는 심식에 있을 뿐 그 외에는 없다.

'진실이 아닌 것을 꾸며내지 않는'이란, 진여의 의미가 될 수 없는 색과 소리 등을 꾸며내지 않는, 즉 있는 것으로 취하지 않음이다. 비유하면 눈병이 없는 안식眼識에 머리칼이 흘러내린 것처럼 나타나지 않는 것과 같다.

'거짓'이라는 것은 색과 소리 등이 비실재라는 의미이며, '존재하지 않는'이란 자상으로 존재하지 않는다는 비유다. 그러한 것들은 진여를 대상으로 하는 비착란식에 전혀 성립하지 않으니, 그것들은 비착란식에는 보이지 않기 때문이라는 의미다. 이러한 의미들의 근거로 보호주 용수의 논서의 구절 '만약 직관 등이 실제로' 등의, 직관을 비롯한 네 가지 바른지각에 자상으로 존재하는 대상이 전혀 성립하지 않는다는

326

말씀을 여기에 인용하였다.

'이와 같이 전도와 비전도는 다르기 때문에' 등의 구절은 앞에서 설명한 내용을 정리한 것이며, '유법이 되는 거짓의 안근이 어디 있겠는가?'라는 구절은 비실재인 안근 등의 유법이 없다는 말이 아니라, 앞서 설명한 바와 같이 자상의 존재 또는 비착란의 직관에 성립하는 색법이라는 유법은 일반적으로도 존재하지 않는다는 의미이다.

'그러므로 존재하지 않는' 이하는 무자성파와 실재론자 사이에 색처를 유법으로 설정할 때 비착란의 직관이 공통적 인식으로 성립하지 않으므로 양자 모두에게 공통적 인식으로 성립하는 유법의 근거가 될 바른지각이 없으므로 자립의 논거로써 논증상대에게 논증하고자 하는 결함이 없는 명제를 설정할 수가 없다는 의미이다.

만약 "자체적으로 성립하는 자성이란 일반적 사실에서조차도 없다는 입장에선 비록 그러하지만 자립파는 그와 같이 주장하지 않기 때문에 결함이 없는 명제가 있다."고 말한다면, 자성의 존재가 일반적 사실에서도 불합리함은 앞서도 설명하였고 앞으로도 계속 설명할 것인 바, 그러한 대답은 이치에 맞지 않다.

ㄴ) 보기의 부적합
『현구론』에서 "보기 역시 적합하지 않다. 소리와 무상無常의 일반적 의미는 구체적 특성을 말하지 않고자 하는 양자에게 있지만, 이와 같이 안근의 일반적 의미는 공성과 공성 아님을 주장하는 이들이 속제에서도 승인하지 않고 승의제 또한 아니므로 보기가 경우가 다르다."라고 하셨다.

이것의 의미는, 사대로부터 생겨나거나 허공의 특질이거나 만들어
진 것이거나 이전에 있던 조건에 의해 드러난 것이거나 그중 어느
것도 아닌 소리와, 원인에 의존하거나 의존하지 않거나 그중 어느
것도 아닌 무상無常의 일반적 의미는 있지만, 실재와 비실재 어느
것도 아닌 안근 등은 없다고 말한 것이 아니니, 그것은 상대가 승인하지
않기 때문이며, 그와 같은 논리라면 보기와 그 비교 대상이 같지 않다고
어느 누구도 논증할 수 없기 때문이다. 그러면 무슨 의미인가 하면,
'사대로부터 생겨난 소리'라거나 '허공의 특질로서의 소리'라는 어떤
구체적 특성으로 제한하지 않고서도 소리가 있음을 확정하는 것은
양자 모두의 견해에서 가능하지만, 무자성파와 유자성파 양자의 견해
에서는 비착란식에 의해 성립하는 것도 아니고 착란식에 의해 성립하는
것도 아닌, 바른지각에 의해 성립하는 안근 또는 색법의 일반적 의미가
존재하지 않으며, 착란식에 의해 성립한 것은 유자성파에게 성립하지
않고 비착란식에 의해 성립한 것은 무자성파의 바른지각에 의해 성립하
지 않으므로 보기가 같지 않다고 한 의미이다.

비착란은 일반적으로 승의제를 직관으로 지각하는 근본정根本定이
지만, 여기에선 현현경(나타난 대상)인 자상에 착란되지 않은 직관과,
집착대상인 자상에 착란되지 않은 추론 두 가지 모두로 해야 하며,
유법과 논거의 삼상을 성립시키는 그러한 바른지각은 결코 없으므로
비착란식에 의해 발견되는 대상은 유법으로 설정할 수 없다. 여기서
자상이란 논리학자들이 승인하는 바의 '작용하는 것'만을 가리키는
것이 아니라 유위와 무위 일체법에 자신의 자성을 승인하는, 앞서
설명한 바와 같은 자성을 가리키는 것이며, 유자성파들은 무위법을

지각하는 추론 또한 그러한 자성의 집착대상에 착란되지 않은 것으로 승인한다. 이와 같이 자성에 착란되지 않은 심식이라면 그것이 나타나는 대상과 집착대상 중 어느 것에 비착란이건 모두 진여에 대해서 비착란이 되므로 자종에서는 그러한 바른지각에 의해 유법 등이 성립하지 않는다고 주장하는 것이지, 대론 양자에게 안근과 색법 등을 지각하는 일반적인 바른지각이 없다고 주장하는 것이 아니다. 논증상대에게도 앞서 설명한 바와 같은 정상적인 근식根識에 뒤따라 일어난 분별식이 색법 등이 그저 있다는 정도만을 취한 그 취해진 내용에는 논리적으로 오류가 없다.

자세히 설명하자면, 새싹이 있음을 취하는 심식 따위가 대상을 취하는 방식에 세 가지가 있으니, 새싹에 자체적으로 성립하는 자성이 있다고 취하는, 즉 실재라고 취하는 방식과, 새싹이 자체적으로 성립하지 않지만 환과 같이 존재한다고 취하는, 즉 비실재라고 취하는 방식과, 실재와 비실재 어느 쪽으로도 한정하지 않고 그저 있다는 정도만을 취하는 방식 등이다. 새싹이 항상하거나 무상無常하다는 등으로 취하는 방식 따위도 있지만, 언급한 세 가지 방식 중의 하나에 속하지 않는 방식은 없으므로 그 외의 것들은 여기서 설명할 필요가 없다.

이에 법에 자성이 없음을 지각한 견해가 일어나지 않은 유정들에게는 그저 있는 정도만을 취하는 방식과 실재라고 취하는 방식 두 가지가 있을 뿐 자성이 없이 환과 같이 존재한다고 취하는 방식은 없다.

법들이 환과 같다는 견해를 얻기 전의 유정들의 분별식이 어떤 것을 있다고 취하는 그 모든 심식이 실집이라고 주장하는 것은 전혀 옳지 않으니, 앞서 일반적 바른지각에 대해 설명한 부분과, 자성으로 존재함,

자성으로 존재하지 않음, 존재, 비존재 등의 네 가지를 구분한 부분에서 이미 자세히 설명하였다. 만약 자성이 없다는 견해를 이해하기 전의 분별식의 모든 의식 활동이 실집이라면, 착란의 원인에 오염되지 않은 세간의 일반적 심식에 의해 정립된 대상을 일반적 사실로서 중관파가 승인해야 하는 그 모든 것들에 논리적 오류가 발생하므로 자재천의 유무와 차이가 없어져서 전도견에 의해 중관의 의미를 이해하는데 큰 장애가 되기 때문이다. 이런 식으로 공성을 전도되게 이해한 증상으로, 이전에 분별식에 의지해서 행해야 했던 많은 선행들을 이후 지견을 얻은 자의 입장을 취하면 이전의 모든 것들을 상집相執으로, 윤회에 속박시키는 것으로 보고서 '그러한 선행들은 이러한 요의의 지견을 얻지 못한 자들을 대상으로 설한 것이다.'라고 생각하여 모든 분별을 허물로 보는 전도견에 의해 많은 법을 버린 중국의 마하연 화상과 같은 자들이 많이 생겨난다.

무자성의 지견을 얻기 전에는 그러한 자들이 '그저 있음'과 '자상에 의해 성립한 존재', 두 가지를 구분하지 못하니, 앞서 『사백론석』을 인용한 바와 같이, 있는 것은 반드시 자성에 의해 성립한 존재여야 한다고 보기 때문이다. 이러한 이유로 자성이 없다면 없는 것이어야 한다고 생각해서, 자성이 공하면 인과를 정립할 수 없다는 반론이 자주 일어난다.

무자성의 지견을 얻은 자의 경우에는 있음을 취하는 방식 세 가지가 모두 일어나는데, 그러나 그러한 지견을 얻고서 그 영향이 쇠락하기 전까지는 자성의 유무를 논리로써 고찰할 때 유자성을 승인하는 실집이 일시적으로 일어나지 않는 것일 뿐, 구생의 실집이 일어나지 않는 것은 아니다. 그러므로 자체적으로 성립하는 자성이 없음을 지각하는 견해가 일어나서 쇠락하지 않은 자가 '싹이 있음'을 인식하는 모든 경우에 환幻과 같이 존재한다고 인식하는 것 또한 아니니, 그렇지 않다면 그들에게 실집의 현행이 일어날 수 없다는 오류로 귀결되기 때문이다.

청변 논사를 비롯해서 법들에 자체적으로 성립하는 자상을 일반적 사실로 승인하는 중관파들이 자립의 논거를 자종에서 승인하는 이유 또한 일반적 사실에서 자체적으로 성립하는 자상이 있다는 것이니, 자립의 논거를 자종에 정립하고 안 하고는 지극히 미세한 이 부정대상에 달려있다. 그러므로 그들의 교의에서는 자체적으로 성립하는 자성이 나타난 정상적인 근식根識들 또한 나타나는 대상에 일반적으로 착란되지 않은 것이며, 새싹 등에 자성이 있다고 취하는 분별식 또한 자신의 집착대상에 착란되지 않은 것이다. 만약 그렇지 않고 그것들을 착란된 것으로 승인한다면 실재론자들과 자립파 양자 간에 공통적 인식으로 성립하는 바른지각이 무엇이 있는가? 월칭 논사의 주장처럼 자상이 나타나는 바대로의 자성이 없지만 그렇게 나타나는 근식根識들에 의해 유법이 성립됨을 실재론자들이 승인한다면 유법이 성립할 때 무자성이 이미 성립되었으므로 (무자성을 논증하는) 자립의 논거가 새삼 무슨 필요가 있는가?

만약 '상대가 어떻게 인식하건 괜찮다. 중관파와 양자의 공통적 인식으로 성립할 필요가 없다.'고 한다면, 이것은 청변이 승인하는 바가 아니며 이치에도 맞지 않으니, 그와 같다면 능립의 논증식은 모두 상대의 승인에 근거한 것일 뿐이 되므로 귀류파의 견해를 따르는 것이 되기 때문이다.

적호(寂護: 샨따락시따) 논사를 비롯해서 외경外境이 일반적 사실에서 없다고 주장하는 이들은 파란색 따위를 진상眞相유식파의 주장처럼 일반적 사실에서 식識의 실체라고 승인하는데, 파란색이 나타난 근식根識은 파란색이 자상에 의해 성립하는 것으로 인식하며, 파란색 자체를 상대로는 착란된 것이 아니라고 생각한다. 안근 따위의 비현전[12]의 대상을 유법으로 취한 경우 유법이 직관에 의해 직접 성립하지는 않지만 그것이 성립되는 근본 뿌리를 추적하면 결국 어떤 직관과 만나야 한다는 것은 모든 불교학파가 승인하는 바이니, 추론이란 맹인들이 줄서서 가는 것과 같아서[13] 논증의 뿌리는 직관에 기반을 두고 있기 때문이다. 그러할 때 뿌리가 되는 직관은 비착란의 타증분他證分의 심식이거나 비착란의 자증분自證分의 심식이라고 주장하며, 그 또한 앞서 설명한 바와 같이 대상이 자상에 의해 성립하는 것으로 나타나고, 나타난 그대로 객관적으로 존재해야 한다고 그들은 주장하므로, 그들과 무자성을 주장하는 중관파의 견해 양자에 공통적 인식으로 성립하는 비착란의 직관은 존재하지 않는다.

이와 같이 직관에 근거할 수 없는 경우에도 반론할 수 있으니, 유자성

---

12 비현전 : 감각기관으로 직접 지각할 수 없는 존재. 안근은 겉으로 보이는 눈이 아니라 눈 속에 있는 미세한 기관을 가리키므로 현전이 아니라 비현전에 속한다.

13 맹인들이 줄서서 가다 : 맹인이 맹인을 따라가고 그 맹인은 또 다른 맹인을 따라가고 아무리 많은 맹인들이 줄을 서서 따라가더라도 그들이 길을 잃지 않으려면 결국엔 눈이 성한 자가 그들을 인도해야 하듯이, 추론이 추론에 추론을 거듭하여 결론을 도출해 내더라도 그 결론이 허황된 공상이 되지 않기 위해선 반드시 올바른 감각적 지식에 기반을 두고 있어야 한다는 의미.

파가 유위와 무위의 일체법이 바른지각에 의해 성립한다는 의미는 법들의 자기 자신의 존재 방식의 본질이 객관적으로 존재한다는 의미라고 주장한다면, 그것은 논리에 의해 부정될 수 있으므로 대상을 성립시키는 바른지각이 될 수 없다.

(2) 논거가 성립하지 않는 오류

그러한 오류로 인해 논거 또한 성립하지 않는다는 설명은, 『현구론』에서 "기반이 성립되지 않는 명제의 오류를 설명한 바로 그러한 방식대로 '존재하기 때문에'[14]라는 논거의 결함을 설명하는 데에도 적용하도록 한다."라는 말씀이다. 그러므로 자체적으로 성립하는 자성이 공하다는 쪽과 공하지 않다는 쪽 양자의 견해에서 공통적 인식으로 성립하는 유법을 성립시키는 바른지각이 없기 때문에 자립논증의 유법인 색처와, 소립법인 '자신으로부터 발생하지 않음' 두 가지를 합한 명제(색처는 자신으로부터 발생하지 않는다.)가 성립하지 않는다고 설명했던 그 논리로써 '존재하기 때문에'라는 논거 또한 양자의 교의에서 공통적 인식으로 성립하는 논거를 성립시키는 바른지각이 없으므로 논거가 성립되지 않는 이치를 앞서 설명한 바와 같이 이해하도록 한다.

이에 『현구론』에서 "그것은 이와 같으니, 설명한 바의 내용을 이 논리학자(청변) 자신이 승인하는 것이다. 어떻게 해서 그러한가 하면, '육근을 발생시키는 원인 등은 반드시 있는 것이니, 그와 같이 여래께서 설하셨기 때문이다. 여래께서 설하신 모든 것은 정확하다. 예를 들면

---

14 앞에서 언급한 '색처는 자신으로부터 발생하지 않는다. 존재하기 때문에.'라는 논증식을 예로 들어 설명하고 있는 것이다.

열반은 적정하다고 설하신 것처럼.'이라고 다른 이들이 제시한 이 논거에 대해 '그대가 논거의 의미로 승인하는 바가 무엇인가? 여래께서 세속적 차원에서 그와 같이 설하셨기 때문이라는 것인가, 아니면 승의에서 설하셨기 때문이라는 것인가? 만약 세속적 차원에서라면 그대 자신에게 논거가 성립하지 않는다.'라고 하였고, 또 '승의에서의 명제와 논거는 성립하지 않기 때문에 성립하지 않는 논거의 오류와 모순논거의 오류가 된다.'라고 그(청변)가 반론하였기 때문이다. 이와 같이 그 자신이 이러한 논리로 논거가 성립하지 않음을 승인하기 때문에 실법을 논거로 제시한 모든 논증식은 논거 등이 자신에게 성립하지 않으므로 모든 논증이 무너지게 된다."라고 설하셨다.

이것의 의미에 대해서 월칭의 견해를 따른다고 주장하는 어떤 이들은 청변의 『분별치연론』 등의 논서에 나오는 "지대地大는 승의에서 단단한 성질이 아니다. 기본요소이기 때문에. 예를 들면 풍대風大처럼."이라는 논증식을 두고 "'승의에서 기본요소이기 때문에.'라고 하면 논증자 자신(청변)에게 성립하지 않고 '속제에서 기본요소이기 때문에.'라고 하면 논증상대인 실재론자에게 성립하지 않는다. 이러한 이유로 논거가 성립하지 않음을 만약 인정하지 않는다면 이러한 두 가지 분석을 통해 논거가 성립하지 않으면 반드시 논거가 성립하지 않는 것이어야 한다고 스스로 승인한 바와 위배된다."라고 말한다.

또 어떤 이들은 "단순히 기본요소만을 논거로 제시하면 이지량理智量에 의해 성립하지 않기 때문에 부정된다."라고 말한다.

이러한 방식의 논박은 『현구론』의 뜻이 전혀 아니며 청변 논사 또한 그와 같이 승인하고 있는 것이 아니므로 두 가지 견해 모두를 전도되게 말한 것이다. 그러면 어떻게 해석해야 하는가 하면, "설명한 바의 내용을 이 논리학자 자신이 승인하는 것이다."라는 구절의 설명한 바란 앞서 설명한 유법이 성립하지 않는 도리와 그것을 논거에도 적용하라고 설한 그것이니, 그에 바로 이어서 이 구절을 설하셨기 때문이다. 그러면 이런 의미가 된다. 유법과 논거를 성립시키는 직관 따위는 착란과 비착란 둘 중의 하나를 벗어날 수 없는데, 착란식에 의해 얻어지는 대상을 논거 등으로 취하면 실재론자들에게 성립하지 않고, 비착란식에 의해 얻어지는 대상을 취하면 자신의 바른지각에 의해 성립하지 않으므로 자립의 논거와 유법 등이 성립하지 않는다고 앞서 설명한 그것이 바로 '설명한 바'의 의미이다.

이러한 이치로 논거가 성립되지 않음을 청변이 어떻게 승인하는가를 보인 것은 "여래께서 그와 같이 설하셨기 때문이다."라는 상대의 반론에 대해 2제諦를 통해 분석을 행한 것을 두고 하신 말씀이다. 그 의미는, "'여래께서 세속적 차원에서 설하셨기 때문이다.'라고 논거를 제시하는 것인가, '승의에서 설하셨기 때문이다.'라고 논거를 제시하는 것인가?"라고 분석을 행한 것이 결코 아니다. 왜냐하면 앞서 청변의 입장을 살펴본 바에 따르면, 유법을 진속 어느 쪽으로도 한정하지 않고서 설정해야 하고, 그렇지 않으면 논증자나 논증상대 중의 한쪽에서 성립하지 않는다고 주장한 것과 마찬가지로 논거와 보기 역시 그와 같이 주장하므로 (세속적 차원에서 설하셨다는 것인가, 승의에서 설하셨다는 것인가라는) 그러한 조야한 자기 모순적 반론을 하는 실수를 이 절정의 대학자가 어찌 범할 리가 있겠는가?

그러면 '여래께서 설하셨기 때문이다.'라는 논거의 의미가 2제諦

중의 어느 측면에서인가를 질문한 것이니, "세속적 차원에서라면 논증 상대가 그와 같이 승인하지 않으므로 상대에게 성립하지 않고, 승의에 서라면 내(청변)가 결과가 승의에서 존재하는 원인으로부터 발생함과, 존재하지 않는 원인으로부터 발생함 두 가지 모두를 부정하였으므로 나에게 성립하지 않으며, 진속 어느 측면에서도 존재하지 않는 대상은 어느 누구도 승인하지 않으므로 그에 대해 자세히 설명할 필요가 없다." 라고 한 것이다.

이에 '기본요소이기 때문에'라는 청변의 논거에 대해 "논거로 제시한 기본요소가 2제諦 중의 어느 측면에서인가?"라고 묻는다면 청변의 논리에 적절한 반론이 되겠지만 "승의에서 기본요소이기 때문이라는 말인가, 세속적 차원에서 기본요소이기 때문이라는 말인가?"라고 반론 한다면 청변의 입장을 전혀 이해하지 못한 것이다.

청변의 주장처럼 2제諦 중 어느 측면에서인지 질문한 후 만약 승의에 서라면 자신(청변)에게 성립하지 않고 세속적 차원에서라면 실재론자 들에게 성립하지 않는다고 말하는 것은 불합리하다. 만약 그렇지 않다 면 유법으로 설정한 육근 역시 세속적 차원에서 존재하므로 상대에게 성립하지 않을 것이기 때문이다.

그럼 이제부턴 '설명한 바'라는 것을 청변이 상대의 논거에 대해 2제諦의 고찰을 행함으로써 승인한 셈이 되는 도리에 대해 설명하겠다.

월칭 논사께서 비착란식에 의해 얻어지는 대상이 승의, 착란식에 의해 얻어지는 대상이 세속임을 생각하시고, 2제諦 중 어느 측면에서인 가 하는 질문을 착란과 비착란식 중 어느 것에 의해 얻어지는 대상이냐 는 질문과 마찬가지로 보아야 하므로, 그와 같이 논거로 제시한 대상이

336

진속 어느 측면에서도 아니라면 논거가 성립하지 않음과 논거로 제시한 대상이 착란과 비착란식 중 어느 것에 의해서도 얻어지는 것이 아니라면 논거로 제시한 그 대상이 성립하지 않음이 이유가 똑같기 때문에 이러한 논리로써 청변 자신이 승인한 셈이라고 하신 것이지, 실제로 승인한 것은 아니다. 그러므로 "실법을 논거로 제시한 모든 논증식은"이라고 특별히 '실법'을 말씀하셨다.

청변 논사는 자신이 제시한 논거들이 어떤 것들은 비착란의 직관에 의해 직접 성립하고 어떤 것들은 간접적으로 비착란의 직관에 기반하고 있다고 주장하지만 월칭 논사께서는 그것을 부정하신다. 왜냐하면 앞서 인용한 바와 같이 "중관파라면 타종을 승인함이 없기 때문이다."라고, 자상에 의해 성립하는 대상을 승인할 수 없는 근거로 "만약 직관 등이 실제로" 등의 구절을 인용하며 자상을 지각하는 바른지각이 없다고 설함으로써 청변 논사의 견해를 따르는 이들을 대상으로 논증하셨기 때문이다.

2) 같은 논리로 자종이 배격되지 않는 이유

만약 "타종의 논증에 유법과 논거가 성립하지 않는 등의 오류를 설명한 것들이 자종의 논증에도 마찬가지로 오류가 되는 것이 아닌가? 그렇다면 타종의 오류를 말할 수 없다."라고 한다면, 타종에 그러한 오류가 발생하는 것은 자립의 추론을 승인하기 때문이며, 귀류파는 자립의 추론을 승인하지 않으므로 그러한 오류가 발생하지 않는다고 설하셨다. 여기서 추론이란 논증을 의미한다.

자립논증을 승인하면 자상을 대상으로 바른지각이 되는 바른지각이 대론 양자에게 공통적 인식으로 성립함으로써 명제가 입증되어야 하며, 그렇다면 그러한 바른지각은 없으므로 유법 등이 성립하지 않게 된다.

자립논증을 승인하지 않으면 논증상대인 실재론자 자신들에게 그러한(자상을 대상으로 바른지각이 되는) 바른지각에 의해 성립하면[15] 될 뿐 자종에서 그러한 바른지각에 의해 성립할 필요가 없다. 그러므로 논서에 나오는 논증식들 또한 타종의 주장을 배격하는 정도의 목적을 가진 '타종상식의 논증'이지 자립논증이 아니다. 예를 들면, 『중론』 제3품에서 "보는 것은 자신을 보지 않는다. 자신을 보지 않는 것이 다른 것을 어떻게 보겠는가?"라고 자신을 보지 않는다는 논거로써 눈이 다른 것을 보지 않는다고 논증한 경우 등이다. 이 경우 논거(눈이 자신을 보지 않는다)는 논증상대 역시 승인하고, 명제인 '눈이 다른 것을 봄에 자성이 없다.'는 중관파가 승인하며, 이러한 것을 타종상식논증이라 한다.

『현구론』에서 "우리는 자립의 추론식을 쓰지 않으니, 추론들은 타종의 주장을 단지 배격하는 결과를 가진 것이기 때문이다."라고, 자종에서 구사한 추론식들이 자립논증이 아니며 타종의 주장을 배격하는 정도의 목적을 가진 것이라 주장하므로 추론식을 아예 구사하지 않는 것은 아니다.

추론식을 구사하여 타종의 주장을 배격하는 방식 또한 인용한 구절의 바로 뒷부분에서 "이와 같이 눈이 본다고 분별하는 이들이 '눈이 자기

---

15 실제로 그렇게 성립하는 것은 아니므로 이 구절은 '실재론자들이 그렇게 성립한다고 생각하면 될 뿐'이라고 해석해야 할 것이다.

자신을 보지 않음' 또한 승인하고 '눈이 다른 것을 보지 않으면 존재하지 않음' 또한 승인하니, 그러므로 어느 것이든지 자기 자신을 보지 않는 것은 다른 것도 보지 않는다. 예를 들면 항아리처럼. 눈 또한 자기 자신을 보지 않으니, 그러므로 다른 것 또한 보지 않는다. 그러므로 '자기 자신을 보지 않음'과 상위되는 '파란색 따위 다른 것을 봄'은 논증상대 자신이 승인하는 논리에 위배된다고 하여 그들에게 성립하는 논증으로써 배격하는 것이다."라고 설하셨다. 여기서 '논증상대 자신이 승인하는 것'과 '중관파의 입장에서 볼 때 타종이 승인하는 것' 두 가지는 같은 의미다.

타종상식의 논증식을 구사하여 전도견을 배격하는 이 방식은 중요하므로 자세히 설명하겠다.

여기서 '그들에게 성립하는' 등의 의미는, 유법인 '눈'과 보기인 '항아리', 논거인 '자신을 보지 않음', 소립법인 '파란색 따위들을 (자성에 의해) 보는 것이 아님' 등을 자종이 승인하지 않고 타종이 승인할 뿐이므로 상대에게만 성립한다는 의미가 아니다. 그럼 무슨 의미인가 하면, 그것들(유법, 보기, 논거, 소립법 등으로 설정한 대상들)은 자종에서도 승인하지만, 그것들을 성립시키는 바른지각이 자성을 가진 대상을 지각한다는 것은 자종에서 일반적 사실에서조차 없고, 유자성파의 교의에선 그것들의 성립이 그러한(자성을 가진 대상을 지각하는) 바른지각의 성립에 반드시 의존하므로 자종과 유자성파 양자에 공통적 인식으로 성립하는 '자성의 존재를 지각하는 바른지각'이 없으므로 양자에게 성립하지 않는다고 하신 것이며, '상대에게(타종에서) 상식' 또는 '상대에게 성립'한다고 하신 것이다.

"그렇다면 그러한 바른지각이 일반적으로도 존재하지 않으므로 그것에 의해 성립한다고 주장하는 것은 자성을 허구로 덧붙인 것과 같이 논리에 위배되므로 그러한 근거에 의지해서 중관의 견해를 어떻게 얻을 수가 있는가? 바른지각에 위배되는 논거에 의지해서 오류 없는 견해를 얻는다면 전도된 모든 교의들 역시 오류 없는 견해를 얻을 것이기 때문이다."라고 한다면, 논증상대가 유법인 '눈'과 논거인 '자신을 보지 않음', 보기인 '항아리', 소립법인 '파란색 따위들을 (자성에 의해) 보는 것이 아님' 등을 인식하는 그 대상들은 자종 또한 일반적으로 존재한다고 승인하므로 그것들이 논리에 위배되는 것은 아니다. 그러나 논증상대가 그것들에 '자성이 있음'과 '있음' 두 가지를 구별하지 못하므로, 그것들이 자성을 가진 대상을 지각하는 바른지각에 의해 성립한다고 생각하는 그 부분은 논리에 위배되더라도, 논증상대의 정상적인 일반적 심식에 의해 성립한 것들이 어찌 논리에 위배되겠는가? 그러므로 타종과 자종 양자에 자성을 가진 대상을 지각하는, 공통적 인식으로 성립하는 바른지각이 승인되지 않으므로 자립논증이 아닌 상대의 승인에 모순을 보여주는 정도만을 행한다는 것이다.

그 도리는 앞서 진술한 '타종상식의 논증식'(눈은 파란색 따위를 자성에 의해 보는 것이 아니다. 자신을 보지 않기 때문에)을 바탕으로 하면, 유법인 눈이 자신을 보지 않는다는 논거는 일반적 사실로 존재하며, '파란색 따위를 봄이 자성으로 성립함'은 일반적 사실로도 존재하지 않으므로 전자가 후자를 배격함이 이치에 맞지, 논거와 배격대상이 있으면 마찬가지로 있고 없으면 마찬가지로 없는 것으로 본다면 그 양자가 어찌 배격자와 배격대상이 되겠는가? 그러므로 타종상식논증식의 유법과 소립법, 논거 등은 일반적 사실에서 존재하는 것이어야 하지, 상대가 존재한다고 승인한 정도로는 충분치 않다.

유법인 눈 등은 존재한다고 상대가 승인하므로 중관파가 그것들을 입증할 필요가 없다. 만약 이 부분에서조차 왜곡하여 '우리들에게 아직 성립하지 않았으므로 입증하라.'고 한다면 이러한 왜곡된 자는 아무것도 없어서 그들과 논쟁하는 것이 결과가 없으니 어느 누가 대론하 겠는가?

어떤 자가 말하기를 "만약 논증상대가 '자신을 보지 않음'과 '파란색 따위를 봄에 자체적으로 성립하는 자성이 있음'[16]을 승인함에 모순을 드러낸다면 모순이라는 것을 무엇으로 아는가? 모순임이 바른지각에 의해 성립한다면 양자에게 성립했으므로 타종상식논증이라고 할 수 없다. 승인으로써 모순을 입증한다면 '자신을 보지 않음'과 '파란색 따위를 봄에 자체적으로 성립하는 자성이 있음', 두 가지가 모순되지 않는다고 상대가 승인하므로 그의 승인으로 모순을 입증할 수는 없고, 자신이 모순이라고 승인함으로써 모순임이 입증된다고 한다면 지극히 불합리한 주장이니, 상대에게 '그대가 이것이 모순되지 않는다고 주장 하는 것은 불합리하다. 왜냐하면 내가 모순이라고 승인하기 때문이다.' 라고 어찌 말할 수 있겠는가?"라고 한다면, 그러한 오류는 자종에 없으니, '자신을 보지 않음'과 '자체적으로 성립하는 자성이 있음'이 모순됨은 바른지각에 의해 성립하므로 승인 정도만으로 정립하는 것이 아니다.

---

16 '파란색 따위를 봄에 자체적으로 성립하는 자성이 있음'이란 말에서 '자체적으로 성립하는'이라는 말은 있으나 없으나 의미에 차이가 없다.

'그러면 그러한 바른지각을 논증상대에게 보여서 모순을 이해하도록
할 수 있다면 그의 승인에 의지할 필요가 무엇인가?'라고 한다면,
실재론자의 생각에 모순을 입증하는 바른지각은 자성을 가진 대상을
지각하는 것이어야 하는데, 그러한 것이 없다면 자신이 그것을 승인하
여 어떻게 모순을 입증할 수 있는가? 지각대상에 자체적으로 성립하는
자성이 없더라도 바른지각으로 정립함에 모순이 없음을 그에게 입증한
이후 그러한 바른지각에 의해 모순을 입증한다고 한다면 그가 이미
법들에 자성이 없음을 이해한 지견을 얻었으므로 그에게 '자신을 보지
않음'과 '봄에 자성이 있음'은 모순이라고 새삼 논증할 필요가 무엇인가?
그러므로 월칭 존자의 견해를 이해하고자 하면 이러한 것들을 세밀히
고찰하여 깨닫도록 하라.

그러면 상대의 승인에 의거하여 '자신을 보지 않는다면 다른 것을
봄에 자성이 없는 것이어야 한다.'는 편충의 도리를 어떻게 보이는가
하면, 『불호론』의 주석과 같이 설명하도록 하겠다.

"비유하면 물이 있는 땅에서 습기와, 불이 있는 물에서 열과, 육두구
꽃이 있는 옷에서 악취가 감지되는 것은, 물 등의 세 가지에서 습기
등의 세 가지가 감지됨에 의존해야 한다는 것을 알 수 있고 그대 또한
승인하는 것이다. 이와 같이 법들에 자체적으로 성립하는 자성이 있다
면 그 자성이 먼저 자신에게서 감지되어야 비로소 그것을 가진 다른
것에서도 감지되는 것이다. 만약 그것이 먼저 자신에게서 감지되지
않는다면 그것을 가진 다른 것에서 어떻게 감지될 수 있겠는가? 예를
들어 육두구꽃에서 악취가 감지되지 않는다면 육두구꽃이 있는 옷에서
도 악취가 감지되지 않는 것과 같다."라고 논증상대 자신의 승인에

부합하는 편충을 이해시킨 이후, 논증하고자 하는 내용에 적용하는 것은 "그러므로 눈에도 보는 자성이 있다면 먼저 자신에게서 봄이 감지되어야 형체 따위들과 만났을 때 형체를 봄 역시 감지되는 것이 합당하다. 그렇다면 눈에 자신을 봄이 없으므로 다른 것을 봄 역시 없다."라고 하신 것이다.

『사백론』에서도 "모든 법의 자성이 먼저 자신에게서 나타난다면 눈 또한 눈이 어째서 보지 않는가?"라고 설하신 바와 같다.

만약 "불이 자신을 태우지 않지만 다른 것을 태우는 것과 같이 눈이 자신을 보지 않더라도 다른 것을 보는 것엔 모순이 없다."라고 한다면, 일반적으로 불이 연료를 태우고 눈이 형체를 보는 것을 부정한 것이 아니고 '눈이 다른 것을 봄에 자성이 있다.'는 것을 부정한 것이다. 그러므로 비유를 제대로 하면 '불이 연료를 태움에 자성이 있다.'라고 해야 하므로 이러할 때 비유 또한 눈이 다른 것을 봄에 자성이 있다는 명제와 마찬가지로 불합리하니, 왜냐하면 불과 연료에 자성이 있다면 하나의 자성과 각각의 자성 둘 중의 하나를 벗어날 수 없으므로 그 둘 중에 어느 것인가? 하나라면 불이 자신을 태우게 되며, 또한 불이 태우는 주체, 연료가 타는 대상이라고 어떻게 말할 수 있는가? 그렇게 말할 수 있다면 내가 '불은 타는 대상이고 연료는 태우는 주체다.'라고 말한다면 어떻게 대답할 것인가?

만약 불과 연료가 각각의 자성이라면 연료가 없이도 불이 있게 될 것이니, 말馬 없는 곳에 소가 있는 것과 마찬가지다.

『사백론』에서도 "불은 열을 태워서 열이 아니니 어떻게 태우는가? 그렇다면 연료라는 것이 없고 그것이 없으면 불 또한 없다."라고 설하신 바와 같다.

이처럼 태움에 자체적으로 성립하는 자성을 승인한다면 자신을 태우지 않으면 다른 것 또한 태우지 않는 것이 되듯이, 눈에 보는 자성이 있다고 승인한다면 역시 자신을 보지 않으면 다른 것을 보지 않는 것으로 승인해야 하므로 앞서 말한 오류가 그대로다.

이와 같이 자성을 승인함에 오류가 있다는 것을 보면 자체적으로 성립하는 자성이 있다고 집착하는 견해를 버리게 되며, 이로부터 자성이 없더라도 행위자와 행위를 정립함에 문제가 없음을 이해할 수 있으므로 자성이 없음과, 없음의 차이를 구분하게 되고, 그러므로 자성이 있음과, 있음 또한 구분하게 되니, 자성이 없는 대상을 자성이 없는 바른지각이 지각하는 도리 등을 또한 이해하게 된다.

그런데 여기서 불과 연료에 자성이 없음을 지각하는 바른지각은 직관이 될 수 없으므로 추론이라고 승인해야 하며, 그렇다면 추론의 기반이 되는 논거는 어떠한 것인가 하면, '자성이 있다면 하나와 별개로부터 벗어날 수 없음'을 보고, '하나와 별개의 자성이 부정되면 자성이 없어야 함'을 봄으로써 유효논거의 두 가지 조건(순편충과 역편충)이 성립되고, 불과 연료가 하나와 별개의 자성이 아님을 이해함으로써 종법이 성립한 것이므로 삼상을 갖춘 논거가 존재하며,[17] 이 논거에 의해서 불과 연료에 자성이 없음을 이해한 것이 추론이다. 이와 같은 방식으로 앞서 제시한 타종상식의 논증식(눈은 파란색 따위를 자성에 의해 보는 것이 아니다. 자신을 보지 않기 때문에.)에도 마찬가지로 삼상과

---

17 여기서 다루고 있는 논증식은 다음과 같다. '불과 연료는 자성이 없다. 하나로서의 자성으로도 별개로서의 자성으로도 성립하지 않기 때문에.'라는 것이다.

바른추론(비량)이 일어나는 방식을 이해하도록 한다.

　귀류논법은 '불과 연료에 자성이 있다면 하나의 자성과 각각의 자성 둘 중의 하나가 된다.'라는 것과 '하나의 자성이라면 불이 자신을 태우게 된다.'라는 등 상대가 승인하는 바를 논거로 제시하여 상대가 승인하지 않는 결론을 도출해내는 것이며, 이것을 보기로 다른 귀류논법들 또한 이해하도록 한다.

　이상에서 본 바와 같이 논증상대가 실재론의 교리를 버리지 않을 때까지는 자성을 가진 대상을 지각해야만 대상을 성립시키는 바른지각이 된다고 생각하므로 어느 때 어떤 법이 자성이 없음을 바른지각을 통해 이해하고부터 실재론의 교리를 버린 것이다.

　『현구론』에서도 "둘 중의 한쪽에게 성립하는 추론을 통해서도 추론에 의해 논박됨이 있는가 하면 있으니, 그 또한 자신에게 성립하는 논거에 의해서지 상대에게 성립함으로써가 아니니, 그것이 세간에서 보이는 바이기 때문이다. 세간에서 때로는 논쟁하는 양자가 인정하는 증인[18]의 증언에 의해서 승패가 결정되고 때로는 자신의 증언만으로 결정될 뿐 다른 이의 증언에 의해 이기거나 지는 것이 아니다. 세간에서 그러한 것과 마찬가지로 논리에서 또한 그러하니, 세간적 진실만이 논리학의 논서에 적합하기 때문이다."라고 타종상식논증의 논거가 합당하다는 비유와 설명을 설하셨으며, 논증상대에게 어떠한 바른지각에 의해 삼상 등이 성립한다는 바로 그 바른지각에 의해 논증자에게도 성립해야 하므로 대론 양자에게 성립해야 한다는 논리학자들의 주장을

---

18 증인: 바른지각을 비유한 것.

부정하셨으니, 같은 논서에서 "무엇이건 양자에게 확실한 것이 논증되거나 논박되는 것이지 어느 한 쪽에게 성립하거나 의심되는 것을 말하는 것은 (논증되거나 논박되는 것이) 아니다.'라고 생각하는 그들 또한 세간에서 정립된 사실에 의지하여 추론함에 대해 설명한 이러한 도리를 승인해야 한다. 경론에 의거한 논박은 양자 모두가 승인하는 경론을 통해서만 가능한 것이 아니니, 상대가 승인하는 경론만으로도 가능하다. 상대의 승인을 이용한 추론은 언제나 상대에게 확고하게 성립하며, 양자의 승인이 필요한 것이 아니다. 그러므로 논리학자들이 규정한 정의들은 필요가 없으니, 부처님들께서 진여를 이해하지 못하는 교화 대상들에게 그들의 승인에 부합하는 바를 통해서 그들을 이롭게 하기 때문이다."라고 하셨다.

그러므로 앞서 설명한 바와 같은 바른지각에 의해 대론 양자에게 성립하는 논거를 통해 명제를 논증하는 자를 자립파라 하고, 그러한 바른지각에 의해서가 아니라 논증상대가 승인하는 삼상에 의해 명제를 논증하는 자를 귀류파로 정립하는 이것이 월칭 논사의 의중이라는 것이 지극히 분명하다.

역자 논평

위에 번역된 내용들은 불교논리학의 개념들에 익숙하지 않은 상태에서는 이해하기가 어려울 것이라 생각된다. 그래서 필자가 별도로 불교논리학 개론서를 준비하고 있는데 혹시 출간이 된다면 그것을 참고해 주시길 바라며, 이제『보리도차제광론菩提道次第廣論』으로 보는 귀류파와 자립파의 차이'에 대해 일부 요점만 간략하게 정리해 보도록 하겠다.

중관자립파와 중관귀류파의 차이는『보리도차제광론』에 다음과 같은 구절이 핵심적으로 나타내고 있다.

청변 논사를 비롯해서 법들에 자체적으로 성립하는 자상을 일반적 사실로 승인하는 중관파들이 자립의 논거를 자종에서 승인하는 이유 또한 일반적 사실에서 자체적으로 성립하는 자상이 있다는 것이니, 자립의 논거를 자종에 정립하고 안 하고는 지극히 미세한 이 부정대상에 달려있다.

한마디로 자립파와 귀류파의 차이는 자상自相을 승인하느냐 않느냐에 달렸다는 말이다.

그럼, 자상이란 무슨 뜻인가 하면, 본서에서 자주 등장하는 '자상에 의해 성립하는 것'이라는 용어와 같은 의미인 동의어들을 살펴보면 의미를 이해하는 데 도움이 될 듯한데, 자상에 의해 성립하는 것, 자성에 의해 성립하는 것, 자기방면으로부터 성립하는 것, 자신의 존재방식의 방면으로부터 성립하는 것, 자체적으로 성립하는 것, 가립이 (궁극적으로) 가리키는 바를 찾으면 얻어지는 것 등이 모두 동의어이다.

　이 중에서 맨 마지막 것을 가지고 사유해 보는 것이 자상의 의미를 이해하는 데 가장 효과적인 방법이라고 생각되는데, 먼저 이에 대해 쫑카빠 스님이 어떻게 설명하고 있는지 『불경의 요의와 불요의를 분별한 선설장론』의 구절을 살펴보자.

'이 개아가 이것을 하여 이러한 과보를 받는다.'라고 언어가 가립된 것을 두고 '자신의 이 온蘊이 개아인가, 아니면 이것과 별개의 것인가?' 라는 식으로 개아라고 이름 붙여진 그 실체를 규명해서 온蘊과 동일 또는 별개 따위의 어느 쪽으로 결정하여 개아를 설정할 기반을 얻으면 업을 짓는 주체 등을 설정할 줄 알고, 얻지 못하면 설정할 줄 모르므로 개아라고 단지 이름 붙인 정도로 만족하지 못하고 그 이름을 어느 것에 붙인 것인가 하는 그 가립기반을 고찰하고 탐색하여 설정하면 그것이 바로 개아를 자상에 의해 성립하는 것으로 설정한 것이며, 불교 내의 비바사파에서부터 중관자립파까지 모두가 이런 식으로 받아들인다.

그렇다면 가립이 가리키는 바를 찾으면 얻어진다는 것은 무슨 의미인가 하면, 예를 들어 어떤 사람에게 '철이'라는 이름을 붙였을 때, 그것이 바로 철이라는 이름으로 가립되었다는 의미다.

그러면 이제 '철이라는 이름은 과연 무엇을 가리키고 있는 것일까? 철이의 몸이 철이일까? 아니면 철이의 마음이 철이일까? 아니면 어떤 영혼 같은 것이 철이의 몸속에 있는 것일까?' 하는 등의 의문이 일어나는데, 바로 이러한 것을 가립이 가리키는 바를 찾는다고 한다.

중관자립파는 이렇게 찾아서 얻어지는 것이 있다고 주장한다. 무엇이 얻어지는가 하면 바로 철이의 의식(意識: 제6식)이라는 것이다. 8식을 주장하는 유식파의 경우엔 철이의 장식(藏識: 알라야식)이 얻어진다고 대답하며, 6식을 주장하는 유식파는 자립파의 경우와 마찬가지다.

그러나 중관귀류파의 견해로는 철이의 장식(알라야식)은 존재하지 않고, 철이의 의식은 철이가 아니다. 애초에 사람들이 철이에게 철이라는 이름을 붙였을 땐 진정한 철이란 무엇인지 찾아서 발견한 이후 그것에 이름을 붙인 것이 아니라 그저 철이의 육체와 인격 따위들로 이루어졌다고 생각되는 어떤 존재를 막연히 인식하고서 그것에 철이라는 이름을 붙였을 뿐인 것이다. 애초에 철이라는 이름은 그렇게 붙여진 것이므로 철이라는 존재는 바로 그러한 선에서 인정해야지, 그렇지 않고 진정한 철이, 즉 철이의 실체 따위를 찾아보았자 그러한 것은 발견되지 않는다는 것이 바로 귀류파의 견해다.

그것은 또한 부처님께서 『아함경』을 비롯한 초기 경전들에서 무아를 가르치실 때 수없이 보여주신 바다.

부처님은 '나'라는 것을 구성하는 부분들을 하나, 하나, 거론하시며 그것들이 '나'인지 물으신다. 나를 구성하는 모든 부분들이 다 내가 아니고, 그 부분들의 집합 역시 내가 아니므로 '나'라는 것의 실체는 존재하지 않는다는 것을 보여주시며, 그것은 또한 여러 경전과 논서들에서 마차의 비유들로도 자주 등장한다.

이에 대해 필자의 방식대로 조금만 더 설명해 보자면, '나'라는 것은 수많은 부분들로 이루어진 것이고, 그 모든 부분들 중에 애초에 내가 가지고 있던 것은 아무 것도 없다. 예를 들어 내 팔뚝의 근육은 어디서 주워 먹은 단백질들로 만들어진 것이다. 그것은 전에 나와 상관없는 어떤 다른 존재의 것이었고 내가 아니었는데 이제 나의 부분이 되어 있고 또 얼마 후엔 밖으로 빠져나가 나와 상관없는 것이 되어 있을 것이다. 나의 인격이나 마음은 내 두뇌의 활동에 의해 표현되고 있는 것이고, 나의 두뇌는 역시 음식들로 만들어진 것이며, 나의 여러 가지 성격들은 나의 정신적, 육체적 습관들에 의해 일시적으로 형성된 두뇌 활동의 어떤 패턴에 불과하다. 나에게 있는 모든 것들은 이처럼 본래부터 나의 것이 아니고, 왔다가 가는 것이고, 그러므로 그 중의 어떤 것도 나라고 할 수 없고, 부분이건 전체건 어떤 것을 만약 나라고 가리키면 그것은 다음 순간 변해서 다른 것이 되어 있기 때문에 내가 아니므로 나는 사라져 버렸다는 얘기가 되는데 그러나 여전히 나는 존재하고 있으므로 모순이 된다.

그러므로 나의 실체 따위는 없는 것이고, 그저 나를 구성하는 이런저런 부분들이 어우러져 어떤 복합적 패턴을 형성해서 흘러가고 있는 그 무엇에다가 '나'라는 이름을 가립했을 뿐인 것이다. 그것은 그야말로 가립에 불과해서, 사실은 '나'라는 이름표를 어디다 갖다 붙이려야 도저히 붙일 수조차 없다.

이러한 실상은 모든 존재가 마찬가지다. 그것이 바로 존재들의 비실재성, 즉 공성이고, 그러므로 부처님이 설하신 인무아를 공성의 의미로 받아들이는 귀류파의 견해는 지극히 정확한 것으로 보인다.

하여간 귀류파가 보기에 철이건 항아리건 그 무엇이건 가립이 가리키는 바를 찾으면 얻어지는 것은 아무것도 없는데, 그러나 자립파가 보기에는 철이의 의식이 바로 철이고, 철이라는 이름이 궁극적으로 가리키고 있는 바다.

자립파의 견해에선 이와 같이 철이는 철이라는 이름이 가리키고 있는 실체를 가지고 있고, 바로 그렇기 때문에 철이가 자기방면으로부터 성립하는 것이고, 자체적으로 성립하는 것이고, 자성에 의해 성립하는 것이고, 자신의 존재방식의 방면으로부터 성립하는 것이고, 자상에 의해 성립하는 것이라는 얘기다.

그러므로 자상이란 곧 실체를 가리키는 것으로 보면 될 듯하다.

이러한 자상을 승인하고 안 하고의 차이가 바로 자립파와 귀류파의 핵심적 차이라는 것인데, 그러나 이러한 차이로 자립파와 귀류파를 구별 짓는 방식은 티베트불교권을 제외한 대부분의 중관 학자들에게 있어선 생소한 이론일 것이다. 왜냐하면 그들은 자립파와 귀류파의 구분이 논리학적인 의견 차이에서 비롯된 것이라는 사실만 알 뿐, 바로 그 불교논리학이 인식론과 존재론을 얼마나 불가분하게 포함하고 있는지는 알지 못하기 때문이다.

그러므로 이 문제에 대해 생소한 이들에게 자립파와 귀류파의 차이를 설명하기 위해선 우선적으로 불교논리학이 인식론과 존재론을 포함하는 방식에 대한 이해가 선행되어야 할 텐데, 불교논리학에 대한 정식 학습 없이 겨우 필자의 몇 마디 설명을 듣는 것만으로 얼마나 그것이 성공적일지는 모르겠지만 하여튼 간략하게 한 번 설명해 보도록 하겠다.

불교논리학은 서양의 논리학과는 달리 인식론이나 존재론을 필연적으로 포함하는데, 그것을 단적으로 나타내는 키워드는 바로 '성립'이라는 용어다.

어떤 논증식의 논거가 유효논거가 되기 위해선 삼상, 즉 종법, 순편충, 역편충 등의 세 가지 조건이 성립해야 하는데, 그것들이 성립한다는 것은 논증상대가 어떤 것을 올바로 지각한다는 의미를 포함한다. 즉, 불교논리학에 있어서, 예를 들어 '논증상대에게 A가 B임이 성립했다.'는 의미는 논증상대가 A가 B임을 올바로 지각했다는 의미다. 바로 여기에서 '성립'이라는 말이 인식론을 불교논리학에 포함시킨다.

어떤 논거가 성립하기 위해선 그것이 누군가의 바른지각에 의해 성립해야 하고, 그러므로 어떤 것이 바른지각이고 바른지각이 아닌지, 바른지각은 어떤 것을 충족해야 하고 어떤 것은 충족할 필요가 없는지 하는 인식론의 논의가 필연적으로 포함되게 되는 것이다.

그리고 그것이 그럴 수밖에 없는 이유는 또한 불교의 존재론에 뿌리를 두고 있다.

왜냐하면 불교는 객관적 대상을 주관과 상관없이 정립할 수는 없는 것으로 보기 때문이다. 즉, 심식과 상관없는 존재란 불교 안에서 아예 취급 자체가 되지 않는다.(이 점에 있어 동의하지 않는 불교 교파 내지 불교학자들이 있을 수 있지만 부처님의 근본 가르침에 충실하자면 그러하다는 취지로 필자는 말하고 있다.)

그것은 경전에서 어떤 사람이 부처님에게 "일체법, 일체법 하시는데 도대체 일체법이 무엇입니까?"라고 질문했을 때 부처님께서 "6근,

6식, 6경, 즉 18계를 일체법이라 한다."라고 대답하신 장면에서 단적으로 드러난다.

6근이란 안근 등을 비롯한 다섯 가지 물질적 감각 기관과 의근意根, 즉 의식意識을 말하는 것이고, 6식이란 그 여섯 가지 근으로부터 발생하는 여섯 가지 정신작용이며, 6경이란 그 정신작용들 각각의 여섯 가지 대상들을 말한다. 즉 18계가 모두 정신작용을 중심으로 설정된 것이고 6근과 6식 역시 6경에 포함되므로, 일체법, 즉 모든 존재란 오직 심식의 대상으로서만 취급되어진 것이다.

이것은 어느 누구도 지각하고 있지 않은 곳에서는 아무것도 존재하지 않는다거나 책상이 아무도 보지 않을 때는 없었다가 누가 볼 때 갑자기 나타난다는 따위의 이야기와는 전혀 다르다.

책상은 아무도 보고 있지 않더라도 존재한다. 그러나 그 존재한다는 책상이라는 것이 그것의 모양과 색깔과 감촉과 무게와 용도와 등등 그렇게 지각할(만약 누군가가 지각한다면, 즉 설령 현재 아무도 지각하고 있지 않더라도 상관이 없다.) 정신작용과 관련해서만 책상이라는 존재일 뿐 정신작용과는 별개의 어떤 것을 존재로 설정한다는 것은 결코 불가능하다는 얘기일 뿐이다.

존재에 대한 부처님의 이러한 설정 방식에 부합해서 불교의 논사들은 존재를 "바른지각에 의해 성립하는 것"이라고 정의하였다. 바로 여기서 성립이라는 용어가 존재론을 불교논리학에 포함시킨다.

여기서 절대로 착각해서는 안 되는 것은, 성립이라는 말이 어떤 때는 논리학적인 의미로 쓰이고 어떤 때는 인식론적인 의미로 쓰이고 또 어떤 때는 존재론적인 의미로 쓰이고, 이런 식으로 제각각으로만 쓰이는 것이 아니라, 불교논리학에서 누군가에게 무엇이 성립한다고 말할 때는 그 성립이라는 말이 쓰이고 있는 바로 그 시점에서 논리학과 인식론과 존재론을 모두 포함하는 의미로 쓰이고 있다는 것이다.(언뜻 보기에 이러한 통합은 너무 무리가 아닐까 하는 생각이 들 수도 있지만 막상 수많은 주제들을 가지고 논쟁을 해 보면 이러한 체계가 놀랍도록 정합적인 체계를 구축할 수 있다는 사실을 보게 된다.)

예를 들어, 어떤 논거가 종법이 성립한다고 하면 바로 어떤 지각에 의해서 성립하느냐, 즉 직관에 의해 성립하느냐 아니면 추론에 의해 성립하느냐 하는 질문이 이어진다. 이것은 인식론이다. 여기서 예를 들어 직관에 의해 성립한다고 대답하면 또 그럼 그것이 현전분이냐는 질문이 이어지며, 그것은 현전분(드러나 있는 존재)이냐 은폐분(가려진 존재)이냐 하는 존재론이다.

즉, '종법이 성립한다'라는 한마디 말이 그 자체로 이미 논리학과 인식론과 존재론의 모든 의미들을 포함하고 있는 것이다.

이와 같이 불교논리학에는 논리학과 인식론과 존재론이 불가분의 관계로 엮여져 있다. 아니 오히려 한 가지로 용해되어 있다는 표현이 더 적절할지 모르겠다. 바로 이것을 이해하지 않는다면 자립파와 귀류파의 논쟁은 도대체 무슨 소리들을 하고 있는 것인지 결코 이해되지 않을 것이다.

그러나 이런 식의 사고방식은 불교 외의 어느 곳에서도 찾을 수 없고, 바로 그러한 이유 때문에 자립파와 귀류파의 논쟁에 대해 그토록 이해하기 어렵고 오해가 자주 발생하곤 하는 것이다.

이러한 오해들 중 『보리도차제광론』에서 언급한 중요한 것들은 다음의 세 가지라고 생각된다.

— 귀류파는 귀류논법 이외의 논증식과 삼상의 성립을 승인하지
않는다.
— 타종상식논증이란 귀류파 자신은 승인하지 않지만 상대방이 승인
하는 내용을 가지고 논증하는 것이다.
— 귀류파에게는 자신의 주장이 없다.

그럼 이제부터 이 세 가지에 대해 『보리도차제광론』에서 어떻게
해명하고 있는지 살펴보기로 하자.

귀류파는 귀류논법 이외의 논증식과 삼상의 성립을 승인하지 않는다는 오해

『보리도차제광론』에 나오는 다음 구절들을 한 번 살펴보자.

자립논증을 승인하지 않으면 논증상대인 실재론자 자신들에게 그러한
(자상을 대상으로 바른지각이 되는) 바른지각에 의해 성립하면 될
뿐 자종에서 그러한 바른지각에 의해 성립할 필요가 없다. 그러므로
논서에 나오는 추론식들 또한 타종의 주장을 배격하는 정도의 목적을
가진 '타종상식의 논증'이지 자립논증이 아니다.

『현구론』에서 '우리는 자립의 추론식을 쓰지 않으니, 추론들은 타종의
주장을 배격하는 정도의 결과를 가진 것이기 때문이다.'라고, 자종에서

구사한 추론식들이 자립논증이 아니며 타종의 주장을 배격하는 정도의 목적을 가진 것이라 주장하므로 추론식을 아예 구사하지 않는 것은 아니다.

티베트어로 '텔규르'에 해당하는 것이 한국의 불교학계에서는 '귀류논증'이란 용어로 쓰이고 있는데, 만약 귀류논증이라는 용어를 받아들이면 여러 가지 문제가 발생하며, 지금 설명하고자 하는 이 부분 역시 설명할 수 없게 된다. 그러므로 텔규르에 대한 용어 설명부터 하고 넘어가야 할 것 같다.

'텔규르'란 상대가 잘못된 주장을 할 경우 그 주장으로부터 도출되는 잘못된 결론을 보여줌으로써 상대의 주장을 논파하는 논법이다. 예를 들어 누가 만약 '색깔은 모두 하얀색이다.'라고 주장할 경우 누구에게나 즉각 떠오르는 반론이 있을 것이다. 하얀색이 아닌, 이를테면 빨간색을 가리키며 '그럼 이것도 하얀색이겠네.'라고 말하는 것 등이다.

'그럼 이것도 하얀색이겠네.' 이런 것이 바로 텔규르, 즉 귀류논법에 해당한다. 이것을 귀류논증이라고 부를 수 없는 이유는, 이 논법을 구사하는 사람이 빨간색이 하얀색임을 논증하고 있는 것이 아니기 때문이다. 단지 색깔은 모두 하얀색이라는 상대의 주장을 받아들이면 빨간색이 하얀색이라는 잘못된 결론, 즉 오류로 귀결됨을 보여주고 있을 뿐이다. 오류로 귀결된다고 해서 귀류라고 한다.

그러나 이 논법이 '색깔은 모두 하얀색인 것은 아니다.'라는 점을 논증하고 있지 않느냐는 반론이 있을 수 있겠는데, 그러한 논증의 부분은 텔규르(귀류논법)라는 용어가 포함하고 있지 않다. 왜냐하면 그러한 논증은 '탤규르가 암시하고 있는 논증'이라는 개념으로 탤규르 자체와는 따로 구별되고 있기 때문이다.

그러므로 탤규르는 그냥 귀류, 또는 귀류논법, 그리고 그것이 구사된 논식은 귀류논식이라고 번역하는 것이 적절하지 않을까 싶다.

그렇다면 이제 위에 인용한 구절들을 살펴보자.

구절들을 살펴보면, 귀류파는 자립논증 이외의 추론식을 구사하며, 바로 그것을 타종상식논증이라 부른다고 말했다.

다시 말하지만 탤규르는 추론 또는 논증이라고 하지 않는다. 그러므로 여기서 말하는 타종상식논증이란 귀류논법이 아니다. 그러므로 귀류파는 자립논증을 부정하고 나서도 귀류논법 이외의 다른 논증식 역시 승인하고 있다는 얘기다.

뿐만 아니라 타종상식논증의 추론식은 자립논증의 추론식과 형식상으로만 볼 때는 전혀 구분이 안 된다. 그렇지 않다면 '귀류파의 논서들에 나오는 추론식은 자립논증이 아니라 타종상식의 논증'이라고 해명할 리가 없기 때문이다.

자립논증과 타종상식논증 두 가지가 추론식의 형식에 있어서는 완전히 똑같기 때문에 불교논리학 안에 인식론과 존재론이 어떤 식으로 엮여져 있는지 이해하지 못하는 사람은 바로 이 부분에서 완전히 길을 잃을 수밖에 없다. 즉, 귀류파는 자립논증을 부정했으니까 귀류파가 인정하는 논증이라면 자립논증과 형식이 반드시 달라야만 한다고 생각하게 되는 것이다. 그래서 귀류파는 귀류논법 이외의 논증식을 인정하지 않는다는 주장이 생겨난다.

물론 중관파가 귀류와 자립의 두 파로 분열된 발단은, 불호(붓다빨리따) 논사가 『중론』을 주석할 때 귀류논법을 쓴 데 대해서 청변(바와위외까) 논사가 이의를 제기하고 자립논증을 주장한 데 있다.

그러나 공성을 논증하는 데 있어서 귀류논법이면 충분하다는 주장이 반드시 귀류논법 이외의 논증식은 부정한다는 결론이 되는 것은 아니다.

비유하면, 가위만 사용해도 종이를 자르는 데는 충분하다고 주장하는 사람이 칼로는 종이를 자를 수 없다고 주장하는 것은 아닌 것과 마찬가지다.

그것은 인용한 구절에서 보았듯이 귀류파의 개조로 인정되는 월칭(짠드라끼르띠) 논사 자신의 논서인 『현구론』에 명확히 드러나 있다.

만약 불교논리학에 포함된 인식론과 존재론의 내용들을 전혀 고려하지 않는다면, "유법, 소립법, 논거, 보기 등의 추론식의 요소들은 대론 양자의 공통적 인식으로 성립하는 것이어야 한다."는 청변의 주장은 일견 지당해 보인다.

그러나 공통적 인식으로 성립한다는 그것이 "대론 양자의 바른직관(착란되지 않은 감각적 지각 따위)에 자상이 나타나고, 자상이 바른직관에 나타났으므로 나타난 그대로 존재해야 한다."는 주장을 내포하고 있기 때문에 귀류파로서는 인정할 수가 없게 된 것이다.

즉, 자상을 인정하지 않기 때문에 자립논증을 인정하지 않는다는 얘기다.

여기서 자립논증을 인정하지 않는다는 말은 중관파가 실재론자를 대상으로 공성을 논증할 때의 자립논증을 인정하지 않는다는 의미이지, 일반적으로 모든 자립논증을 인정하지 않는다는 말은 아니다. 그것은 『보리도차제광론』의 다음 구절을 보면 알 수 있다.

논증상대인 유자성파에게 법들에 자성이 없음을 지각하는 견해를 최초로 일으키는 방법으로서의 자립논증을 부정한 부정방식을 설명한 것인데, 중관귀류파 서로 간에 속제의 어떠한 내용을 지각하는 추론을 일으키는 방법으로서 자립논증이 필요한가에 대한 고찰은 여기선 생략하도록 하겠다.

바른직관에 나타난 자상의 문제에 대해서 설명하자면, 귀류파 이외의 불교학파들은 어떤 것에 대해 착란된 심식은 그것을 지각하지 못한다고 주장한다. 그러므로 예를 들어 항아리를 보는 안식眼識에 항아리의 자상이 나타나는데, 자상이 존재하지 않는다면 그 안식은 항아리에 대해 착란된 것이고, 그렇다면 항아리를 지각하지 못한다는 모순이 되기 때문에 자상은 반드시 존재해야 한다는 것이다.

그러나 그런 논리라면 우리가 차를 타고 갈 때 가로수들이 뒤로 이동하는 것으로 나타나는데, 그렇다면 이동하지도 않는 가로수들이 이동하는 것으로 나타난 안식은 가로수에 착란된 것이고, 그러므로 가로수를 지각하지 못한다는 얘기가 되며, 그것은 말 그대로 웃기는 얘기다.

차를 타고 가는 사람의 안식에 이동하지도 않는 가로수들이 비록 이동하는 것으로 나타날지라도 그 안식을 가로수들을 지각하는 바른직관으로 승인하는 데에는 아무런 문제가 없는 것처럼, 귀류파는 존재하지도 않는 자상이 나타난 안식 따위를 바른직관으로 설정하는 데 대해서 아무런 어려움을 느끼지 않는다.

그 다음으로 삼상의 성립에 대해 설명하자면, 살펴본 바와 같이 공성을 논증하는 문제에 있어서 귀류파가 부정하고 있는 것은 오직 자상의 존재 하나뿐이며, 자립논증과 형식적으로는 완전히 똑같은 타종상식논증의 추론식을 인정하고 있으므로 타종상식논증의 논거가 유효논거로 성립하기 위해 당연히 삼상이 성립해야 함 또한 인정하지 않을 리가 없다.

삼상의 성립 역시 종법을 예로 들면, 종법을 성립시키는 바른지각에 자상이 나타나고, 나타난 그대로 자상이 존재해야 한다는 조건을 충족시킬 필요 없이, 비록 논증상대인 실재론자와 논증자인 귀류파 양자 사이에 그러한 공통적 인식이 없다 하더라도 상관없이 종법은 성립할 수 있다는 것이다. 순편충과 역편충의 경우에도 똑같은 방식으로 설명하면 될 것이다.

『보리도차제광론』에서 삼상의 성립을 인정하는 구절은 다음과 같다.

그렇다면 여기서 불과 연료에 자성이 없음을 지각하는 바른지각은 직관이 될 수 없으므로 추론이라고 승인해야 하며, 그렇다면 추론의 기반이 되는 논거는 어떠한 것인가 하면, '자성이 있다면 하나와 별개로부터 벗어날 수 없음을 보고, 하나와 별개의 자성이 부정되면 자성이 없어야 함을 봄으로써 유효논거의 두 가지 조건(순편충과 역편충)이 성립되고, 불과 연료가 하나와 별개의 자성이 아님을 이해함으로써 종법이 성립한 것이므로 삼상을 갖춘 논거가 존재하며, 이 논거에 의해서 불과 연료에 자성이 없음을 이해한 것이 추론이다. 이와 같은 방식으로 앞서 제시한 타종상식의 논증식에도 마찬가지로 삼상과 바른추론(비량)이 일어나는 방식을 이해하도록 한다.

타종상식논증이란 귀류파 자신은 승인하지 않지만 상대방이 승인하는 내용을 가지고 논증하는 것이라는 오해

이것은 예를 들어 귀류파가 실재론자에게 '마음은 실재가 아니다. 연기적 존재이기 때문에.'라고 논증할 때 귀류파 자신은 마음이 연기적 존재라는 것을 승인하지 않지만 실재론자가 그것을 승인하기 때문에 그에 의거해서 논증하는 것이라는 따위의 오해다.

그러나 바로 앞서의 논의를 이해했다면 알겠지만 이러한 경우 타종에서 승인하고 자종, 즉 귀류파가 승인하지 않는 점은 마음이 연기적 존재라는 점이 아니라 '유법인 마음 등을 성립시키는 바른지각에 그것들이 자상에 의해 성립하는 것으로 나타나고, 그렇게 나타난 그대로 자상에 의해 성립하는 것이어야 한다'는 점이다.

다시 말해 타종상식논증이란 용어는 귀류파가 승인하지 않지만 상대가 승인하는 내용을 가지고 논증한다는 인상을 풍기지만 실제로 귀류파가 승인하지 않는 부분은 논증식에 나오는 내용들(마음은 연기적 존재라는 등의)이 아니라 '자상'일 뿐이다.

이러한 점은 아래 인용한 『보리도차제광론』의 구절들에서 확인하도록 하고, 여기에는 또 귀류파에게는 승인하는 바가 없다는 주장이 연관되어 있는데 그 점에 대해서는 세 번째 오해를 해명하는 데서 다루도록 하겠다.

여기서 '그들에게 성립하는' 등의 의미는, 유법인 '눈'과 보기인 '항아리', 논거인 '자신을 보지 않음', 소립법인 '파란색 따위들을 (자성에 의해)

362

보는 것이 아님' 등을 자종이 승인하지 않고 타종이 승인할 뿐이므로 상대에게만 성립한다는 의미가 아니다. 그럼 무슨 의미인가 하면, 그것들(유법, 보기, 논거, 소립법 등으로 설정한 대상들)은 자종에서도 승인하지만, 그것들을 성립시키는 바른지각이 자성을 가진 대상을 지각한다는 것은 자종에서 일반적 사실에서조차 없고, 유자성파의 교의에선 그것들의 성립이 그러한(자성을 가진 대상을 지각하는) 바른지각의 성립에 반드시 의존하므로 자종과 유자성파 양자에 공통적 인식으로 성립하는 '자성의 존재를 지각하는 바른지각'이 없으므로 양자에게 성립하지 않는다고 하신 것이며, '상대에게(타종에서) 상식' 또는 '상대에게 성립'한다고 하신 것이다.

논거와 배격대상이 있으면 마찬가지로 있고, 없으면 마찬가지로 없는 것으로 본다면 그 양자가 어찌 배격자와 배격대상이 되겠는가? 그러므로 타종상식논증식의 유법과 소립법, 논거 등은 일반적 사실로 존재하는 것이어야 하지, 상대가 존재한다고 승인한 정도로는 충분치 않다.

귀류파에게는 자신의 주장이 없다는 오해

이에 대해서는 「현재 중관귀류파라고 주장하는 이들의 학설 배격」이라는 장에서 다루고 있는데, 『보리도차제광론』에서 자립파와 귀류파의 구별을 다루는 부분 중에 가장 많은 분량을 차지하고 있다.

'현재 중관귀류파라고 주장하는 이들'이란 쫑카빠가 『보리도차제광론』을 저술하던 당시의 티베트의 불교학자들을 가리키는 것이겠지만,

현재 한국을 비롯한 전 세계의 중관학자들 사이에서도 그들의 주장과 비슷하게, 중관파에게는 자신의 주장이 없다고 주장하는 이들이 많은 것으로 보인다.

이 문제에 대한 해명은 『보리도차제광론』에서 쫑카빠가 논리와 전거를 들어 상세히 설명한 모든 부분이 중요한 설명들이라서 요약보다는 그 부분 전체를 반복적으로 읽어보기를 권하며, 여기에 필자의 견해를 좀 더 덧붙이자면, 중관파에게는 자신의 주장이 없다는 견해는 용수 논사께서 중론에서 여러 가지 속제들을 분석을 통해서 전부 부정한 듯이 보이는 것도 한 몫을 차지하는 것 같다.

그러나 그 분석들은 속제들이 실재가 아니라는 것, 즉 공성을 논증하고 있는 것일 뿐이며, 반면 속제의 유무는 그런 식으로 설정되는 것이 아니다.

『보리도차제광론』에서 인용한 월칭의 『현구론』에도 보면 "속제는 고찰하지 않은 일반적 바른지각에 의해 정립한다."는 말이 자주 나온다.

그것이 바로 귀류파 철학의 가장 중요한 핵심 중의 하나다.

그러나 여기서 고찰하지 않는다는 말은 언어관습적 차원을 넘어선 고찰을 의미하는 것이지, 일반적으로 어떤 고찰도 하지 않는다는 뜻은 아니다. 왜냐하면 귀류파 역시 자신의 교리를 정립하면서 수많은 고찰들을 보여주고 그러한 고찰들의 유효성을 인정하고 있기 때문이다. 이 점에 대해선 쫑카빠 스님이 저술한 『입중론선현밀의소(우마공빠랍쎌)』6장의 「자상에 의해 성립함이 있다는 주장 배격」이라는 단락의 두 번째 단락인 「속제가 논리의 고찰을 견뎌내는 것이 되는 귀류에 의한 배격」 부분의 "여기서 고찰하고 고찰하지 않음이란, 진여를 고찰하고 고찰하지 않음이며" 이하의 구절들에서 확인할 수 있고,『불경의 요의와 불요의를 분별한 선설장론(당에렉쎄닝뽀)』에서도 일반적 고찰과 귀류파가 속제에 대해 하지 않는다는 승의의 고찰의 차이에 대해 「변계증익과 구생증익이 보는 방식과 그것의 배격」이란 단락에 자세히 설명되어 있다.

하여튼 속제의 어떤 대상을 승의의 고찰을 가하여 부정되는 것은 속제의 대상 그 자체가 아니다. 예를 들어 항아리를 분석하면 항아리의 실체를 찾을 수 없지만 그것은 항아리가 없다는 결론을 가리키는 것이 아니라 단지 항아리가 실재가 아니라는 결론을 가리킬 뿐이다.

항아리의 비실재성, 즉 항아리의 공성은 항아리의 궁극적 진실, 즉 승의제이다.

항아리가 없다면 항아리의 궁극적 진실이란 것이 도대체 어떻게 있을 수 있단 말인가?

항아리의 비실재성은 항아리와 상관없이 혼자서는 결코 존재할 수 없다. 바로 그래서 승의제는 속제에 의존하고 있다는 것이며, 그것은 다음과 같은『중론』24품 열 번째 게송에 나타나 있다.

언어관습(속제)에 의지하지 않고서
승의제는 가르칠 수 없다.
승의제를 깨닫지 않고서
열반은 성취할 수 없다.

또『중론』24품의 열네 번째 게송에선 다음과 같이 말한다.

공성이 타당하면

거기에 모든 것이 타당하게 되고

공성이 타당하지 않으면

거기에 모든 것이 타당하지 않게 된다.

이것은 공성을 인정해야 일체법이 성립한다는 말씀이므로, 중관파에겐 자신의 주장이 없다고 주장하는 사람들이 그와 같이 생각하는 핵심 이유인, 공성을 인정하면 일체법을 부정해야 한다는 생각이 완전히 뒤집어진 견해임을 보여준다.

공성, 즉 승의제는 이와 같이 속제를 부정하거나 속제와 별개로 존재하는 것이 아니라 오히려 속제를 가능하게 하고 속제에 의존해 있다.

중관파들은 또 공성을 논증하는 논거로 '연기적 존재'라는 것을 제시한다. 예를 들어 '새싹은 실재가 아니다. 연기적 존재이기 때문에.'와 같은 논증식이 바로 그것이다.

그것은 『중론』 24품의 열여덟 번째와 열아홉 번째 게송에서도 나타난다.

의지하고 관련해서 존재하는 모든 것

그것을 공성이라고 말한다.

그것은 의지해서 가립한 것이니

바로 그것이 중도이다.

연기가 아닌

어떤 법도 존재하지 않는다.

그러므로 공성이 아닌

어떤 법도 존재하지 않는다.

이와 같이 연기적 존재이기 때문에 비실재, 즉 공성이 성립한다고 중관파가 생각하고 있으므로 중관파가 공성 때문에 속제를 부정한다는 생각은 오류라는 것을 확실히 알 수가 있다.

자신의 주장은 아무것도 없고 모든 것을 타인의 관점에서만 설정한다는 주장은 결코 일관성을 유지할 수 없고, 삶과 수행에 적용될 수도 없고, 과학적 지식들과도 조화를 이룰 수 없으며, 더욱이 그러한 견해를 갖고서 윤리적 문제를 바라볼 때는 대단히 끔찍한 일이 일어난다. 왜냐하면 살인, 강간, 약탈 따위들과 자애, 인내, 베풂 등의 행위들 중 어떤 것이 더 낫고 못한지 자신의 입장에선 말할 수 없다고 생각해야 할 것이기 때문이다.

자신에겐 주장이 없다는 견해는 이와 같이 수많은 모순점과 심각한 문제점을 안고 있으므로 『보리도차제광론』에서는 그러한 견해에 대해 "중관파를 훼손하는 것이자 지극히 하열한 견해"라고 하셨다.

그러면 이제 마지막으로 이와 관련된 『불경의 요의와 불요의를 분별한 선설장론』의 한 구절을 인용하며 논평을 마친다.

부처님의 가르침을 전도됨 없이 이해한 이들은 존재들이 언어관습적 차원에서 가립되었을 뿐 별도의 자성이 없음을 지각하여 해탈한다고

『입중론석』에서 설하셨으니, 가립된 것에 불과한 바로 그것에 업을 짓고 과보를 받는 등의 일체 교리를 훌륭히 설정할 줄 알아야 한다.

쫑카빠Tsong Kha pa(1357~1419)

당시 타락해 있던 티베트불교를 청정계율로써 개혁하고, 아띠샤의
『보리도등론』에서 나타난 상·중·하 세 단계의 중생 근기와 각각의
근기에 따른 수행체계의 이론을 계승하여 『보리도차제론』으로 집대
성함으로써 경율론 삼장과 현교, 밀교를 모두 통합한 독자적 체계를
확립하여 티베트불교를 중흥시키고 겔룩파의 창시자가 되었다.

불교 학파 중에서는 용수의 견해를 불호와 월칭의 견해로 해석한 중
관귀류파의 이론을 자신의 입장으로 취하였으며, 저서로는 본서를 비
롯하여 『보리도차제론』, 『밀도차제론』, 『입중론선현밀의소』, 『중론정
리해소』, 『선설금만론』 등 많은 논서와 주석서가 있다.

범천

1999년에 출가하여, 여수 석천사 진옥 스님을 은사로 사미계를 받았
다. 2004년 인도 다람살라에 위치한 Institute of Buddhist Dialectics
에 입학하였으며, 2006년에는 달라이라마를 계사로 사미, 비구계를
받았다. 현재 IBD에서 수학 중이다.

불경의 요의와 불요의를 분별한 선설장론

초판 1쇄 인쇄 2014년 1월 20일 | **초판 1쇄 발행** 2014년 1월 27일
지은이 쫑카빠 | **역주** 범천 | **펴낸이** 김시열
펴낸곳 도서출판 운주사

　　　(136-034) 서울 성북구 동소문동 4가 270번지 성심빌딩 3층
　　　전화 (02) 926-8361 | **팩스** 0505-115-8361
ISBN 978-89-5746-367-3　03220　　값 15,000원
http://cafe.daum.net/unjubooks 〈다음카페: 도서출판 운주사〉